近代日本大学制度の成立

中野　実著

吉川弘文館

はしがき

本書は東京大学教育学部助教授（東京大学史史料室勤務）として現職のまま逝去した中野実氏の大学制度史に関する遺稿をまとめ、故人が描いていたであろう大学制度史の構図を再現することを試みたものである。氏は二〇〇二年三月に逝去した。享年五十歳、あまりに早すぎる死であった。

周知のように中野実氏はもっとも優れた大学アーキビストであったのみならず、近代日本大学史の研究においても一貫して牽引役をつとめてきた。

氏が大学史研究を志したのは大学院修士課程で師となる寺崎昌男氏（立教大学文学部元教授、東京大学名誉教授）との学問的な出会いに始まるものであったと思う。学部卒業を間近にしたころには氏の口から「大学」という言葉は幾度も聞いたが「大学史」という言葉は聞いたことはなかった。もとより文学部心理学科の学生であった氏が大学という対象に関心を持ったことをひとことで片づければ、氏が大学に入学した一九七〇年という年にはそこここに大学紛争の残り火がなお燃え続けており、大学に関わるいろいろな火種を時々踏みつけることがあったことに起因するのだと思う。こういう他人による思想形成論議を氏が好むとは思わないのであれこれ憶測するのは控えたいが、研究のきっかけとしては、当時野にあった教育学者、五十嵐良雄氏との出会いが大きかったのではないかと思う。五十嵐氏を見て中野氏の中にあるべき研究者像が構築され、大学院進学を志すようになったのではないだろうか。その上で、研究という領域において大学史に出会ったのである。

学会へのデビューは一九七七年十月に京都大学で開催された教育史学会大会での研究発表であった。発表テーマは「大正期における大学令制定過程の研究」であった。この発表を元にして翌年三月刊行の『立教大学教育学科研究年報』に「大正期における大学令制定過程の研究——枢密院関係文書の史料分析から——」という論文を著した。これが氏の最初の研究論文である。いま読み返してみても価値の高い論文である。本書には末尾に当たる第二部第二章二として収めた。研究者として最初に書いた論文が本書『近代日本大学制度の成立』の結末を飾るというのは氏が自らのその後の研究に対して最初に答えを導き出していたということになるのであろうか。不思議な感慨にとらわれざるを得ない。

このころの氏はもっぱら大正期に照準を合わせており、「大正期の中野実」という印象を周囲には強く与えていた。本書の第二部は「一九一〇年代における大学制度改革論議と大学令」と銘打ち、一九七八年から八三年にかけての若い時期に書いた論考をもって編成することになった。教育調査会・臨時教育会議などを通じての大学改革の政策決定側の議論が集中的に検討されている。すぐれた史料分析もさることながら若き日の中野実氏がここにいる。

ところで、大正期の研究を進めている過程で氏が「若いときは研究論文を書くことより史料を掘り起こして紹介していきたい」と言ったことを私はよく覚えている。おそらく自身の研究や東京大学百年史編集のための史料発掘を進める中で、史料というものの価値と出会ったのではないだろうか。浅薄な研究論文を量産するよりまずは大学史料の海を知り尽くすことを自身に課そうというのであった。実際、氏は八〇年代には精力的に史料の発掘・復刻・解説という仕事に力を注ぎ込んでいた。『大学制度改正私見』『水野直教育関係文書』『長与又郎日記』『平賀譲日記』などの仕事はこの時期の中野実氏の大きな仕事であった。氏がしだいに最高の大学アーキビストとして評価されていったのはこの時期の大学史料への執着によるところが大きい。

再び氏が論文を書き始めたのは一九九〇年代になってからであり、新たな対象は帝国大学の成立期であった。最初に書いたのは広島大学大学教育研究センターでの共同研究で帝国大学期の助手制度の成立について検討したものであったが（第一部第二章三）、寺崎昌男・編集委員会共編『近代日本における知の配分と国民統合』（一九九三年）に「帝国大学体制の成立とその改編の動向」と題する帝国大学体制の成立の全体像を見通す論稿を発表したのを皮切りに、『東京大学史紀要』などに次々と帝国大学体制の成立を主題とした論文を発表していった。本書の第一部「帝国大学の成立――帝国大学体制成立史研究序説――」は一九九〇年から二〇〇〇年にかけて発表した論文によって構成した。

このころから氏は博士論文の執筆を構想していた。その熱意は病にたおれても止むことはなく、病床でペンを走らせたと思われるメモには「○大学令M23年法律案は憲法体制との調整を図ることが第一の課題。また法律案はだれがどのようにかかわったのか、少し明らかにできるのでは？　D論はここまで？」とあり、帝国大学体制成立史研究で学位論文を執筆しようとしていた。その意味で第一部は氏の幻の学位論文の下敷きとして読まざるをえない。

本書は氏がこれまでに書き残した論文を中野氏が構想していたであろう近代日本大学制度の成立史の全体像を構成しようという趣旨で、没後に集まった仲間たち（中野実研究会）で話し合いながら行ってきた（大学史編纂にかかわる遺稿は別に『大学史編纂と大学アーカイブズ』として二〇〇三年三月に財団法人野間教育研究所より刊行した）。それぞれの論文は一度刊行されたものでもあるので、基本的にはそのまま転載した。ただし、原典との照合、出典の確認を可能な範囲で行って、補正の必要がある場合には最小限の加筆などを行っている。さらに全体を通して、一つの著書としての統一性や読みやすさを確保するために、表記や表現についても若干の変更を加えることになった。また末尾には解説を付した。

原典照合・出典確認には今泉朝雄、大島宏、小川智瑞恵、柏木敦、谷本宗生、西山伸、畑野勇、油井原均があたり、表記・表現の補正には米田俊彦があたった。索引は駒込武、解説は荒井明夫、湯川次義が担当した。中でも中心となって会をとりまとめてきた米田俊彦氏の尽力に負うところは大きい。編集作業、全国に散在している研究会のメンバーとの連絡、出版社との打ち合わせなど米田氏に依存した部分はあまりに大きい。同志でありつつもその労力に対しては伏して感謝したい。また、本書が吉川弘文館から発行の運びに至るについては、かつて中野氏が『東京大学物語』（一九九九年）を同社から刊行したという縁に加え、東大百年史編集時代以来の知友である季武嘉也氏（創価大学教授）の懇切な助力があった。特に記して謝意を捧げたい。

それにしても、一人の人間がこの世を去り、その人間の生きてきた証としての著作物が遺され、さらに第三者の手によって解きほぐされ、再編される。それは知的生産を生業とする者にとって幸福なことなのであろうか。中野実氏が生きていたならば「よけいなことはするな、自分の仕事は自分でまとめる」と言い放つであろうし、おそらくは今までに書いてきたものよりも新しい作品を作ることに精力を注いだにちがいない。実際、学術研究というものは日々発展しているのであるし、それゆえに昔書いたものは自分の中では次々に訂正されているであろうからである。ことに氏は史料に対してはことさら潔癖な性格であったから、新しい史料をみつけるたびに彼の帝国大学体制成立史研究はひそかに彼自身の中で書き換えられていたのだと思う。そういう氏の無念に寄り添って本書を繙いていただくことができれば、作業にあたった者一同にとってこれ以上の幸いはない。

最後に、本書の刊行を引き受けてくださった株式会社吉川弘文館に対し、中野実研究会を代表して心からの感謝の意を表したい。

二〇〇三年七月

中野実研究会代表
九州大学教授　新　谷　恭　明

目次

第二部　一九一〇年代における大学制度改革論議と大学令

第一部　帝国大学の成立

——帝国大学体制成立史研究序説

第一章　帝国大学成立前史

一　第一期東京大学末期の状況

はじめに

本項は帝国大学創設前の東京大学の現状を三つの視点から描く。対象期間は一八八四（明治十七）年から一八八六（明治十九）年三月までの、約二年である。この期間の具体的指標を示せば、森有礼の文部省御用掛から大臣就任までとなる。東京大学の帝国大学への改組に決定的な影響力を及ぼしたと言われる森という人物が、御用掛として在任したこの期間の東京大学を取り上げる意味は、決して小さくはない。

先行研究によってこの時期の東京大学の主な事項を、

（一）法理文三学部の本郷キャンパスへの移転、統合

（二）別課教育課程の廃止

（三）ほかの官庁の専門教育機関の統合

（四）東京大学予備門の独立

と概括するのは粗雑すぎるだろうか（学科課程、修業年限の変更等の教育の内的事項は除く）。この四つの事項は『東京大学百年史』通史一（全一〇巻、一九八七年、以下「百年史」と略記）に詳述され、分析の対象にもなっている。ただ、その視点は帝国大学体制成立へ向けての動き、変化として位置づけられてきた。東京大学における内的動向、再編として捉えられてこなかった印象は否めない。

第一期東京大学時代（一八七七年四月〜一八八六年二月）の末期を以下三つの視点において分析する。

その一つは事実史的視点である。帝国大学と東京大学との連続面、断続面のどちらを強調するにしても、本項の対象時期の実態史をあきらかにすることは研究の前提作業になるはずである。しかしながら、さきに指摘した四つの項目を除くと、事実史的解明はほとんど進んでいないのが、現状である。解明が進まない実態の具体的な内容は多岐にわたる。たとえば、もっとも大きな組織改革は一八八五（明治十八）年の法学部から法政学部への改称と、理学部の応用部分を分離して工芸学部を設置したことである。この改革の発議主体は誰なのか。いかなる東京大学組織の再編成構想に基づいていたのか。数か月後にはこれらの学部名はすべて消滅する。わずかに卒業生名簿に機関名を止めているにすぎない。朝令暮改的な大学改革にすぎなかったのか、などである。

第二の視点はあくまでも東京大学内部の組織、内的動向に執着して、帝大改組までの軌跡を記す、ということである。大学内部の起案文書、意見書などの分析を通して見るという、ごく初歩的な視点に立つが、これまではほとんどなされてこなかった。新たな史料の発掘もあったため、参考のためその翻刻を行った。

第三に方法的視点について。今回とくに文書（伺書、達などの文書）の形式的側面に着目して、実態解明の一つの方法として採用した。帝国大学成立前の学内案件の処理方法、手続き、主体などについて取り上げてみた。

本項は、東京大学末期の運営組織と大学の「拡充整理案」（後述）についての実体的分析を通して、来たるべき新しい国家体制に東京大学としてどのように対応していこうとしていたのか、内閣制度発足にともなう東京大学の改組、再編の課題はいかなる内容であったのか、という課題を解明するための作業の一斑を担うものである。

1　第一期東京大学末期の組織と人事

(1)　二つの史料をめぐって

まず、二つの史料を翻刻しておこう。

(一)

四六八　総理部長ノ会議日ヲ定ム

惣《(ママ)》理部長会議定日之義自今火木両曜日午后一時よりと被相定候積リ之処各位御差支之有無一応相伺候也

明治十八年十月六日

庶務課　印

穂積部長殿　印　差支無之候

菊池部長殿　印　差支無之候也

三宅部長殿　印　中央衛生会定日ハ木曜日候間可成他之日ニ御繰替有之度

外山部長殿　印　差支ナシ

(二)

総理　弘〔サイン〕　庶務課主任

同心得
副総理　新〔サイン〕
総理補助
幹事

常務係
市川寛繁
教務課　恂〔サイン〕

総理部長会議定日之義毎週火曜金曜之両日午后一時ヨリト被相定可然哉
但御裁可之上ハ各部長へ通知いたし可然哉
明治十八年十月十三日
〔欄外朱記〕〔部長心得へモ洩レサル様達スへシ〕
〔欄外〕〔十月十四日送達済〕

右の史料は、この年からはじめて編綴される一八八五（明治十八）年の「検印録」（学内文書で総〈綜〉長〈理〉が准允した文書綴）に収められている。文書的順序を説明すれば、最初の㈠の伺書が十月六日に各学部長に照会され、三宅の都合により予定の曜日を変更して、㈡の十月十三日に決裁が行われ、十四日に学部長（及び心得）に送達された、という経緯である。実際、十月十四日には法政学部心得の加太邦憲に対して「総理部長会議定日之義、毎週火曜金曜之両日午后一時ヨリト被相定候間、此段及御通知候也」と通知されていた。(1) この史料を二つの点から注目したい。

まず第一は確認事項である。東京大学には総会と部会から構成される諮詢会と、総理部長会があったということである。この綴にはほかに「諮詢会々員区別ノ義ニ付該会員へ達」（第四五六号）という文書が含まれている。そこには

「諮詢会々員区別之義ニ付起案之通該会員江御達相成可然哉／諮詢惣会及部会々員／自今諮詢惣会及部会々員ハ教授教師講師（最初は講師教師の順、赤字修正）ヲ以テ定員トシ其他ハ通例臨時会員トシ議事ノ都合ニ因リ招集候条此旨相達候事」とある（一八八五年九月九日）。一八八一（明治十四）年八月制定の諮詢会会員規程の大幅な変更である。総会は「総理若クハ其代理者ヲ以テ会長トシ、各学部長予備門長及各学部教授若干名ヲ以テ会員トス」とされ、部会は「当該部長若クハ其代理者ヲ以テ会長トシ、当該学部教授ヲ以テ会員トス」とあり、このほか「事宜ニ因リ」教授以外の教員、教諭を会員とすることができる、となっていた。第四五六号の文書によれば、総会、部会ともに教授中心の審議機関から、すべてのスタッフ、教員全員による審議機関に変更されたことになる。さらに教師という用語は、当時の用例では外国人に対する呼称であり、彼らもメンバーとして加えるという可能性を示している。もとの「事宜ニ因」る規定の取り扱いの不明さを残しながらも、全教員による審議機関化に再編されていた、と思われる。

さらに第二点として、決裁伺に見る役職者が注目される。あらためてその人びとを見てみよう。

(二)に掲出した文書の欄外にも、供覧者として総理、副総理、総理心得、総理補助、幹事という五人の役職がある。これまで判明している総理のほかの役職は、以下の理由により置かれた。

幹事は一八八二（明治十五）年一月、総長職設置約半年後に当たり、東京大学は「各学部予備門ヲ総轄シ其規模頗ル広大ニシテ、既ニ総理ハ勅任官ヲ以テ被任候次第ニ付、従テ判任以下ノ職員モ衆ク学科上ニ関セサル事務モ不少、然ルニ右一切ノ事件ヲ総理一人ニテ処弁致シ候儀ハ、繁劇ニ不耐ノミナラス、到底事務ノ淹滞ヲ来ス」との理由により設置された。教務以外の案件と判任官の処遇を決裁する者として幹事が位置付けられていることが分かる。その職掌は「総理ノ命ヲ受ケ大学ノ庶務ヲ幹理ス」であり、奏任官待遇、学部長と俸給を同じくし、総長の次に列した。さらに副総理の設置は「大学之儀ハ（中略）其規模広大ニシテ内外教員ノ数多ク、且該大学之事愈整備ヲ要スル儀ニ付何分総理一人ニテハ処務劇クシテ耐ヘ難ク、亜テ協弁スヘキモノ無之テハ差支有之、且総理不在之節ハ十分代理スヘキモノ無之テハ不都合モ可有之」として、一八八四（明治十七）年十月十六日に上申され、三十一日に裁可を得た（太政官達第九十二号）。設置の直接的な理由は、後述の服部幹事のアメリカ出張のためでありながら、彼が担っていた大学庶務関係事務の補助者ではなく、「亜テ協弁スヘキモノ無之テハ差支有之」にあったのは明瞭であろう。副総理の職務は「総理ニ亜ク、総理事故アルトキハ代理スルコトヲ得」とされ、東京大学職制中の総理職末尾に置かれた「事故アルトキハ奏任以上ノ職員ヲシテ其事務ヲ代理セシムルコトヲ得」が削除されてその職掌を常設化した。副総理は勅任官待遇も予想されており、幹事より格が上であった。

職制上からいえば、東京大学には四学部統一後、総理、副総理、幹事というラインが大学本部に置かれ、大学運営がなされていたことになる。しかし、学内の管理運営者としてはさきの文書を含め、一八八一年以降総理心得、総理補助という二つの職務者がおり、三人体制ではなかった。

(2)　東京大学の首脳人たち

総理心得、総理補助の職掌に関する規程は発見されていない。五人の首脳人は以下の通りである。

総　理――加藤弘之
副総理――浜尾　新
総理心得――池田謙斎
総理補助――石黒忠悳
幹　事――服部一三

表1　東京大学首脳者在任一覧（1881年7月〜1886年）

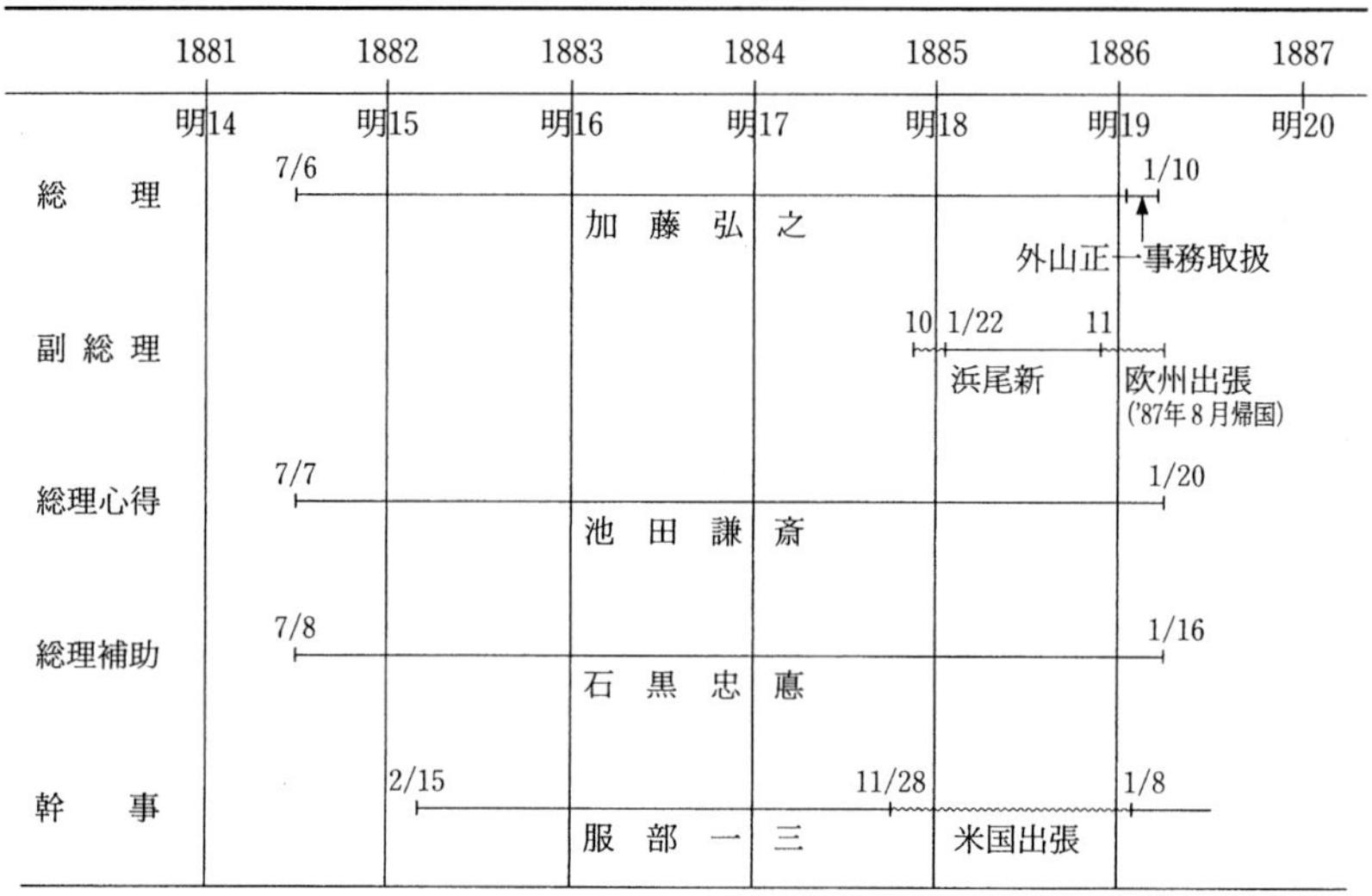

学部長を含めた一八八一（明治十四）年から一八八六（明治十九）年前後までの人事一覧を表1として掲げた。いま取り上げている総理心得——池田謙斎、総理補助——石黒忠悳は、ともに一八八一年以前は医学部綜理と同補助である。

池田は、一八七七（明治十）年医学部初代綜理に就任し、翌年には内務省御用掛が本官となる。一八七九年軍医本部御用掛が本官となり、一八八〇年四月医学部綜理兼任の辞令が出ている。一八八一年六月に同綜理の兼任を免ぜられ、翌七月七日に「陸軍軍医監兼一等侍医文部省御用掛旧東京大学医学部綜理」たる池田に総理心得が任命される。こののち彼は、一八八六（明治十九）年一月四日に文部省御用掛の兼勤を免ぜられ、同日東京大学御用掛兼勤となるが、ほどなく同月二十日にはその兼勤も免ぜられる。総理加藤もまたこの年一月十日には総理を辞任しており、文学部長外山正一が同月十一日から事務取扱となっていた。総理心得が医学部系統に配慮した飾りだけの人事ではないことは、たとえば「検印録」にある「五六二　加藤総理病気療養ノ為メ豆相地方へ旅行」において「池田総理心得へ事務代理為致之義左案大学一般へ御達可相成哉／拙者儀病気療養之為願済ノ上往復二週間ヲ期シ豆相地方江罷越候ニ付不在中東京大学総理心得池田謙斎江事務代理為致候条此旨相達候事」によって分かる。副総理の浜尾は外遊中であった。

石黒は医学部綜理補心得であった。彼の年譜を見ると、以下のようになっている。一八七八（明治十一）年に内務省御用掛となり、翌一八七九年に文部省御用掛を兼勤して、三月五日に医学部綜理心得に就任した。翌年には本官は陸軍軍医監となる。心得解任の日付は確認できない。池田とともに一八八一年七月八日「陸軍軍医監兼文部省御用掛旧東京大学医学部綜理心得」たる石黒は東京大学出勤を命じられており、その日以降総理補助として勤務していたと推測される。「依願東京大学御用掛兼勤被免」の日付で退任したとすると、

池田謙斎――一八八一年七月七日〜一八八六年一月二十日

石黒忠悳――一八八一年七月八日〜一八八六年一月十六日

となり、外山正一の東京大学総理事務取扱就任、すなわち加藤の元老院転出まで、彼ら二人は首脳者として文書決裁、意見交換に参画していたということになる。四学部統一後の管理運営陣容に関して、これまで医学部系統の首脳人たちの存在はまったく触れられてこなかった。以上のことから、一八八一年以降も東京医学校時代からの医学部系統の首脳は、大学の中枢に関わっていたことが判明した。さらにいえば、予備門においても長として杉浦重剛が就任し、六月十六日には医学部長三宅秀が事務兼勤を命ぜられ、ここにも医学部のメンバーが組み込まれていた。一八八一年職制改正により、四学部を統一する唯一の管理者の新設とともに、その総理をサポートする体制が構築されていた。さらに、注目されるのは、池田、石黒ともに兼勤者、学外者であった点である。それまでの因縁があるにしても、兼勤者による学内行政への参画が行われていたことは注目されてよい。

ところで東京大学幹事は服部一三である。彼は長州藩出身、一八六九（明治二）年十二月からアメリカに留学し一

八七五年八月に帰国する。アメリカではラトガーズ大学に修学した。帰国後は木戸孝允参議宅に寄宿したのち、文部省へ入る。彼は一八八一（明治十四）年の幹事就任以前、すでに東京英語学校校長、東京大学法学部、理学部、文学部綜理補などの経歴を持っていた。しかし、幹事就任の約二年後、「東京大学年報」の記事によれば一八八四年「十一月二十八日官命シテ東京大学幹事兼農商務省御用掛服部一三ヲ本邦事務員トシテ新疴利安府ニ開設スル万国工業兼綿百年期博覧会ニ出張セシム」(2)とある。帰国は一八八六（明治十九）年一月八日であり、外遊中であった副総理浜尾に代わり東京大学総理事務取扱外山とともに、幹事として起案文書などに捺印をしており、職務を遂行していた。

副総理は浜尾新である。江戸豊岡藩邸に生まれた。豊岡藩は加藤弘之が生まれた但馬藩の隣藩であった。一八七二（明治五）年三月から文部省勤務を開始して、南校、開成学校系統の管理職を歴任し、加藤とともに学内行政に尽力してきた。副総理就任は一八八五（明治十八）年一月二十二日であり、年報の記述によれば「文部大書記官兼参事院員外議官補浜尾新兼東京大学副総理ニ任セラル」(3)とある。副総理発議の段階の彼の職務は専門学務局長であり、のち専門学務局を改組した学務一局長に一八八五年二月九日に就任する。彼は文部省と東京大学とを兼任し、意思疎通を十分に図り得る立場にあった。ただし、彼は同年十一月から一八八七年八月まで約二年間、欧州に派遣される。浜尾は第一期東京大学末年の約一〇か月間在職し、服部と重複することはなかった。内閣制度の発足、帝国大学成立時には日本を不在にしていた。

(3)　首脳人たちの決裁文書の分析

今回対象とした簿冊の「大臣准允」には一一三件、「検印録」には一三六件の案件が綴られている。

まず「大臣准允」から見ていこう。対象となる件数は一〇八件であり、一八八六（明治十九）年以降の八件を含んでいる。文書決裁は総理と幹事、あるいは副総理による場合が多い。一八八五年末の文書は、浜尾、服部ともに不在のため加藤のみの決裁である。総理心得、総理補助の捺印はともに五件であり、四件は重なり、一件が異なる案件である。総理、副総理、総理心得、総理補助、幹事（これが起案文書の順序）のすべてが捺印している四つの件名は左記の通りである（ただし、実際には副総理と幹事とは重複していないため四人の捺印となる）。

一八八四（明治十七）年　教員私費外国留学ノ件

同年　法文学部新築ニ付移転ニ関スルノ件

同年　造船学々科課程ノ件

一八八五（明治十八）年　寄宿課員ヲシテ舎内寄寓致サセ度件

医学部系統の代表としての職務と考えると、医学部関係の案件には必ず池田らが捺印をすることが予想されるが、「別課医学生徒卒業試問規則修正ノ件」には彼らの捺印はない。四件の中で注目されるのは第一に掲げた「教員私費外国留学ノ件」である。

第三十九号

本学教員之儀漸次外国派遣之留学生成業帰朝致候運ヒニ従ヒ、外国教師之後任ヲ為受継候様相成、随テ外国教師ハ漸次減省之事ニ相成居候処、右成業帰朝之上ト雖本学就任後数年間徒ニ教導ニノミ従事致居候而ハ、学術上之新知見ヲ増ス之手段ニ乏敷、随テ其学力モ啻ニ進歩セサルノミナラス、漸ク低度ニ至ラサルヲ得サル儀ニテ、高等教育ノタメ実ニ遺憾不少存候ニ付而ハ追々日本教員ヲ増加スルニ随ヒ教導上之都合ヲ計リ、一両人位ツヽ願ニ依リ私費ヲ以テ本官之儘為研究各国江出張之儀許可相成候様致度、尤私願之儀ニ有之候得者別段手当等交付候ニハ不及儀ニ候得共、俸金之儀ハ何卒其儘被下置候様致度、左ナク候而ハ何分ニモ入費不少儀故、到底其志ヲ達スル事能ハサルハ勿論之儀ニ有之候、尤右許可之儀ハ大凡五ケ年以上奉職之者ニ限リ候様内定有之可然ト存候、且又期限之儀モ往返在留ヲ合シテ壱年乃至壱年半位ニ止メ置、可成追々交代出張為致候方可然ト存候、仍テ此段予メ稟請致候也

明治十七年三月十六日

東京大学総理加藤弘之　印

文部卿大木喬任　殿

大木は太政官にこの件の伺書を提出した。内容は大学起案とほぼ同様であるが、「我教員ノ学力彼学士ト駢進スル能ハサルノミナラス漸ク低度ニ至ラサルヲ得サル儀ニテ、高等教育提奨上隔靴之憾不少」という新たな視点が加わっていた。この稟請に対して三月三十一日付にて許可する旨の達が出された。その後派遣条件が緩和され、在職三年以上と短縮され、派遣期間は二年間に延長された(4)（一八八五年六月二十四日）。この文書は、外国人教師の代替としての日本人教師の養成の必要性の認識、つまり、一八八一（明治十四）年にはじめて東京大学に日本人教授が誕生して三年を経た頃から、大学教員は学生教育ばかりでは学問程度が低下してしまう、つねに「新知見」を求めなければならない、という意識が現れてきたことを示している。海外の留学体験を持つ大学教員の切実な要望であっただろう。

つぎに「検印録」である。件数は一三六件あり、文書決裁の基本は総理と副総理であり、それに心得と補助が加わる。四人のうち三人が捺印しているのは一三件である。主だった件名は左記の通りである。

一八八五（明治十八）年

・医学部別課医学及製薬学生へ卒業証書授与式施行
・三大節参賀不参ノ奏任官へ届書差出方ノ達

・解剖屍百体祭執行ノ義天王寺住職上申
・本学法学部別課法学生医学部別課医学、製薬生自今新募ヲ止メ現在学生卒業ノ期ニ至リ右学科廃止ノ件
・夏期休業中理学部移転ニ付達其他ノ件
・佐藤第一医院長ヨリ伝染病室新築ノ義稟請
・備村上貞正ヨリ解剖室ヲ借受解剖シ且同屍体ハ天王寺解剖葬地ノ一隅へ埋葬ノ義其外出願
・衛生学教場ニ於テ試験薬品入用ノ旨申出ノ節ハ相渡スベキ旨製薬学教場へ達
・十月三十一日前学年卒業生ニ学位ヲ授与スル件

第四、五項はのちにふれる。内容を補足すれば、第一項の授与式施行は、一八八四（明治十七）年中に卒業した生徒たちに対してこの年（一八八五年一月三十一日）証書を授与する件であり、その式次第につき石黒総理補助が「総理副総理ノ内ニテ祝辞アラサレバ生徒満足ヲ得ザル可シ切ニ之ヲ希望ス」と欄外に意見を述べていた。この件については、「検印録」に綴じられている「東京大学医学部別課医学生森祐晴ヨリ本科別課ノ教員ヲ合併スル等ノ件ニ付建言」の一項目にも盛り込まれており、同生徒にとっては懸案のようであった。[5]

右の諸件以外に、もう一点、総理、副総理二人及び四学部長の捺印による学内への達を取り上げる。一八八五年十月一日付けにて「当年度本学経費ノ義理学部合併等ノ為メ非常ノ支出ヲ要シ最困難ニ付各教場新営其他物品購入等ノ分モ可成次年度ヨリ可申出旨各教員へ内達」が出された。全文は以下の通りである。

当会計年度本学経費之儀、理学部合併等之為メ非常之支出ヲ要候セシ（削除）上、尚ホ今后大学各学部漸次新築計画之為メ、更ニ年々経費中ノ幾分ヲ割キ右新築費ニ充テ候儀ニ付、次年度ニ至リテモ固ヨリ余リアル儀ニ者無之候得共、本年度之如キハ前陳之通リ最モ頗（削除）ル困難之時秋（削除）ニ有之、極メテ節減ヲ要候次第ニ付、各教場ニ於テ新営修繕或ハ

物品購入ヲ要シ候分モ、可及的差繰リ次年度（明治十九年四月以後）より漸次申出可有之此段及内達候也

明治十八年十月一日

東京大学総理　加藤弘之

この年二月山県有朋内務卿が提出した「地方経済改良ノ議」からはじまった財政緊縮問題は、第三次教育令（一八八五年六月）の基本方針を規定した。文部省においてもっとも多額な経費を支消していた東京大学にとっても、この財政縮減は無縁ではなかった。右の文書にもあった理学部合併の件は、文部省の官立学校経費報告においても言及されているように、財政的見地にも立った処置であった。

表1をあらためて見れば一目瞭然のように、学部長を除いた東京大学首脳人たちは、帝国大学成立時点ですべて職を解かれた。森の横死、初代総長渡辺洪基が退任したのちに至り、ようやく加藤がまず復帰、ついで浜尾も総長となっていく。

2　一八八五年の改革課題

(1)　「理学部移転一件書類」（一八八五年）

本項の対象時期における特記事項として、法理文三学部の本郷移転、別課教育課程の廃止を指摘した。その一つ法学部別課法学科、医学部別課医学科、製薬生、古典講習科の廃止について、『東京帝国大学五十年史』上冊（以下「五十年史」と略記）は「別課法学科の設けは法学教育の未だ普及せざりし時代にありては、極めて必要なることなりしも、本学部の事業漸次進歩するに従ひ、其の必要も減少すると共に、斯くの如き事業は大学が当然為すべきことに非ず、大学本来の事業にして拡張又は改善を要するもの少なからざる際、経費の関係を顧慮し、別課法学科等を廃すべしと

いふ議論起り[6]」と記し、次いで「一　大学本然ノ事業ヲ拡充整備センニハ別課医学生別課法学生製薬生古典講習科生ノ新募ヲ止メ漸次此等ノ余業ヲ廃セサルヘカラサル事／前項所陳ノ如クセハ廈屋ヲ改築増設スルノ方法相立」云々とその理由書を掲載している。

この史料を改めて読むと、一項目しかないのに「一」という序数の付し方からして不自然であり、本文冒頭に「前項所陳」とある以上、この項目以外にも「所陳」したものがなければならない、などの疑問が生じる。さらに別項「理学部の本郷移転[7]」においても今回取り上げる史料の一部分が掲載されている。こちらも同様に「前項所陳」云々ではじまっている。

右の二つの史料及び以下で分析する史料は、さきの「廈屋ヲ改築増設」の文言を頼りに、筆者がそれまで存在は知っていた簿冊を検索した結果、「理学部移転一件書類」（明治十八年／東京大学／庶務二二）に収められており、かつ一括書類であることが判明した[8]。

史料（本文には題目はなく便宜的に「後来本学ノ事業ヲ拡充シ高等教育ヲ整理」する伺書とし、以下「拡充整理案」と略記）には二種類ある。一つは草稿であり、もう一つが正式な伺書である。草稿には「本学ノ廈屋ヲ改築増設スル事理学部ヲ本学内ヘ移転合併スル事別課医学生別課法学生製薬生等ノ新募ヲ止ムル事ノ三件大要別記ノ旨趣方法ヲ以テ予シメ決定シ施行ノ用意イタシ可然乎／本件決定ノ上ハ本省ヘ経伺（マヽ）ノ手続ニ可取計候事」とあり、総理、総理心得、副総理、総理補助、各部長のそれぞれのサインあるいは捺印がある。この形式から明瞭なように「拡充整理案」は東京大学全学の正式な承認を経ていた。ただし、諮詢会において審議、決議はなされていない。草稿の日付は十八年三月、筆者は筆跡から推測して浜尾と思われる。正式な伺書の日付は三月十四日で、文部卿大木喬任に提出された。伺書の末尾には「以上三件ハ後来本学ノ事業ヲ拡充シ高等教育ヲ整理センカ為メ、今日ニ在リテ予シメ決定セラレンコトヲ企望スル所ナリ、此段相伺候急速御裁可ヲ仰キ候也」とある。この計画は決して急場凌ぎの処置ではなく、大学の将来の方向性を確認するためにあった。四月二日に左のような回答がなされた。

書面伺之趣聞届候条左ノ通リ可心得事

一　費用ノ儀ハ十七年度ニ於テ金三万円、十八年度ニ於テ金壱万七千円別途交付可致、十九年度以降ニ要スル分ハ当該年度予算編成ノ際何分ノ詮議ニ及フヘシ

一　厦屋建築ノ儀ハ其都度絵図面等相添更ニ伺出ヘシ

一　別課等諸科廃止ニ付生スヘキ余剰金等ヲ以テ措置スルヲ要スル事項ノ儀ハ其際更ニ詳細取調具申スヘシ

一　現今ノ理学部移転後不用ニ属スル部分ノ博物場其他ノ建物ハ本省へ可差出候事

明治十八年四月二日　文部卿大木喬任之印

(2)「拡充整理案」

本文は参考資料として全文翻刻した（二三ページ）。その構成は「厦屋ノ改築増設ヲ要スル事」、「理学部ヲ本学内へ移転合併スル事」、「大学本然ノ事業ヲ拡充整備センニハ別課医学生別課法学生製薬生古典講習科生ノ新募ヲ止メ漸次此等ノ余業ヲ廃セサルヘカラサル事」、の「三件大要」からなり、それにまえがきとあとがきが付されている。まえがきにおいて、基本的視点を出している。それは「学校経済ノ方法」を最優先に考え、課題の達成を図るべきである、という視点である。その際、文部省にも相応の措置を考えてほしいが、基本は東京大学自身が創意工夫をし

なければならない、教育研究機関として相応しい大学環境を経済との関係で考えなければならない、と主張されている。

まず課題の第一は「廈屋ノ改築増設ヲ要スル事」である。現状の惨状が次のように指摘されている。「元来本学ノ廈屋タル理医学部ノ如キ概ネ仮設ニ係リ、諸科実験場等ノ用ニ適セス、講究上不便ニシテ常ニ苦情ノ絶ヘサルモノアリ、且廈屋頽破スルニ従ヒ一時ノ修繕ニ修繕ヲ加ヘ、教場不足スルニ従ヒ姑息ノ建増ニ建増ヲ加ヘ、嘗テ修繕、建増止ムトキナシ」。一八八四（明治十七）年九月にすでに竣工して、本郷キャンパスに移転していた法文校舎は取り上げられていない。もっぱら理学部と医学部であり、その両学部は前者が神田錦町、後者が本郷キャンパスというように分離していた。臨時的、仮設的、場当たり的施設の状態では「次第ニ経済ノ方ニ進マスシテ、却テ不経済ノ向ニ歩ムモノニシテ、実ニ学校ノ財務上一日モ等閑ニ付スヘカラサルナリ」、教育研究機関に適格で堅牢な建物を作る事が結局は「経済」的である。そのために必要な経費をどのように捻出するかが、もっとも大きな課題であった。その方法として、理学部の合併と「余業」の廃止とが俎上に上った。

理学部の本部（本郷）への移転、合併は「廈屋ノ改築増設ヲ要シ、本学経費中ヲ節減シ幾分ヲ其費ニ充用センカ為メ、且事業ノ重複ヲ除キ経費ノ累冗ヲ省カンカ為メ」である、と二つの理由が冒頭に記されている。前半はこれまでの文脈であるが、しかし後者は新たな根拠であり、ここの中心課題となっている。『百年史』においてもこの内容が説明されている[(9)]。それも参照しながらまとめてみよう。事業の重複とは「現今理学部医学部ノ物理学、化学、動物学、植物学等ノ諸教室、実験場等両学部ニ並置シ、器品ノ如キモ両所ニ準備セサルヲ得ス、図書閲覧室等数所ニ設置シ、図書ノ如キモ重複セサルヲ得ス」といったことである。さらに不経済とは「教務、庶務、会計ノ如キモ各所ニ於テ取扱ハサルヲ得ス、随テ数多ノ職員、雇人ヲ使用セサルヲ得サルノミナラス、往々事務ノ渋滞ヲモ免カレス、コレ啻ニ財務上不利ナルノミナラス、教務上ニ不便ナレハ亦タ等閑ニ付スヘカラサル」と。同一キャンパスにすることにより、教務と財務との効率的運用を図ろう、というのが眼目であった。

しかも困難を覚悟で「非常ノ計画ヲ為シ、殆ント一時火災ニ罹リタル心持ヲ以テ、臨機ノ処分ヲ為」すと述べる。その具体的な換用、便法などは参考資料を読んでほしい。この結果、財務については「本学諸教室、事務室等配置ノ方法ノ如キ、并ニ職員、雇人、器具、消耗品等ヲ減少シ、其余剰ト本省ヨリ特ニ幾分ノ下付ヲ請フヘキ額トヲ以テ厦屋改築等ノ費用ニ充ツル見込ノ如キハ別紙ニ詳カナリ、果シテ之ヲ実施セハ啻ニ学校経済上ニ便利」となり、教務上は「教科相通シ、物理学、化学、動物学、植物学、生理学、解剖学等殊ニ相裨補スル所アリ、書器等互ニ流用シ有無相弁スルヲ得テ其効益亦タ鮮少ニアラス、又新築スヘキ病室ヲ一時教室等ニ仮用スルモ、凡一ケ年ヲ期シテ医院ニ還付スルヲ要セハ、其期年内ニ於テ完全ノ化学実験局等ヲ本学内ニ新築シ、理学部ノ化学諸科、冶金学、試金術等ヨリ以テ医学部ノ化学、薬学科等ニ至ルマテ此ニ併置セシメハ、教科上便宜ニシテ又更ニ其費用ヲ減省スルヲ得ヘシ」となる。

この理学部の移転は、さきのように四月二日に大臣の許可を得て、政府には九月十二日に「東京大学理学部移転之儀ニ付上申」がなされていた。理学部の移転は上申書中に一八八五（明治十八）年夏期休業中に敢行された、とある。理学部校舎の竣工は文部卿の回答にあったように、「百年史」の記述の通りの一八八八（明治二十一）年十二月が妥当である。

さいごは「一　大学本然ノ事業ヲ拡充整備センニハ別課医学生別課法学生製薬生古典講習科生ノ新募ヲ止メ漸次此等ノ余業ヲ廃セサルヘカラサル事」である。槍玉に挙げられている別課医学科、別課法学科、製薬生、古典講習科はそれぞれに設置の時期も経緯も異なる附設的教育課程であった。それらを一括して廃止する理由は、役割の終焉と本科拡充策の二つに分けられる。その眼目、すなわち廃止の目的は「此等ノ余業ヲ廃シ、其余剰ヲ以テ本然ノ事業ニ要スル費用ノ幾分ヲ補フヘシ」にあった。廃止することにより浮く余剰金とは、具体的に考えれば教職員解雇によるそれである。

別課医学科と古典講習科の廃止理由は、役割の終焉である。「別課医学ノ如キ開設以来数百ノ医生ヲ輩出シ、公衆ノ衛生ニ裨益ヲ与フルコト尠カラスト雖トモ、今日ニ在リテハ医学漸ク進歩シ、地方ニ於テモ数多ノ医生ヲ養成シ、別課医学卒業生ノ如キ其需用少キニ至レリ」と述べている。一八七五年以来、一五〇〇人の卒業生を出していた。(10) 廃止ではなく「別課医学ノ程度ヲ高クシ、其准備ヲ充タシ以テ医学本科ト競争セシメ水準ノ度ニ到リ、遂ニ合一ニ帰セシムヘシトノ説ナキニアラスト雖モ」と別の処理方法に反駁を加えている。この説は医学部別課医学生の森祐晴が建議していた「本科別課ノ教員ヲ合併等ノ件」と思われる。(11) しかし、この建議は「コレ倍々経費ヲ増シ重複ヲ加フルモノニシテ、本科、別課、予備ノ学修各基礎ヲ異ニスル」という経費と基礎教育との違いにより否定された。最終的には「漸次本科学生ヲ増員スルノ便且益アルニ若カサルナリ」であった。

古典講習科については「既ニ二回募集シ数十ノ生徒アレハ和学者、漢学者ノ後継ニ供シ、其伝学ニ大ナル不足ナカルヘシ」と述べている。この伺書以前の生徒数は国書課約五五人、漢書課六〇人、総数約一一〇人であり、文学部本科より格段に多かった。一つの国に必要な学者数の算定基準があったのか不明であるが、最終的には国書課は一八八六(明治十九)年二九人、一八八八年一七人、漢書課は一八八七年二五人、一八八八年一六人の卒業生を出した(総計八七人)。

別課医学科の最善策として示された本科拡充策案は別課法学科、製薬生についても同様であった。「別課法学生ノ如キモ法学本科ノ教制ヲ改正シ、其学生ヲ増員セハ別ニ之ヲ設クルヲ要セス」、「製薬生ノ如キモ薬学本科ヲ復セハ亦タ別ニ之ヲ設クルヲ要セス、其簡易ノ学科ヲ履ミ、浅近ノ課程ヲ修ムル者ノ如キハ他ニ於テ養成スルモノアルヘシ」と。

役割の終焉、本科拡充策とともにいくつかの背景が考えられる。私学の隆盛、不安定な教育水準、さらに高尚な教育要求などである。[12]しかし、最大の眼目は経費節減にあった。

ところで「大学本然ノ事業」として計画されている専門科目は各学部毎に記され、具体的な科目が羅列される医学部を除くと、一般的な科目である。

医学部：病理局の新設、生理学、解剖学、眼科、産科、精神病学、衛生学等の実験場、病室等の増設、薬学本科の加設。

さらに「各学科ノ教授等現今一二人ニ担任セシムルモノ、後来数人ニ分任セシメ以テ愈其講授ヲ精覈ナラシメサルヘカラス」と教授形態の改善策まで提案していた。

以上「余業」廃止の件は、役割の終焉と拡充策を謳いながら、別課医学科に見られるように、目的は人員縮減にあった。「百年史」はこの点について次のように記している。「この教場の廃止は、翌十九年三月においてそれを担当した一〇名の日本人教官の解職や非職による人員削減を伴うものとなった」。[13]これは古典講習科においてもまた同様であった。

おわりに

「はじめに」において課題を設定したように、第一期東京大学時代末期の状況を学内運営組織（陣容）と再編成への動向とから明らかにした。

東京大学は創立の一八七七（明治十）年以来、帝国大学の成立まで基本的には東京開成学校、東京医学校系統からそれぞれの管理首脳者を配置して、学内の管理運営組織が維持されてきた。さらに一八八一（明治十四）年以来それらの陣容を基本にして、諮詢会（総会、部会）、総理部長会など重層的な運営機構が構築されていた。

再編成の具体相は、本郷キャンパスへの全学部の統合であり、財政縮減にあった。その牽引車の役割を果たしたのは浜尾であった。これまで別々に論じられていた理学部の本郷移転、附設的教育課程といった「余業」の廃止は、「学校経済ノ方法」による高等教育の整理課題であった。一八八五（明治十八）年二月から始まった教育費削減に対して、「抑モ大学ハ直轄局部中最大ナルモノニシテ、其経済ノ得失ハ本省ノ財務ニ関スルコト亦タ最大ナルヲ以テ、宜ク現状ヲ察シ後来ヲ慮リ特ニ計画スルヲ緊要トスルナリ」（「拡充整理案」）という発想のもとに行われた。二月からの経済緊縮を、いわば見通して再編成を敢行した、と推測される。牽引車であった浜尾が、学務第一局長（専門学務局長）であったことが、大きく影響していたであろう。彼は東京大学の再編成を学内のみでなく、同時に学部学科の再編成、工部大学校の合併問題にも関連させて動いていた[14]。

しかし、これらが歴史的事実として成立した帝国大学体制と直接的に結びつくかどうかは、いまだ課題として残されている。

註

（1）『東京大学百年史』通史一、一九八四年、四三六頁。
（2）「東京大学第四年報」『史料叢書東京大学史　東京大学年報』第二巻、一九九三年、三三七頁。
（3）「東京大学第五年報」同前書、四五一頁。
（4）倉沢剛『教育令の研究』一九七五年、六四六頁。

(5) 註(11)参照。
(6) 『東京帝国大学五十年史』上冊、一九三二年、六一二頁。
(7) 同右、五三七頁。
(8) 「五十年史」が一括文書をいかなる理由により分割して取り扱ったのか、疑問が残る。編纂当時には、一括した文書（綴）として存在しなかったというのが妥当な解釈であるが、本文にて指摘した形式上の疑義は明らかであり、それを無視するということは理解できない。「五十年史」草稿に修正はない。また方針ともいうべき最初の部分が掲載されていない点も気になる。
(9) 註(1)、五一二頁。
(10) 同右、五三二頁。
(11) 「東京大学医学部別科医学生森祐晴ヨリ本科別課ノ教員ヲ合併スル等ノ件ニ付建言」（「検印録」一八八五年所収）。建言は約一五〇〇字からなり、明治十八年二月の日付で副総理浜尾に宛てられている。（一）本科別課の教員を合併する事（但し外国教員を除く）、（二）特等科の設置、（三）一学期毎の試験の施行、（四）報奨給費生の設置、（五）卒業式を盛大化すること、（六）実地演習の全備、（七）教場整頓の徹底と教場検査の実施、（八）勤惰を試験に加えること、（九）教場費の廃止、（十）生徒控室の設置、（十一）入学試験規則の改正、（十二）別課法医学卒業生に得業生の称号を授与する、と盛り沢山の要求である。第一項の合併論には「費員ヲ省キ学力智識十分ナル人ヲ用ユレバ経済上ニ利益アリ」云々と効率論的観点があり、全体からいえば別課の水準向上を企図していた。もともと邦語による教授が原則であり、ドイツ語による教授は臨時的、過渡的措置であるならば、本科と別課とを「混一スル用意コソ肝要ナリ」と述べ、具体的には「別課入学試験ノ課目ヲ高尚ニシ高等中学卒業ノモノ若クハ之ニ相当ノ学力ヲ有スルモノヲ精選シ可成速ニ本科別課ノ合併ヲ希望ス」と論じられていた。これに対して浜尾は反論していた。
(12) 別課法学科の実態について土方寧は次のように申報に記していた。「生徒皆其講述ヲ解得スルニ苦ミ要領スラ尚ホ筆記スルコト能ハス」、「其学力ノ不同甚シク授業上頗不便ヲ免レサリ」、「訳読ノ力ナキヲ以テ講義ノミニ依頼シ広ク原書ヲ参照スルコト能ハサリシ」など、その実態は惨憺たる状況であったことが窺われる（「東京大学第四年報」『史料叢書東京大学史　東京大学年報』第二巻、一九九三年、三五二頁）。
(13) 『東京大学法理文三学部一覧』（自明治十六年至明治十七年）に古典講習科担当の教員として挙げられている人物のうち、『帝国大学一覧』（自明治十九年至明治二十年）以後「自二十一年至明治二十二年」までに解雇されたのは八人である。残ったのは小中村清矩、久米幹文（一八八七年まで）、物集高見であった。ちなみに漢文学担当者としては島田重礼、内藤耻叟、南摩綱紀（一八八七年まで）がいた。

(14) 文部省上層部における工部大学校の合併案作成が一八八五（明治十八）年四月頃から開始されていたことが最近判明した（拙稿「工部大学校の移管と統合」『神奈川大学評論』第二二号、一九九五年参照）。他官庁の専門教育機関の文部省移管としては、すでに前年十二月に司法省学校が、一八八五年五月には農商務省の東京商業学校についても行われていた。あるいはのちの農科大学となる駒場農学校等の合併も考えられていたかもしれない。

参考資料

〔別紙〕

大学ノ事業素ヨリ重大至要ニシテ、前途愈其拡充整備ヲ図ランニハ須ク学校経済ノ方法ヲ案シ以テ将来大成ノ目的ヲ立ツヘシ、現今東京大学タル法理医文ノ四学部ニ渉リ教科百数十目、教員数十人ニシテ、尚未タ本然ノ事業ニ於テ缺欠スル所尠シトセス、且厦屋ノ容積数千坪ニ渉ルモ、啻ニ諸科実験場等ノ用ニ適セサルノミナラス、現ニ頽破シ又将ニ用ウヘカラサラントス、顧フニ本学ニ於テ此等諸般ノ准備ヲ充足スルコト極テ容易ナラス、而シテ本省ニ於テ目下本学ノ費額ヲ増加セラルヽコト亦甚タ難カルヘシ、宜ク本学ニ於テ非常ノ措置ヲ施シ、本省ニ於テモ特別ノ処分ヲ行ハレ以テ其拡充整備ヲ図ルニ若カス、蓋シ本学ノ事業ト学校経済トノ要件枚挙ニ遑アラスト雖モ、差向速ニ実施セサルヘカラサル件々ヲ左ニ掲ク

一　厦屋ノ改築増設ヲ要スル事

厦屋ハ事業ノ要器トモ謂フヘクシテ、其用ニ適スルト否トハ学校経済ノ係ル所鮮少ニアラス、元来本学ノ厦屋タ

ル理医学部ノ如キ概ネ仮設ニ係リ、諸科実験場等ノ用ニ適セス、講究上不便ニシテ常ニ苦情ノ絶ヘサルモノアリ、且厦屋頽破スルニ従ヒ一時ノ修繕ニ修繕ヲ加ヘ、教場不足スルニ従ヒ姑息ノ建増ニ建増ヲ加ヘ、嘗テ修繕、建増止ムトキナシ、斯ノ如クンハ次第ニ経済ノ方ニ進マスシテ、卻テ不経済ノ向ニ歩ムモノニシテ、実ニ学校ノ財務上一日モ等閑ニ付スヘカラサルナリ、宜ク速ニ厦屋ノ改築ニ着手シ其構造堅牢ニシテ講究上便宜ヲ主トシ、年々若干円ヲ以テ若干坪ツヽ増設シ数年ヲ期シテ竣功シ、将来厦屋ノ為メニ区々ノ煩憂ナカラシムルコト緊要ナリ、尤モ其建築費夥多ニシテ支出ノ途ナキカ如シト雖モ、次項所陳ノ方法ヲ以テ臨機ノ処分ヲ為シ、本学経費中節減シテ幾分ヲ充用シ、本省経費中ヨリモ幾分ヲ下付セラルニ於テハ此挙ヲ果タス甚タ難キニアラサルヘシ、是レ実ニ学校経済上ニ本学事業上ニ其効益太タ少ナラントス

一　理学部ヲ本学内ヘ移転合併スル事

前項所陳ノ如ク厦屋ノ改築増設ヲ要シ、本学経費中ヲ節減シ幾分ヲ其費ニ充用センカ為メ、且事業ノ重複ヲ除キ経費ノ累冗ヲ省カンカ為メ、速ニ理学部ヲ本学内ヘ移転合併セサルヘカラス、現今理学部医学部ノ物理学、化学、動物学、植物学等ノ諸教室、実験場等両学部ニ並置シ、器品ノ如キモ両所ニ准備セサルヲ得ス、図書閲覧室等数所ニ設置シ、図書ノ如キモ重複セサルヲ得ス、教務、庶務、会計ノ如キモ各所ニ於テ取扱ハサルヲ得ス、随テ数多ノ職員、雇人ヲ使用セサルヲ得サルノミナラス、往々事務ノ渋滞ヲモ免カレス、コレ啻ニ財務上不利ナルノミナラス、教務上ニ不便ナレハ亦タ等閑ニ付スヘカラサルナリ、然レトモ本学内ノ厦屋ハ医学部スラ尚狭隘ナルニ、理学部ノ如キ閎大ニシテ数多ノ教室、実験場等ヲ要スヘキモノヲ合併スルハ極メテ難事ニ属スト雖トモ、非常ノ計画ヲ為シ、殆ント一時火災ニ罹リタル心持ヲ以テ、臨機ノ処分ヲ為シ、本厦、事務室等ノ者ハ便宜一隅ニ退転シ以テ医学部教室、実験場等ニ充用シ、其不足ハ今回新築スヘキ病室ヲ稍広ク建設シ本年七八月頃マテニ竣功セ

シメ、凡一ケ年ヲ期シテ之ヲ教室等ニ仮用シ、理学部、博物場ハ予テ音楽取調所ニ於テ望ム趣ナレハ彼此広狭ノ差アレトモ便宜換用シ、図書室、器品場等ハ可成一所ニ併置シ其他夫是弁用セシムレハ、理学部ヲ本学内ニ移転合併スルヲ得ヘキヲ以テ、本年夏期休業ニ際シ断然之ヲ実施スルヲ要スルナリ、而テ本学諸教室、事務室等配置ノ方法ノ如キ、并ニ職員、雇人、器具、消耗品等ヲ減少シ、其余剰ト本省ヨリ特ニ幾分ノ下付ヲ請フヘキ額トヲ以テ厦屋改築等ノ費用ニ充ツル見込ノ如キハ別紙ニ詳カナリ、果シテ之ヲ実施セハ啻ニ学校経済上ニ便利アルノミナラス、理学部ヲ合併セシムレハ教科相通シ、物理学、化学、動物学、植物学、生理学、解剖学等殊ニ相裨補スル所アリ、書器等互ニ流用シ有無相弁スルヲ得テ其効益亦タ鮮少ニアラス、又新築スヘキ病室ヲ一時教室等ニ仮用スルモ、凡一ケ年ヲ期シテ医院ニ還付スルヲ要セハ、其期年内ニ於テ完全ノ化学実験局等ヲ本学内ニ新築シ、理学部ノ化学諸科、冶金学、試金術等ヨリ以テ医学部ノ化学、薬学科等ニ至ルマテ此ニ併置セシメハ、教科上便宜ニシテ、又更ニ其費用ヲ減省スルヲ得ヘシ、抑モ大学ハ直轄局部中最大ナルモノニシテ、其経済ノ得失ハ本省ノ財務ニ関スルコト亦タ最大ナルヲ以テ、宜ク現状ヲ察シ後来ヲ慮リ特ニ計画スルヲ緊要トスルナリ

一 大学本然ノ事業ヲ拡充整備センニハ別課医学生別課法学生製薬生古典講習科生ノ新募ヲ止メ漸次此等ノ余業ヲ廃セサルヘカラサル事

前項所陳ノ如クセハ厦屋ヲ改築増設スルノ方法相立チ、事業ノ重複ヲ除キ経費ノ累冗ヲ省クヲ得テ、学校経済上ニ本学事業上ニ幾多ノ便宜ヲ得ヘシト雖モ、大学本然ノ事業ニ於テ尚缺欠スル所ノモノニシテ、前途拡充セサルヘカラサルモノ多ク、此等ニ要スル費用亦タ尠カラス、須ク学校経済ノ法ヲ案シ、其減省スヘキハ之ヲ減省シ、其収入スヘキハ之ヲ収入スル等、諸事愈計画スヘキハ勿論今後別課医学生、別課法学生、製薬生、古典講習科生等ノ新募ヲ止メ漸次此等ノ余業ヲ廃シ、其余剰ヲ以テ本然ノ事業ニ要スル費用ノ幾分ヲ補フヘシ、別課医学ノ如

キ開設以来数百ノ医生ヲ輩出シ、公衆ノ衛生ニ裨益ヲ与フルコト尠カラスト雖トモ、今日ニ在リテハ医学漸ク進歩シ、地方ニ於テモ数多ノ医生ヲ養成シ、別課医学卒業生ノ如キ其需用少キニ至レリ、或ハ別課医学ノ程度ヲ高クシ、其準備《(ママ)》ヲ充タシ以テ医学本科ト競争セシメ水準ノ度ニ到リ、遂ニ合一ニ帰セシムヘシトノ説ナキニアラスト雖モ、コレ倍々経費ヲ増シ重複ヲ加フルモノニシテ、本科、別課、予備ノ学修各其礎ヲ異ニスルヲ以テ到底合一ニ帰シ難カルヘシ、漸次本科学生ヲ増員スルノ便且益アルニ若カサルナリ、別課法学生ノ如キモ法学本科ノ教制ヲ改正シ、其学生ヲ増員セハ別ニ之ヲ設クルヲ要セス、而シテ本科生ノ外相応ノ学力アル者ハ撰科生トシテ入学スルノ道アリ、且其他ノ方法ヲ以テ聴講シ研究スルヲ得セシメハ不便ナカルヘシ、製薬生ノ如キモ薬学本科ヲ復セハ亦タ別ニ之ヲ設クルヲ要セス、其簡易ノ学科ヲ履ミ、浅近ノ課程ヲ修ムル者ノ如キハ他ニ於テ養成スルモノアルヘシ、古典講習科生ノ如キハ既ニ二回募集シ数十ノ生徒アレハ和学者、漢学者ノ後継ニ供シ、其伝学ニ大ナル不足ハナカルヘシ、然ルニ大学本然ノ事業ニ至テハ缺欠スル所ノモノハ力メテ之ヲ補充シ、拡充セサルヘカラサルモノハ力メテ之ヲ計画セサルヘカラス、例ヘハ其医学部ニ於ケル内科学、外科学ノ整備ヲ要スルハ論ナク、病理学ヲ更張シ病理的諸科ヲ講シ、病理局ヲ新設シ病理的実験等ヲ究メシメサルヘカラサルモノアリ、生理学、解剖学、眼科、産科等ヨリ精神病学、衛生学等ニ至ルマテ、各種実験場、病室等ヲ増設シ、学理研究、臨床実験等ヲ便ナラシメサルヘカラサルモノアリ、薬学本科ヲ加設シ内外ノ薬物ヲ査覈セシメサルヘカラサルモノアリ、其法学部ニ於ケル内国ノ法律ヲ講明スヘキハ論ナク法理学ヲ更張シ、法律史ヲ攻覈シ、英仏独等外国ノ法律ヲモ講究セシメサルヘカラサルモノアリ、其理学部、文学部ニ於ケルモ亦同ク拡充、整備ヲ要スルモノ多々ニシテ、其講究セシメサルヘカラサルモノニ至リテハ皆然ラサルハナシ、且各学科ノ教授等現今一二人ニ担任セシムルモノ、後来数人ニ分任セシメ以テ愈其講授ヲ精覈ナラシメサルヘカラス、此等大学本然ノ事業ノ挙否ハ其関係スル

所太タ大ナリ、為メニ別課等ノ余業ヲ廃スルハ実ニ已ムヲ得サルコトニテ、其軽重ヲ比較セハ其得失以テ相償フニ足ラン乎

以上三件ハ後来本学ノ事業ヲ拡充シ高等教育ヲ整理センカ為メ、今日ニ在リテ予シメ決定セラレンコトヲ企望スル所ナリ、此段相伺候急速御裁可ヲ仰キ候也

明治十八年三月十四日

東京大学総理　加藤弘之 印

文部卿伯爵　大木喬任殿

〔以下全文朱筆〕

書面伺之趣聞届候条左ノ通リ可心得事

一　費用ノ儀ハ十七年度ニ於テ金三万円、十八年度ニ於テ金壱万七千円別途交付可致、十九年度以降ニ要スル分ハ当該年度予算編成ノ際何分ノ詮議ニ及フヘシ

一　厦屋建築ノ儀ハ其都度絵図面等相添更ニ伺出ヘシ

一　別課等諸科廃止ニ付生スヘキ余剰金等ヲ以テ措置スルヲ要スル事項ノ儀ハ其際更ニ詳細取調具申スヘシ

一　現今ノ理学部移転後不用ニ属スル部分ノ博物場其他ノ建物ハ本省ヘ可差出候事

明治十八年四月二日

文部卿大木喬任之印

〔改丁、添付資料〕

理学部ヲ本学内ヘ移転合併ニ付、諸教室実験場事務室等配置ノ方法、左ノ如シ　上段ニ掲クルモノハ現今ノ位置ニシテ下段ニ載スルモノハ移転後ノ位置ナリ

画学室、造船学及機械工学教室、同上計画室、工学附属室、土木工学計画室、土木工学及造営

大学事務室　学教室、物理学実験室（理医学合併）、第三分析室（同上）、調剤室、第一化学室、第二同上、採鉱学及試金術教室、画工室、数学教室、教員扣所、星学教室、重学教室、採鉱及地質学教室

仮建（朱筆）　光線学実験場

製薬学教室及実験場　第一分析化学室、第二同上権衡室

但植物分析室、蒸溜室、製煉室

以上附属室ハ従前之通り

仮建（朱筆）　薬品貯室

十番教師館　採鉱冶金室試金室

仮建（朱筆）　同上実験場

図書課物理学製薬化学

等ノ用庫　器品庫（合併）

小使扣所　器品課

仮建（朱筆）　職工場

動物学実験場（合併）、植物学実験場（同上）、同上教室、金石地質学教室、第一地質実験室

新築病室

但凡一ヶ年間仮用

会計課用庫（半分）　講義用標品貯所

法文学部楼上　図書館及課員室（合併）

旧分黌教室　古典講習科教室
別課医学教場　大学事務室
但新教場及製薬学
実験場ヲ除キ
仮建(朱筆)　同附属小使詰所
長屋　学生生徒扣所
十四番教師館　生理学教場
現今エーキマン居住
〔改丁〕
理学部移転合併ニ付、職員雇人器具消耗品等ヲ減少シ、其余剰金ノ見積左ノ如シ
職員二十六人俸給　六千円
小使人足俸給　千八百円
同被服料　百五拾円
人力車雇賃　弐百円
内外新聞雑誌　五百円
椅子卓子戸棚等之類　千三百円
書籍器品等　千八百円
消耗品　弐千百円

営善費　　　　　　　　　　　千六百円

合計金壱万五千四百五拾円

〔改丁〕

理学部移転合併ニ付、化学実験場、新築費及ヒ臨時費並ニ本学職員等ヲ減少シ、其余剰ト本省ヨリ特ニ下付ヲ請フヘキ額トヲ以テ改築増設費ニ充ヘキ見込、左ノ如シ

一　化学実験場新築費概算

金八万弐千五百五拾円

本場理学部移転合併後凡一ヶ年ヲ期シテ其教室ニ仮用スル病室ヲ医院ヘ還付センカ為メ、且理医学部ノ化学諸科、薬学科、試金学科等ヲ此ニ合併シ其教室等ヲ転用センカ為メ、之レカ建築ヲ第一ニ着手シ明治十九年七月竣功ノ見込

一　理学部移転合併ノ為メ臨時費概算

金壱万零四百五拾円

内訳

金九百円　　　　事務室用ノ為メ別課医学教場模様替

金弐千弐百円　　学生々徒扣所及物置等ノ為メ在来長屋修繕

金千九百五拾円　在来諸教室及実験場模様替

金弐千四百円　　採鉱冶金学及試金術実験場等模様替

金千九百円　　　器品課附属職工場

金五百円　　　　　諸運搬費
金六百円　　　　　移転ニ付諸雑費
合計金九万三千円
一　前二項費用合計金九万三千円支弁ノ見込
金六万三千円　　　本省ヨリ下付ヲ請フヘキ分
但十七年度、十八年度及十九年度ニ於テ交付可相成見込右ノ内凡金五万円ハ本年度及十八年度ニ於テ下付セラレ度見込
金三万円　　　　　本学経費中ヨリ支弁
但十九年度迄ニ支出ノ見込、尤モ該金額ハ理学部合併ニ由リ生スヘキ余剰（毎年金壱万五千余円ノ割）並ニ其他臨機節減ニ由リテ得ヘキ金額トヲ以テ之ニ充ツ
一　二十年度以降ハ本学経費中前項ノ余剰金壱万五千円ト、本省ヨリ下付ヲ請フヘキ金壱万五千円トヲ合セ、年々三万円ヲ以テ漸次理医学部等ノ厦屋改築増設等ノ費用ニ充ツ

二　大学分校と大学構想

はじめに

本項は第三高等中学校の前身、大学分校の位置づけをめぐる諸動向の分析を通して、帝国大学体制成立の一つの前

史を明らかにすることを目的とする。

大阪中学校、大学分校、第三高等中学校への改称、改組は『神陵史』、『京都大学百年史』などにすでに取り上げられている。[1] 大阪中学校改組の動きは「逐次法理医文等高等ノ学科ヲ設置シ一大学トナス」という方針の下に進行するが、最終的には大学ではなく、高等中学校という制度的範疇に落ち着く。先行研究はこの間の経緯を、学校内部の整備過程と実態、文部省との往復、閣議内部の審議などを通して、分析を行っている。しかし、詳細に検討すると、きわめて重要な視点と画期が見落とされていることに気がつく。すなわち、いつ「大学」設置構想が放擲されたのかが、明らかになっていないのである。大学分校は「大学」から「中学校」へと位置づけを変更される。この変更は、この時期の高等教育政策の全体の動向にかかわる重要なターニングポイントではなかったか、という視点が欠落していることである。

ところで、筆者は帝国大学体制成立の前史として、三つの側面を明らかにしなければならないと考えている。一つは東京大学の改革課題、二つ目は高等中学校成立までの予備門、大阪中学校の改組の経緯、三つ目は高等教育機関の統廃合、である。すでに第一にかかわり、筆者は東京大学における「拡充整理案」を紹介した。この案は一八八五(明治十八)年の初頭において、大学全体の将来構想にかかわり、「学校経済ノ方法」という視点、あるいは、教育研究機関としての大学にとって適正な知的環境を構想しなければならないという視点で作成されたものであった。[2] 今回は、第二の側面について大阪分校を中心に三つの改組構想の分析を通じて、政策の転換点を明らかにする。

1　「一個之普通学校」——大学予備門の改組

近年刊行された『京都大学百年史』総説編は、次項において詳述する「関西大学創立次第概見」を一八八五年三月、大木喬任文部卿に東京大学予備門長杉浦重剛が提出した予備門の分離、独立案と同時期のものと推定している。[3] 以下の行論の関係上、まずこの杉浦の分離、独立案を取り上げる。

三月二十六日、杉浦は、文部卿に対して一つの意見書を提出した。[4] 杉浦は意見書の冒頭において「過日御内諭之次第モ有之大学及ひ予備門革正之義ニ就キ種々熟考候処、大学之義ハ当局者モ有之已ニ充分之意見陳述被致候事と存候得は、小官儀ハ予備門将来之方向ニ付聊卑見陳述候条、何卒可然御取捨相成度候」と述べていた。この引用から、意見書が㈠文部省からの「内諭」に対する意見陳述であり、㈡内諭が大学にも同様に発せられており、さらに㈢彼は大学側の意見開陳を承知している、ということが分かる。意見書は「予備門将来之方向」という明確な姿勢の下に書かれ、東京大学における「拡充整理案」と連動した動きであった。

彼の予備門の分離、独立案の趣旨は明瞭である。予備門は「純然たる一個之普通学校ニて、殆ント模範中学校之体裁を具へ居〔り、「当夏理学部移転相成候と同時ニ予備門を大学より分離し、東京中学校若しくハ東京普通学校等之名義ニて一個独立之学校」とする。そしてこの学校の主意は「中学〔教則〕綱領〔大綱〕ニ基き普通教育を旨とし、専門学ニ入るの階梯を為し、猶其上地方中学卒業生を練習〔為〕致候見込ニ有之候、然る上ハ他官立専門学校ニて従来予科を備置候モのも、其予科を該学校一手ニ引受候ハ、経済上大ニ便宜ヲ得へくと存候」というものである（〔 〕内は筆者注。以下同様）。

杉浦は予備門を中学校教則大綱（一八八一年七月）における「高等ノ学校ニ入ルカ為メニ必須ノ学科ヲ授クル」（第一条）機関と構想しており、教則大綱のもう一方の趣旨（「中人以上ノ業務ニ就クカ為メ」の機関）をまったく捨象していた。予備門は、教育制度上において正系に位置付けられた大阪中学校を意識しつつ、これまでの実態に沿って専門予備教育機関としての独立を求めていた。文部省もこの趣旨を踏まえ「凡高等専門学科ノ予備科ハ毎専門学校各別ニ之ヲ設クルヲ要セス、便宜一黌ニ於テ数専門ノ予備生ヲ併セ教養致可然儀ニ有之、左スレハ自ラ事業ノ重複ヲ除キ経費ノ累冗ヲ省ク等ノ便益モ有之候」(5)と、予備門の独立を七月十六日太政官に伺い出、八月十四日認可された。

2　折田の意見書――大阪中学校の改組

大阪中学校長折田彦市は、一八八五（明治十八）年一月十日付の「中学規則ノ儀ニ付文部卿へ建白」という文書を提出した。(6)建白書は本文と「規則改正擬案疏解」（本項の最後に参考資料として翻刻した）とから成る。その趣旨は、英語の学習時間増加と初等中学科、高等中学科の区別の廃止にある。後者について見てみよう。まず彦市は言っている。「夫レ中学ニ初等、高等ノ二等アル所以ノモノハ其初等科ニ於テハ汎ク普通学ノ大概ニ渉猟シテ、之ヲ師範学科又ハ諸ノ専門学科ヲ修ムルノ用ニ供シ、其高等科ニ於テハ尚其重要ナル学科ヲ更ニ一層子細ニ講習セシメテ、広ク士人中正ノ業務ヲ執リ、又ハ大学科及高等ノ専門学科等ヲ修ムルノ用ニ供スルノ目的ニ外ナラサルナリ、然ルニ実地ニ就テ之ヲ験ムルトキハ、啻ニ此ノ目的ニ副フノ便ナキノミナラス、却テ之ニ反スルノ不便アルヲ如何セン」。こののち実態の描写に入る。初等科卒業者のうちさらに学業を修める者は、退校して予備学校に転出してしまう。高等科入学者は家の事情により移動が出来ないものか、待機組であり、要するに「決シテ確乎タル志望ヲ高等科ニ繋クル者」ではない、という。高等科は「故ニ其人員常ニ少ク僅ニ二人若クハ三人ノ為ニ一階級ヲ置カサル可ラサルノ不便ニ陥ルコト常々ニシテ」「学校ニ損スル所多クシテ、益スル所鮮キハ智者ヲ待チテ後知ルヘキニアラサルナリ」と述べる。そのために「初等高等ノ区画ヲ徐却シ、中学全科ノ修業年限ヲ五ケ年トシ、以テ一ハ生徒ノ未熟、退校ノ弊ヲ救ヒ、一ハ学科ノ重複、講習ノ煩ヲ解キ、且大ニ学校不急ノ冗費ヲ省」く必要がある、と結論する。さらにもう少し現状を聞いてみよう。「規則改正擬案疏解」の「中学科」にはつぎのような記述がある。「抑中学科ハ中人以上ノ業務ニ就クカ為メ、又ハ高等ノ学科ヲ修ムルカ為メノ予備トナス者ナルニ、現規則ノ初等中学科ヲ卒業シタル力量ニテハ以上二者ノ目的ニ於テ歉然ノ憾アルコト多シ、加之高等中学科ヲ修了スルモ東京大学ヘ入ラント欲スルニハ尚一ケ年ノ日子ヲ全ク英語ノ為ニ費サヽル可ラス、乃中学科ニ入リテ大学ニ入ルノ予備ヲ成就センニハ従来ノ法規ニヨルモ斯ク七ケ年ノ久シキヲ要ス、況ヤ近日大学予備門規則ノ改定アリテ以来、独英二語学ヲ兼修セサル可ラサルノコトトナリシヨリ推ストキハ、今後此七ケ年モ猶或ハ不足ナルナキヲ保ス可ラス、所以ニ大学ニ入ラント欲スル者ハ固ヨリ高等中学ヲ修ムルノ要アルヲ見ス」と。

大阪中学校長彦市は、高等学科の不振を背景として、中学校教育の完成と大学との接続関係の構築を求めていた。ある意味において、「教育令」の学校体系の完成を求めていた、とも言える。

3　大学分校の先駆――「関西大学創立次第概見」

さきに記したように、東京大学予備門の分離独立案と同時期と推測されている「関西大学創立次第概見」（以下「概見」）がこのあとに来る。(7) 「概見」は「大阪中学校ヲ改称シテ関西大学校」とするための案件として、校名改称の発令、校地の選定、「建築工事ノ企図」、学科教則の選定、中学生徒の処分、の五つを挙げている（本項の最後に参考資料として翻刻した）。ここでは学校教則の選定を中心に、関西大学校の位置づけを見てみる。まず修業年限については「関西大学校ニハ本科及予科ヲ置キ、其本科ノ修業年限ヲ四ケ年トシ、一ケ年ヲ以テ一学級ニ配シ、其初一年ハ共ニ同シク高等ノ普通学科ヲ修メシメ、後三年ハ法理文三学科ノ中、其一学科ヲ撰ミテ之ヲ専修セシムヘシ、又予科ノ修業年限ハ当分ノ中五ケ年（即五階級）トシ」云々とある。予科を五年としたのは「目今本地方ニ於テハ三ケ年若クハ四ケ年ナル大学予科ノ最下級ニ進ム迄ノ階梯タルヘキ学校ナキカ故ニ、一両年間ハ予科ノ年限ヲ永クシテ其最下級ノ程度ヲ卑クシ、以テ入学ノ門路ヲ平易ニシ置キ、年ヲ逐ヒテ漸々下級ヲ除却スルヲ便トスルノ事情アル」ための過渡的措置であり、本来ならば予科三年、本科四年の教育課程となる。入学資格は明記されていないが、東京大学との比較が参考になる。すなわち「此予科ノ課程ハ較和漢文ノ時間ヲ多クスルト、独逸語ヲ交ヘサルトノ外、都テ彼ノ東京大学予備門第二級以下ノ課程ト同一ナルモノニシテ、則此本科第四級即第壱年生ハ彼ノ予備門第一級生ニ均シク、此ノ本科卒業生ハ恰モ東京大学法理文第二級卒業生ト匹敵スヘキモノトス」と位置づけられている。これから明らかなように、「関西大学校」は東京大学より一年間修業年限が少ない機関と位置づけられていた。さらに見れば「我本科ヲ修ムルノ生徒ハ蓋遂ニ進テ東京大学等ニ入リ、更ニ高尚ナル学科ヲ研究スルノ志望アルモノ多カラン」と述べているように、別言すれば東京大学は「高尚ナル学科ヲ研究」するところであり、別格の扱いを受けていたと思われる。

これに対して文部省の「見込」は以下の通りである。

まず教則について「当初ニ在テハ先ツ現在ノ中学科ヲ釐正シテ、予備科タルニ適セシムルコトヲ務メ、其本科ハ姑ク方今殊ニ緊要ナルノ学科ニシテ、且稍施設シ易キモノ二三科ノ設置ニ止メテ可ナルベシ」と予科からの順序を提案する。修業年限、入学資格は大阪中学校のそれと同じであることは「該予備科ヲ卒リタル者ハ該大学予備門第一級ニ転入スルヲ得セシムルコト、ナシテ可ナルベシ」から分かる。専門科目は「概見」の「法理文三学科ノ中、其ノ一学科ヲ撰ミテ之ヲ専修セシム」に比して、格段に詳しい。「蓋シ方今施設ヲ要スベキ専門学ハ其科固ヨリ鮮カラスト雖モ、就中理学ヲ振起シ、諸般実業ノ基本ヲ開興スルハ殊ニ方今ノ緊要事ナリ、且大阪中学校ハ旧舎密局等ヲ継承セルモノニシテ、当初既ニ理学ノ教育場タリシノミナラス、近年一旦専門学校トナリシトキモ、理医二学科ヲ設ケタルモノニシテ、自ラ理科ニ係ル教授上ノ準備等ハ既ニ多少具ル所アルカ如シ、従テ今之ヲ高等学校ニ改更シ、基本科ヲ置カントセハ、右理科ニ係ル学科ノ如キハ稍施設シ易キ所アルベシ、故ニ其本科ハ先ツ物理、化学、数学ノ如キ理科ニ係ル学科二三科ヲ設置スルコト、シ、其他ノ学科ニ至テハ当ニ漸ヲ以テ之レカ施設ヲ計画スルニ若カサルベシ」と述べている。実業の振興と大阪中学校の伝統とから開設すべき専門科目を説いている点は見逃せない。ただ、異なる点があることも確かである。文部省側が機関の名称を「関西高等学校」と明言している点、(8)「其予備科ニハ東京大学入学志願ノ者モ亦入学スルコトヲ許シ、該予備科ヲ卒リタル者ハ該大学予備門第一級ニ転入スルヲ得セシムルコト、ナシテ可ナルベシ」と専門予備教育機関的な機能をも持たせようとしている点、である。以上のことがらを踏まえて、「其費用モ当分格別多額ヲ要セサルベシ、尤詳細ノ予算ハ本案ノ大体決定ノ上ニテ調査スベシ」と括っていた。

4 大学分校の成立

大学分校の制度的位置づけの激変は、文部省事務組織規程に示されている。一八八五（明治十八）年十二月二十八日、文部省はそれまでの各局を廃して、あらたに大臣官房、学務局、編輯局、会計局を置いた。学務局には四課が置かれ、第一課は「大学校大学分校ニ係ル事」、第二課は「中学校大学予備門及高等女学校ニ係ル事」と規定された。(9)大学分校は「大学」の範疇にあって、予備門とは異なる機関と位置づけられていたことが分かる。ところが、一八八六（明治十九）年二月二十六日の文部省官制によれば、大学分校の名称は同じであるが、位置づけが違う。同官制によれば、学務局、編輯局、会計局の三局を置き、学務局はさらに四課から構成され、大学分校は第二課「大学分校中学校及高等女学校ニ関スル事務ヲ掌ル」となった。第一課は「帝国大学ニ関スル事務ヲ掌ル」である。あらためて指摘するまでもなく、大学分校は中等教育機関の範疇に転換されていた。以上のことを念頭に置き、大学分校の成立からこの性格変更までの経緯を大学分校規則を中心に見ていく。

大阪中学校の改組は予備門の分離独立伺に先立つこと約一か月前から動き出す。一八八五年六月二十二日に提出された「大坂中学校組織改更之儀伺」には地方教育の振興という新たな論理が付加される。[10]「近来普通教育逐次上進シ、子弟ノ高等教育ニ就クヘキ者漸ク増加候処、右高等教育ヲ授クルノ学校ハ、東京ニ於テ二三ノ設置有之ノ外、各地方ニ於テハ殆ト其設無之、随テ右等子弟ハ一ニ東京ニノミ輻湊スルノ傾向ニ候得共、東京モ亦有限ノ学校、悉ク之ヲ入学セシムル能ハス、教化隆興ノ進路ヲ阻礙スル小少ナラス」と。このために「当省所轄大坂中学校ノ儀ハ、従来各地方中学ノ模範ニ供スルノ旨趣ヲ以テ持続致来候得共、今日ニ在テハ右高等学校ノ須要ニ比スレハ、稍々軒軽モ有之候ニ付、今般該校ノ組織ヲ変更革シテ大坂大学部校ト改称シ、逐次法理医文等高等ノ学科ヲ設置シ、一大学トナスノ見込ヲ以テ、差向予備科及一二高等学科ヲ設置致度」と記されていた。これまでの経緯から考えて、この伺書は奇異な印象を与える。第一に地方教育の振興とはこれまでまったくなかった視点であること、第二に「大坂大学部校」と、これもまたまったくなかった名称が採用されていること、第三に、あらためて指摘するまでもないが、大学設置構想が予め示されていること、である。「概見」は七月十日以前の決定を要望していたが、十一日に浜尾大書記官から電報をもってまず通知され、翌十二日に決裁された。改組の決定により、旧大阪中学校生徒の大学分校への異動が行われた。旧中学校高等科、初等科の在籍者二五九名のうち退学した一三名を除いた二四六名を、大学分校組織の別課予備科（第一、二級）一五六名、予備科（第一〜三級）九〇名に割り振った。[11]

大学分校規則はかなり遅れて十二月二日に裁可された。しかし学校としては九月の新学期を迎えることになっており、さっそく七月十七日に折田は文部卿に宛てて仮規則一斑を提出した。さらに「明治十八年八月五日撰／大学分校規則草案」と題された文書がある。この草案を修正した規則案が九月に作成され、以後文部省との往復を経て、十二月の裁定となる。八月の草案は以下の通りである。[12]

5　大学分校規則

第一条　大学分校ハ文部省ノ直轄ニシテ其建在地ハ当分大阪城西馬場トス

第二条　教科ハ大学科及之ニ進ムノ予備科トス

但大学科ハ現今理学文学ノ二科ヲ置キ漸次他ノ学科ニ増設スヘシ

第三条　修業年限ハ大学科ヲ四ケ年予備科ヲ三ケ年通計七ケ年トス

但予備科ハ当分ノ中二ケ年ヲ加ヘ五ケ年トス

第四条　大学科ハ又本科ト呼ヒ之ヲ修ムル者ヲ学生ト称シ予備科ハ又予科ト呼ヒ之ヲ修ムル者ヲ生徒ト称ス

第五条　大学科卒業ノ者ニハ得業生ノ称号ヲ付与スル

第六条　学生生徒タルヲ得ル者ノ資格左ノ如シ

（一）男子ニシテ天然痘又ハ種痘ヲ了ヘ品行方正身体健康ノ者

（二）生徒ハ年齢満十四歳以上学生ハ年齢満十七歳以上ノ者

（三）試業ニ及第ノ者

第七条　〔略〕

第二章　大学科教則

此章ハ現今取調中ナルヲ以テ暫く闕如ス

この八月案は、教科を「大学」科と予備科とに区分していることに明瞭なように、「大学」としての規則を定めていた。さきの「概見」と比較してみよう。「概見」では東京大学の法理文三学部の一学科を選択すると特定されていなかったが、専門科目は三つの学部には含まれていた。修業年限の大学科四年、予備科三年、通計七年は「概見」の原則と同じであり、過渡的措置としての二年増加も等しい。ところで、東京大学予備門は一八八四年六月五日、修業年限を四年に延長して、十二月二十日には最下級入学者の年齢を一六歳以上に設定した。この八月案の修業年限は、予備門と東京大学との合算年数より一年短い。過渡的措置としての予備科五年を入れても、入学年齢が一四歳以上（第六条第二項）のため東京大学卒業生よりも、やはり一年短い。この点においても「概見」と同様であった。すなわち「本科卒業生ハ恰モ東京大学法理文第二級卒業生ト匹敵」する、と記されていた。「概見」にはなかった事項が八月案には盛り込まれていた。第五条の「大学科卒業ノ者ニハ得業生ノ称号ヲ付与スル」という規定である。称号の授与までが構想されていた。もちろん予備門にはそのような称号の授与はない。称号を「学士」ではなく「得業生」としたことについては、以下のように考えられる。東京大学は一八八六年から卒業生には「学士」ではなく、「得業士」の学位を与える規則が適用されることになっていた。(13)「得業生」の称号は修業年限において東京大学より一学年少ない「大学」として、それより一段低い称号として考案されたと考えられる。

以上から、八月案は「概見」の構想を下敷にした「大学」規則と推定される。しかし八月案は数度の修訂を経て十二月に正式な決定を見るが、その裁定規則はよほど異なった内容になっていた。

一八八五年十二月二日に正式に裁可された大学分校規則は以下の通りである。(14)

第一章　総則

第一条　大学分校ハ文部省ノ直轄ニシテ其建在地ハ当分大阪城西馬場トス

第二条　教科ハ本科及之ニ進ムノ予備科トス

但本科ハ現今理学文学ノ二科ヲ置キ漸次他ノ学科ニ増設スヘシ

第三条　修業年限ハ本科ヲ三ケ年予備科ヲ一ケ年通計四ケ年トス
但予備科ハ当分二ケ年ヲ加ヘテ三ケ年トス且従前入校ノ生徒ニシテ直ニ予備科ニ編入シ難キ者ハ編入ノ期マテ姑ク別課予備生トシテ在学セシム
第四条　本科ヲ修ムル者ヲ学生予備科ヲ修ムル者ヲ生徒ト称ス其資格左ノ如シ
（一）男子ニシテ天然痘又ハ種痘ヲ了ヘ品行方正身体健康ノ者
（二）生徒ハ年齢満十四歳以上学生ハ年齢満十七歳以上ニシテ入学試験ニ及第シタル者

八月案と比較してみよう。大学科が本科と修正されているが(15)、専門学科は同じである。修業年限は大幅な変更になっている。裁可規則は原則を本科三年、予備科一年とし、過渡的措置として予備科に二年を加えて三年、通計六年にした。八月案の原則七年に比して三年の短縮であり、過渡的年限においても三年もの短縮になっていた。この結果、さきに指摘したように、予備門が一六歳を入学年齢に設定していたため、大学分校の卒業時の年齢は予備門修了時と同じになる。ここで大学分校の修業年数の短縮にともなう処置と思われるのが、「得業生」規定の削除である。同じ修業年限の学校卒業生に授与する称号に格差を設けることが問題になり、均衡を取るための措置と考えられる。さきの十二月二十八日の文部省事務章程の規定を思い出せば、東京大学とはレベルをまったく異にする「大学」、予備門と修業年限を同じくする「大学」が大学分校であった。

6　五大学校構想

一八八六年四月に中学校令が公布され、大学分校は第三高等中学校に改組される。三月三十一日現在、大学分校には予備科第二級生二八名、第三級生六〇名、別課予備級第一級生八七名、第二級生一四七名、計三二二名の生徒がいた。その多くは「時偶々大学分校に於て予科第一年の臨時入学の募集広告を新聞で見て大学分校はやがて大学となる前提であらうと云ふので急に思い立ち何の準備もなく、早速願書を出して置いて郷里（松山）を出て大阪に来」[16]たものたちであった。それが中等教育機関として位置づけられることになった。ただし、このことはさきに指摘した同年二月に制定された文部省官制により、予想されていたことであった。残念ながら、一八八五年十二月から翌年二月までの経緯はほとんど不明である。現在この間の動静としてうかがい知ることができるのは、新聞雑誌上に報道された「五大学校」の記事のみである。

最初の「五大学校」構想は一八八六年一月二十五日付けの『時事新報』に報道された。それは「五大学校　今度政府にては東京大学の外に全国便宜の場所に四個の大学校を設け都合全国に五大学校を置くやの説あり」という記事である。途中、「大学条令」の脱稿を伝えるの記事を挟みながら、二月二十五日の記事「大学条例　同条例はこの程内閣より却下されたりとの事は前号に記せしが、同条例中全国に五大学校を設置するの件は非常の入費を要するを以て採用にならざりしなりとか云へり」（『時事新報』）をもって終焉する。これらの記事の中において、比較的まとまったイメージを与えてくれる記事は以下の通りである。[17]

大学と大学　全国に五大学を置くと云へる噂は諸新聞にも見へ、前号の時論にも大学を増設するの風説あるよしを掲げしが尚篤と探索せしに、或人の話に森大臣の意見は全国に五ケ所の大学校を設け此五大学を総括するに一の大学と云ふ者を以てし、大学は之を東京に設け他の大学よりは一層高尚なる者となし、各地の大学を卒業したるのみにても専門の学士として名誉を享くべきなれども尚一層高尚なる学理を窮め一層高き名誉を享けんとする者は東京に来りて大学の学籍に入り、二三年の学習を積みて其試験を受け始て何々学士の栄号を享くる順序となさんとの趣向にして、勿論大学の学生たる者は恰も彼の英国のケンブリッヂ大学の生徒の如く、既に十分なる学力を有する者の入るべき所なれば、其教授も極めて簡単なる者とし、大概は自修にて学習する様なることならんと云ふ、若し此説の如くなれば我国大学教育の区域を広めて一大進歩を為すに至るべしと思はる

この記事に従えば、森の大学構想は東京大学を学校系統から外し、一段と高い研究機関と位置づけ、このほかに各地に「第二流ニ位する大学」、「稍卑近なる大学」を設置するというものである。(18) 大学分校は在籍生が予備科生徒のみであっても、いずれは「大学となる前提」の、「一大学トナス」の機関であってみれば、この構想の中に位置づけられる。しかしこの構想が潰えたとき、大学分校もまた制度的性格を変更せざるを得なくなった、と考えられる。

おわりに

大阪中学校から大学分校、大学分校から第三高等中学校への改組を中心に見てきた。大阪中学校の改組は、大学(専門教育機関)増設計画であり、その際構想された専門教育レベルには高低差を設けることが前提にされていた。内閣制度発足後もこの構想の実現に向けた努力は重ねられたが、二月に至り「非常の入費を要する」(前記『時事新報』)という財政的理由により挫折した。(19)

予備門と大学分校とを一つの中学校という範疇に統合したことは、実態と法制との両面から見て、選択せざるを得ないものと考えられる。大学構想が潰えたのち、予備科生徒しかいない大学分校は、専門予備教育機関にしか改組できなかったであろうし、予備門はもっと明瞭である。九六四名の生徒がおり、大学への進学を控えていた。専門予備教育機関としての純化が、予備門の将来構想であったことはすでに指摘した。このような状況にあって、既存の中学校を基本に法制化が図られたのではないだろうか。

一八八一年七月の中学校教則大綱(「中学校ハ高等ノ普通学科ヲ授クル所ニシテ中人以上ノ業務ニ就クカ為メ又ハ高等ノ学校ニ入

ルカ為メニ必須ノ学科ヲ授クルモノトス」（第一条）と中学校令第一条の文言（「中学校ハ実業ニ就カント欲シ又ハ高等ノ学校ニ入ラント欲スルモノニ須要ナル教育ヲ為ス所トス」）との類似性も、その一つの証拠といえるかもしれない。

しかし、あくまでも以上のことは推測にすぎない。今後の課題としたい。

註

（1）二見剛史「明治前期の高等教育と大阪中学校」『日本の教育史学』第一七号、一九七四年。神陵史資料研究会『史料　神陵史』一九九四年。同百年史編集委員会『京都大学百年史』一九九八年。

（2）「拡充整理案」については、中野「帝国大学体制成立史前史」（『東京大学史紀要』第一六号、一九九八年。本章の「一」として再録）を参照のこと。

（3）前掲『京都大学百年史』六二～六三頁。

（4）「東京大学予備門長杉浦重剛ノ大学予備門革正ノ義ニ付キ意見書」、大木喬任文書、国立国会図書館憲政資料室所蔵。『東京大学百年史』から再引用。

（5）「東京大学予備門分離ノ儀ニ付伺」「明治十八年　公文録　文部省自七月至十二月」国立公文書館所蔵。

（6）第三高等学校資料「明治十八年文部省伺届原稿」簿冊番号八五〇〇一八、京都大学総合人間学部図書館所蔵。鑑は「左案御照会可相成乎／按／普通学務局長／文部大書記官辻新次殿／中学規則之義ニ付別紙鄙見書文部卿へ差出候条可然御熟達ニ預リ度候也」と書かれており、欄外には朱筆にて「十一付ニテ辻へ送済」「此案ハ遂ニ回報ナシ（文部ヨリ）」とある。本文と「規則改正擬案疏解」の二つから構成されている（参考資料参照）。

（7）同前簿冊。全体が「概見」と「文部一局見込」からなる。ただしこの史料については疑問点がいくつかある。第一にこの史料全体は筆写文であり、原史料ではない点である。このため作成時期を含めて史料の確定ができない。第二に形式面において不自然な印象がある。たとえば「大阪中学校ヲ改称シテ関西大学校トナサンニハ其施設執行スヘキノ事固ヨリ少カラス」云々と書出されているが、これではまるで文部省からの指示に応答しているように読める。しかし後段の「文部一局見込」（学務一局は一八八五年二月九日に設置）の文面からそのように読めない。さらに文部省が大阪中学校の意見に逐条通りに答える、というのも珍しい。

（8）高等学校の名称及び機能については、「府県聯合設立高等学校之事」との関連が注目される（倉沢剛『教育令の研究』参照）。「コルレージノ類」と注書きがなされた高等学校は「高尚ナル専門学科ヲ研究予備ノ為メ又ハ実地ノ業務ニ就クカ為メ必須ナル高等ノ普通学科ヲ修メシムル所」と性格付けられていた。後年の発言になるが、辻次官は一八八六年七月の段階においても「地方高等学校の必用」を説いていた（『時事新報』一八八六年七月二十三日付）。

（9）『官報』号外、明治十八年十二月二十九日。ちなみに第三課「師範学校小学校幼稚園及通俗教育ニ係ル事」、第四課「専門学校各種学校書籍館博物館及教育会学術会等ニ係ル事」である。なお、この事務章程制定は『明治以降教育制度発達史』にも指摘がなされていない。

（10）「明治十八年　公文録　文部省自七月至十二月」国立公文書館所蔵。

（11）前掲二見論文、四二頁。

（12）前掲三高資料「明治十八年文部省伺届原稿」。

（13）中野「帝国大学体制形成期における学位制度の成立に関する考察」（『東京大学史紀要』第一七号、一九九九年）を参考のこと。

（14）前掲三高資料「明治十八年文部省伺届原稿」。

（15）この修正はすでに八月案の段階で行われていた。ここでは八月案との比較のため途中の修正過程は省いた。

（16）三高同窓会『会報』第十一号（一九三九年）所収の金子登の回想（前掲『京都大学百年史』六七頁）より重引。

（17）『教育時論』第三〇号、一八八六年二月十五日（月）。

（18）ここであらためて井上毅文相の「施設ノ方案ヲ具ヘテ閣議ヲ請フ」（一八九三年六月）に述べられている「森氏後来ノ意見」との類似性を指摘しておく。

（19）内閣制度発足前後のこの時期の教育政策の動向については、不明な点が多い。たとえば本項の主題にかかわる事項として一八八五年七月二十五日に任命された中学校条例取調委員がある（七月十一日には師範学校条例取調委員、七月二十五日小学校条例取調委員）。これまで実態がまったく知られていないこの委員会の活動も、いずれ解明したいと思う。

参考資料

三十七　中学規則ノ儀ニ付文部卿へ建白　一八八五（明治十八）年一月

謹白彦市明治十三年ヲ以テ乏ヲ本校長ニ受ケテヨリ茲ニ五年、而テ其初一年ハ専門学校ノ事ニ従ヒ、後ノ四年ハ今ノ中学ニ従事ス、爾来中学生徒ノ入学スル者六百零五人、而テ初等中学科ヲ卒業シタル者亦十有五人アルヲ得タリ、抑中学ノ名、本邦古来ノ無キ所、故ニ其教則ノ整備セシモ之ヲ実地ニ施行セシモ、蓋本校ヲ以テ嚆矢トナス、此ヲ以テ彦市カ職ヲ奉シ務ニ服スル、特ニ謹戒ヲ加ヘ事大小トナク、一ニ規則ニ依憑シテ之ヲ処シ、敢テ或ハ慢ルナク、潜心致思、日常肄習ノ情況ヲ視反復詳密、卒業学科ノ実力ヲ考ヘ以テ規則ノ適否ヲ験察スルコト既ニ八学期間、嘗テ大ニ規則ノ適ハサル所アルヲ暁レリ、乃之ヲ教員ニ諮ヒ、之ヲ監事ニ詢ル、衆口一ノ如シ、僉曰ク、英語学科ノ時間足ラス宜ク之ヲ増益スヘシ、曰ク初等高等ノ区画要ナシ宜ク之ヲ除却スヘシト、其説彦市ト符節ヲ合スカ如シ、之ニ於テ益曩日ニ暁ル所ノ誤ラサルニ庶幾キヲ知ル、今請フ先ツ二等ノ区画ヲ除却スヘキノ議ヲ陳セン夫レ中学ニ初等、高等ノ二等アル所以ノモノハ其初等科ニ於テハ汎ク普通学ノ大概ニ渉猟シテ、之ヲ師範学科又ハ諸ノ専門学科ヲ脩ムルノ用ニ供シ、其高等科ニ於テハ尚其重要ナル学科ヲ更ニ一層子細ニ講習セシメテ、広ク士人中正ノ業務ヲ執リ、又ハ大学科及高等ノ専門学科等ヲ修ムルノ用ニ供スルノ目的ニ外ナラサルナリ、然ルニ実地ニ就テ之ヲ験ムルトキハ、啻ニ此ノ目的ニ副フノ便ナキノミナラス、却テ之ニ反スルノ不便アルヲ如何セン、何ヲ以テ之ヲ云フ、曰ク初等科ヲ卒業スル者ハ皆相率ヰテ退校シ去リ、復タ殆ト留学スルモノナキ是ナリ、蓋卒業者ハ其己カ修了シタル学力ノ尚浅薄ナルヲモ顧ミス、其心輙チ謂ラク、今ヤ中学ノ一段ヲ卒ヘリ、普通ノ学科ハ我既ニ之ヲ知ル、復タ何ソ高等中学ニ入リテ物理学ニ化学ニ重復（ママ）講習スルヲ須ヰンヤ、若カス別ニ重要ノ学科ヲ撰択シテ、之ヲ専攻シ以テ日後、更ニ高等学科ヲ修ムルノ予備ヲ為サンニハト、此ニ於テカ益進ミテ学業ヲ脩メント欲スル者ハ各其志ス処ノ予備学校ニ転リ、学業ヲ修ムルコト能ハサル者ハ、直ニ退キテ世務ニ就ク、但此間或ハ依旧留在シテ、高等中学科ヲ修メント願フモノナキニ非レトモ、此等ハ大約学問ニ篤志ニシテ、学資ノ給シ難キニ苦ム者ニアラサレハ、家累ノ為メ地方ヲ離ル、コト能ハサルノ事情アル者ナリ、否ラサレハ暫ク停リテ他校ニ転ルノ時期ヲ俟ツ者ナリ、決シテ確乎タル志望ヲ高等科ニ繋クル者ニハアラサルナリ、故ニ其人員常ニ少ク僅ニ二人若クハ三人ノ為ニ一階級ヲ置カサル可ラサルノ不便ニ陥ルコト常々ニシテ、然リ夫レ仮令二三ノ人員ナルモ之カ為ニ一階級ヲ置カンカ、其要スル所ノ教員ナリ、教場ナリ、凡百ノ準備ナリ、之ヲ他ノ多数人員ノ階級ニ比シテ敢テ大差アルコトナシ、是レ其学校ニ損スル所多クシテ、益スル所鮮キハ智者ヲ待チテ後知ルヘキニアラサルナリ、況ヤ其就キ学フ者亦確乎タル志望アルニアラサルヲヤ、所以ニ彦市謂フ寧ロ初等高等ノ区画ヲ除却シ、中学全科ノ脩年限ヲ五ケ年トシ、以テ一ハ生徒ノ未熟、退校ノ弊ヲ救ヒ、一ハ学科ノ重復《（ママ）》、講習ノ煩ヲ解キ、且大ニ学校不急ノ冗費ヲ省カン、是レ実ニ当今中学ノ要務ナリト、区画ヲ廃スルノ議此ニ了ル、請フ遂ニ英語時間ヲ増益スヘキノ議ヲ陳ヘン、夫レ中学ハ高等ノ普通学科ヲ教フル所ナリ、既ニ普通ト云フ其学科博カラサル可ラサルハ固ナリ雖、然濫ニ博キニ過キテ皆浅ク、就中切要ノ学科亦他日高等ノ学科ヲ脩ムルノ階梯トナスニ足ラス、又ハ他日更ニ精ク自脩スルノ資ヲ供スルニ足ラサレハ、復タ何ソ普通学科ニ取ランヤ、今ノ初等中学科ヲ卒業スル者、及高等中学科ヲ脩ムル者、其学博ハ則博ナリト雖モ、此二者ノ便ナキヲ如何、且夫レ普通教育ノ目的ハ博ク学術ノ知識ヲ与フルニアリテ、専ラ文字ノ知識ヲ与フルニアラサルハ蓋社会ノ通論ナリトハ雖モ、今我国ノ形勢果シテ此ノ通論ニ準ヒテ碍ナキヲ得ルカ、学術ノ著書太甚乏シク、間マ著述ナキニアラサルモ、多クハ外国書ノ抜萃ノミ、翻訳書ナキニアラサルモ多クハ浅近ノミ、若夫レ原書ノ文字ニ通スルニアラサレハ安ソ博ク諸説ヲ参考シテ深ク学理ヲ討究スルヲ得ンヤ、加之初等中学ヲ卒業スルモ尚三ケ年ノ時月ヲ費シ、高等中学ヲ卒業スルモ尚一ケ年ノ時月ヲ費スニアラサレハ、今ノ東京大学ニ入ルコト能ハサル所以ノモノ、亦職トシテ英語学力ノ未熟ナルニ由ラスハアラサルナリ、此ヲ以テ之ヲ観レハ、外国文字ノ教育ハ実ニ我国中学ニ切要ナルヲ知ルナリ、所以ニ彦市謂フ英語学科ノ時間ヲ増益スルハ亦当今中学ノ要務ナリト、然ルニ英語ノ時間ヲ多クセント欲スルカ、他学科ノ時間ヲ減セサル可ラス、時間ヲ減センカ、或ハ学科ヲ省カサル可ラス、之ヲ減シ之ヲ省カンカ、宜ク彼此ノ軽重ヲ量リ、其急不急ヲ視テ斟酌存廃セサル可ラサルナリ、乃斯ニ前陳ノ両議ニ拠リテ草制シタル改正学科課程表擬案一葉并ニ疏解一綴ヲ具シ、謹テ電覧ニ供ス、若シ夫レ之ニ伴随スルノ細則ハ将ニ下問ヲ俟チテ呈進スル所アラントス、或ハ云ク、中学規則ハ明治十四年八月文部省制定セラルヽ所ノ中学教則大綱ニ基キタル者ニシテ、其大綱ハ汎ク欧米古今ノ至法ヲ考へ、我国現時ノ景況ニ参シ、折衷実ニ宜ヲ得、取捨殆ト遺スナシ、胡ソ輙ク之ヲ改易スルヲ須ヰンヤト雖、然当時我国中学ノ教育未タ開ケス、経験亦鮮シ、安ソ知ラン、之ヲ実地ニ施シテ此ノ慊然ノ憾ナキ能ハサルヲ、是レ彦市カ忌諱ヲ忘レテ此建議アル所以ナリ、仰願クハ垂聴頓首再拝

明治十八年一月十日

大阪中学校長　折田彦市

文部卿伯爵大木喬任殿

〔別紙、略。「疏解」の項目名のみを左に掲げる。〕

規則改正擬案疏解

中学科　脩身　和漢文　英語　算術　代数　幾何　三角法　地理　歴史　生理　動物　植物　金石　物理　化学

経済　記簿　本邦法令　習字　図画　体操／　通計

〔欄外朱筆〕関西大学創立次第概見　一八八五（明治十八）年三月〔推定〕
〔欄外朱筆〕大阪中学校意見
大阪中学校ヲ改称シテ関西大学校トナサンニハ其施設執行スヘキノ事固ヨリ少カラス、今先中ニ就キテ重要ナル案件ヲ挙ケハ、第一校名改称ノ発令ナリ、第二設校地所ノ相定ナリ、第三建築工事ノ企図ナリ、第四学科教則ノ撰定ナリ、第五中学生徒ノ処分ナリ、乃茲ニ逐件概要ヲ摘ミテ、卑見ヲ陳述スルコト左ノ如シ
第一校名ノ改称ハ必ス本年七月十日以前ニ於テセサル可ラス、何ソヤ、七月十日ハ学期ノ末日ニシテ且本学年ノ尽頭ナリ、故ニ啻ニ本学年ノ業課ヲ完了シテ、校事闋ヲ告クルノミナラス、次学年ヨリノ去就方向ヲ定ムルモ亦皆此時ニ於テス、此ヲ過キテ以往夏期休業中ハ生徒等散シテ四方ニ行クモノ多シ、然ルニ改称ノ事ヲシテ生徒分散ノ後ニアラシメハ其迷惑狼狽奈何ソヤ、而テ当校カ九月ヨリ執行スヘキノ事務亦大ニ不便ナルモノアラントス
第二設校地所ノ相定ハ本年中ニ於テセサル可ラス、何ソヤ、此相定ナキ時ハ校舎ノ規模、結構及方向、位地并凡百ノ準備ヲ予定スルコト能ハスシテ、随テ其新設ノ費額ヲ予算スルコト亦難シ、是レ改称ニ亜キテ速定ヲ要スル所以ナリ
第三建築工事ハ十九年度ヨリ起手シ、遅クモ二十一年度中ニハ竣功セサル可ラス、何ソヤ、本年九月ヨリ大学予科ノ教授ヲ始ムルトキハ、二十年七月ニ於テ本科生一組ヲ得ルノ予図（第四案件ニ詳ナリ）ナルカ故ニ二十一年度即二十一年度七月ニ於テハ又一組ヲ増シ合二組ノ本科生アルニ至リ、為ニ外国教師ノ館舎及理学教場ノ粧置等漸ク完備ヲ要スルモノ少カラス、是レ遅クモ二十一年度中ニハ竣功セサル可ラサル所以ナリ
第四学科教則ハ学校ノ骨子、精神タル者ナレハ之ヲ撰フハ尤謹ヲ加ヘサル可ラスシテ、又尤早ク定メサル可ラサル

モノトス、乃私ニ惟フニ、関西大学校ニハ本科及予科ヲ置キ、其本科ノ脩業年限ヲ四ケ年トシ、一ケ年ヲ以テ一学級ニ配シ、其初一年ハ共ニ同シク高等ノ普通学科ヲ脩メシメ、後三年ハ法理文三学科ノ中、其一学科ヲ撰ミテ之ヲ専修セシムヘシ、又予科ノ脩業年限ハ当分ノ中五ケ年（即五階級）トシ、二十年九月ヨリハ其最下級ヲ廃シテ四ケ年トナシ、二十二年九月ヨリハ更ニ其最下級ヲ廃シテ三ケ年トナスヘシ、是他ナシ、目今本地方ニ於テハ三ケ年若クハ四ケ年ナル大学予科ノ最下級ニ進ム迄ノ楷梯タルヘキ学校ナキカ故ニ、一両年間ハ予科ノ年限ヲ永クシテ其最下級ノ程度ヲ卑クシ、以テ入学ノ門路ヲ平易ニシ置キ、年ヲ逐ヒテ漸々下級ヲ除却スルヲ便トスルノ事情アルト、加之二十年九月ヨリ本科ニ入ルヘキ生徒アルヲ以テ、此ト同時ニ予科ノ最下級ヲ廃スルトキハ其教場ナリ、其教員ナリ之ヲ本科ニ転用スルヲ得テ、経費上亦益スル所多カレハナリ、此予科ノ課程ハ較和漢文ノ時間ヲ多クスルト、独逸語ヲ交ヘサルトノ外、都テ彼ノ東京大学予備門第二級以下ノ課程ト同一ナルモノニシテ、則此本科第四級即第壱年生ハ彼ノ予備門第一級生ニ均シク、此ノ本科卒業生ハ恰モ東京大学法理学第二級卒業生ト匹敵スヘキモノトス、而テ教員ハ本科及予科ヲ通シテ専内国人ヲ須ヰ本科ニ於テハ特ニ欧米人弐人ヲ加ヘ、之ヲシテ一ニ英語及英文学ヲ担当教授セシム、抑予科ニ於テ早既ニ外国人ヲ須ヰス、本科ニ至リテ始メテ之ヲ須ヰル所以ノ者他ナシ、我本科ヲ脩ムルノ生徒ハ蓋遂ニ進テ東京大学等ニ入リ、更ニ高尚ナル学科ヲ研究スルノ志望アルモノ多カラン、然ルニ曾テ予科ニ於テ外国教員ニ親炙シタルコトアルモ、本科ニ入リテ爾来久シク之ニ遠カルトキハ、会話説話ノ力退歩シテ、大ニ実地ニ便用ヲ欠クノ恐アレハナリ

第五従来在学ノ生徒ニシテ其校事ノ変革ニ遭フトキハ浮説百端、人々疑懼為メニ方向ヲ誤ルモノ其例鮮シトセス、故ニ蚤ニ及ヒテ予メ之カ計画ヲ為シ、改称ノ令一タヒ発スルト同時ニ夫々区処ノ法ヲ開示シテ、今後各自ノ目的ヲ定メシメサル可ラス、幸ニ今当校高等中学科生徒ハ其数僅少ナルカ故ニ、之ヲ挙ケテ東京大学予備門ニ転

学セシメ、此他初等中学科生徒ニシテ当校ニ留学ヲ望ム者ハ、更ニ英語科ノ力ヲ揄シ、関西大学予科第二級以下ニ入学セシメント欲スルナリ、此クノ如クスルトキハ、本年九月ニ於テ既ニ予科第二級生、同第三級、第四級、第五級各若干組ヲ得、十九年九月ニ於テハ各級皆昇進シテ、其最ナル者ハ第一級ニ達シ、二十年九月ニハ又進ミテ其最ナル者ハ予科ヲ卒業シテ斯ニ本科一組ヲ得、二十一年九月ニハ又更ニ一組ノ予科卒業生ヲ得テ、合セテ二組ノ本科生徒ヲ得ヘキノ予図ハ、蓋敢テ過ラサルヘキヲ信スルナリ

〔欄外朱筆〕文部一局見込

第一　学校改置ノ事ヲ示達スルハ該考案ノ通ニテ異議ナシ、尤モ其名称ハ関西高等学校トナスヲ可トスヘシ

第二　校地ノ事ハ将来施設上ノ都合アルヘキニ因リ、可成速ニ之ヲ相定シ置ク方可ナルベシ、尤該校地ハ大阪府内ニシテ市区ヲ距ルコト概ネ一二里ノ所ニ於テ相定スルニ若カサルベシ、蓋シ該府ハ関西ノ最大輻湊地ニシテ、四国中国九州等ヨリノ交通盛ナルノミナラス、往年諸藩倉屋敷ノ設ケモアリシ所ニシテ、各地方トノ関係甚タ親密ナルヲ以テ、子弟ノ茲ニ来リテ修学スルハ、頗ル便ナル所アリ、且将来医学科ヲ設クル場合ニ於テハ、該生徒ノ研究病院ノ設置等必ス如此キ輻湊ノ地ニ於テスルヲ便トスベク、其他法学生徒ノ裁判所ニ出入スル等ノ便ヲ慮モ亦該学校ハ此地ニ設置スルヲ可トスベシ、而シテ校舎ノ新築成ルトキハ現在ノ中学校舎ハ支校、又ハ病院等ニ充用シテ可ナルベシ

第三　建築ノ事ハ校地ノ相定ニ次テ可成速ニ決定、着手スルニ若カサルベシト雖モ、是レ其設置スベキ学科ノ多寡及其設置ノ遅速ニモ関スベシ、而シテ其設置スベキ学科ハ漸次多数ナランコトヲ要スベシト雖モ、其設施ノ難易、経費ノ給否等ヲ慮ルニ、当初ニ於テハ先ツ現今ノ中学釐正シ、予備科タルニ適セシムルコトヲ務メ、其本科ハ姑ク方今殊ニ緊要ナルノ学科二三科ノ設置ニ止メテ可ナルベシ、蓋シ方今施設ヲ要スベキ専門学ハ其科固ヨリ鮮カ

ラスト雖モ、就中理学ヲ振起シ、諸般実業ノ基本ヲ開興スルハ殊ニ方今ノ緊要事ナリ、且大阪中学校ハ旧舎密局等ヲ継承セルモノニシテ、当初既ニ理学ノ教育場タリシノミナラス、近年一旦専門学校トナリシトキモ、理医二学科ヲ設ケタルモノニシテ、自ラ理科ニ係ル教授上ノ準備等ハ既ニ多少具ル所アルカ如シ、従テ今之ヲ高等学校ニ改更シ、其本科ヲ置カントセハ、右理科ニ係ル学科ノ如キハ稍施設シ易キ所アルベシ、故ニ其本科ハ先ツ物理、化学、数学ノ如キ理科ニ係ル学科二三科ヲ設置スルコト、シ、其他ノ学科ニ至テハ当ニ漸ヲ以テ之レカ施設ヲ計画スルニ若カサルベシ、果シテ然ラハ其間ハ現在ノ場地ニ於テ施設スルモ敢テ甚シキ妨ケナカルベキニ由リ、建築着手、竣功ノ期限等ハ宜ク別議ニ付シ、此際一時ニ決定セサルモノ可ナルベシ

第四　学科教則ノ事ハ、既ニ前項ニ述ベタルカ如ク、当初ニ在テハ先ツ現在ノ中学科ヲ釐正シテ、予備科タルニ適セシムルコトヲ務メ、其本科ハ姑ク方今殊ニ緊要ナルノ学科ニシテ、且稍施設シ易キモノ二三科ノ設置ニ止メテ可ナルベシ、而シテ其予備科ニハ東京大学入学志願ノ者モ亦入学スルコトヲ許シ、該予備科ヲ卒リタル者ハ該大学予備門第一級ニ転入スルヲ得セシムルコト、ナシテ可ナルベシ、而シテ教員中欧米人ヲ須ヒテ英語及英文学ヲ教授セシメントスルハ固ヨリ可ナリト雖モ、既ニ右英語及英文学ヲ教授シテ東京大学トノ連絡宜キヲ得セシメントセハ、独リ本科ニ於テ始テ然カスルノミナラス、予備科ニ於テモ亦然カセサルベカラストスルナリ

第五　異議ナシ

右ノ如クナレハ其費用モ当分格別多額ヲ要セサルベシ、尤其詳細ノ予算ハ本案ノ大体決定ノ上ニテ調査スベシ

（大阪中学校十三行罫紙、第三高等学校資料「明治十八年文部省伺届原稿」、京都大学総合人間学部図書館所蔵）

三　専門教育機関の再編、統合

はじめに

本項は一八八五（明治十八）年十二月の内閣制度発足前後を中心にした、諸官庁の専門教育機関の再編、統合過程を分析することを通して、帝国大学成立の実態を明らかにすることを目的としている。

筆者は帝国大学体制成立史における前史について、三つの側面から分析することを主張してきた。㈠東京大学内部の改革課題、㈡専門予備教育の整備としての高等中学校制度の成立過程、㈢諸官庁の専門教育機関の再編、統合過程、である。すでに㈠、㈡は分析を終えており、この意味において本項は前史研究の最後の側面になる。ところで本項の課題については、すでに先行研究が多数あり、また多くの蓄積も行われてきた。(1) 先行研究の成果を一つ一つ挙げることは控えるが、本項において再検討の対象とするのは、以下二つの解釈である。一つは一八八〇年代からはじまる文部行政一元化の帰結であり、もう一つは森有礼の高等教育政策の結果という解釈である。別言すれば、これら一連の高等教育政策はその意図的決着という解釈になっているのである。前者において、文部省は帝国大学体制成立以前の現業官庁による人材養成というシステムを解体して、大蔵省、内務省、農商務省との間で教育政策の主導権争いを展開してきた。文部省はそれに「勝利」を収め、教育学術政策を専担する唯一の行政官庁（文部省官制）になる。後者については、初代文相森の政策的意図の実現であり、その政策立案力を実証することになっている。

本項は右の解釈を全面的に否定するものではない。先行研究に多くを負いながら、主眼を二つに置いている。一つは内閣制度発足前後という時期的拘束性に着目する。一八八五年十二月の内閣制度は多くの課題を背負って発足した。行財政整理がその一つの課題であったことは、周知のことであろう。この課題が本項の検討対象にどのような影響を与えたか、この点に注目して考察を進める。さらに森の果たした役割について、予見を排して事実史的に検討することにある。この点は先行する二つの拙文にも共通している。

1　司法省の法学校

最初に取り上げるのは、司法省の法学校である。法学校の文部省への移管が、本項の対象とする専門教育機関の再編、統合に関するもっとも早い事例である。法学校はまず文部省に移管され、ついで東京大学に包摂され、のち帝国大学（法律学科）を形成することになる。最初に機関の統合過程を記しておこう。

一八八四（明治十七）年十一月二十日、司法卿山田顕義と文部卿大木喬任は連署して太政大臣三条実美に宛て「司法省法学校文部省へ交併ノ儀ニ付上申」[2]を提出した。

司法省所轄正則法学校之儀ハ、明治四年司法省ヲ設置セラレ当時適任之法官ヲ得ルノ急要ナルモ、文部省所轄学校ニ於テ未タ法律専門科ノ設ナキヲ以テ、明治五年七月伺済、創メテ之ヲ設置シ、以来今日マテ継続候得共、固ヨリ教育事務ハ文部省ノ所轄ニシテ、現今既ニ同省ニ於テ諸科ノ専門ヲ開キ、教育ノ方法整頓候ニ付、自今該校ヲ同省ニ属セシメ、右経費トシテ別紙（中略）金額司法省定額中ヨリ月割ヲ以テ相減シ、文部省へ増額相成候様致度、右ハ両者熟議之上此段上申候也

明治十七年十一月二十日

追テ速成法学生徒之儀ハ、主トシテ実際事務ヲ教授致候ニ付、自ラ正則法学生徒ト異ル所有之候ニ付、追々卒業

ノ上ハ再ヒ募集不致候筈ニ付、該生徒ニ属スル事務ハ其儘司法省ニ存シ置キ候儀ニ有之候也

上申書を読むと今回の移管は司法省と文部省との「熟議」の結果であり、「固ヨリ教育事務ハ文部省ノ所轄ニシテ、現今既ニ同省ニ於テ諸科ノ専門ヲ開キ、教育ノ方法整頓候」という理由によることが分かる。十二月十二日、文部省への移管と同時に東京法学校と改称することが認可された。

ついで、翌一八八五年九月十八日に文部卿大木はさらに「東京法学校ヲ東京大学法学部へ合併スルノ儀伺」(3)を太政大臣に提出する。伺書の提出は移管からわずか九か月後のことであった。

当省所轄東京法学校ハ、主トシテ仏語ヲ以テ法律学ヲ教授シ、東京大学法学部ハ法学ヲ教授スルニ主トシテ英語ヲ以テスル等、其教規上多少差異有之候得共、其高等ノ法学ヲ教授スルハ彼此同一ニ付、右法学校ノ教科ハ寧ロ大学ノ範囲内ニ置キ候方便益鮮カラス、且今日ニ迄テハ一省ノ下同地方ニ東京大学法学部及東京法学校ヲ別設スルノ必要ヲ見ス候間、此際東京法学校ヲ東京大学法学部へ合併候様致度、尤右ノ如ク合併候トモ目今彼此ノ教科ヲ並ヒ授クルコト緊要ニ付、法学部従来ノ教科ヲ法学部一科トシ、法学校従来ノ教科ヲ法学部二科トシ、共ニ従前ノ教規ニ拠リ教授セシメ候見込ニ有之候、此段至急相伺候也

明治十八年九月十八日

この件は約一〇日後の九月二十八日に認可された。大木は今回の伺書において専門教授用語の違いから「教規上多少差異有之候」と法学部と法学校との違いに配慮を示していた。東京大学への合併の最大の理由は「其高等ノ法学ヲ教授スルハ彼此同一ニ付、右法学校ノ教科ハ寧ロ大学ノ範囲内ニ置キ候方便益鮮カラス」と専門教授の水準がほぼ同一という点にあった。しかし、この点について言えば専門教育の程度が一年未満で急上昇するとは考えられない。また、「一省ノ下同地方ニ東京大学法学部及東京法学校ヲ別設スルノ必要ヲ見ス」という理由は屁理屈に等しい。この

ことはすでに分かり切ったことであった筈である。

この結果、東京法学校は東京大学法学部に合併され、伺書にあるように法学部二科として継承されていく。ここで少し一八八四年から八五年の動きを追っておこう。専門教授の水準がほぼ同一という新しい事態の背景も知ることができるかもしれないからである。

「固ヨリ」云々は、文部省による文政一元化の意向を汲んだ見解と推測されるが、「教育ノ方法整頓」云々は具体的理由に乏しい。法学校は司法省における司法官の養成を目指しており、かつフランス法学を基本にしていた。一方、文部省所管の東京大学法学部は英米法を中心にして、学理的教授と研究とを主に行ってきた。この前年五月に法学部教授七名が連署して学部内に別課を設置する建議書を提出していた。それは同年六月に加藤弘之総理から太政官に提出されて、同年十二月に至り別課法学科が認可された。別課設置の趣旨は、府下の私立法律系学校に対抗するための速成課程による法学修学者の養成と法学教育の水準維持策とにあった。学術的研究と実際的養成とに沿うような形で、法学部は動いていた。

単なる教育の方法、整頓では済まない問題が孕んでいたはずである。法学校の文部省移管は、同校設置に尽力した大木の二度目の文部卿就任によるものという噂もあったが、「大学ニ法科ノアルモノヲ、司法省ニテ別ニ養成シテ大学ト対立スルニハ及ブマイ、以前大学モナクテ外ニ養成スル場所ノナイ時ニハ致方ガナイカラ司法省内ニ学校ヲ設ケテ有為ノ生徒ヲ養成スルノモ宜カロウガ、最早ヤ大学ノ出来テカラハ経費ノ都合モアルカラ断然司法省ノ方ヲ廃止シテ大学ノ法科ニ合併スルガ適当ノ義デアル」という財政的側面も考慮されていた(4)。

2　農商務省の商業学校

東京商業学校がほぼ同じ経過を辿る。元所轄の農商務卿と文部卿とが連署して、一八八五（明治十八）年四月七日に「商業学ノ教育ニ就キ逐次計画施設致候折柄、其施設一途ニ出テ候方便益ト存候」という合併理由が示されていた。(5)

「農商務省所轄東京商業学校文部省へ引継等之儀ニ付伺」（一八八五（明治十八）年四月七日）

元東京府商法講習所及神戸商業講習所ノ儀、明治十六年一月中農商務省ノ伺出ニ因リ同省ニ於テ管理候様裁可相成、尋テ同十七年三月中更ニ同省ヨリ伺出ノ末、右東京府商法講習所ハ同省直轄官立学校ニ引直シ、東京商業学校ト改称シ爾来継続今日ニ至リ候処、抑当時東京其他ニ於テ完全ナル商業学校ノ設無之商業興起ノ計画上捨置ヘカラサルノ故ヲ以テ、右ノ如ク便宜ノ処置ニ出テ候儀ニ候得共、右商業学ノ教育ニ就キ逐次計画施設致候折柄、其施設一途ニ出テ候方便益ト存候ニ付、自今右東京商業学校ハ現在ノ儘文部省ノ所轄ニ移シ、神戸商業講習所ノ儀モ亦専ラ同省ニ於テ管理候様致度、尤東京商業学校ノ儀ハ従来農商務省ニ於テ措置致来候関係モ有之候ニ付、向来文部省ニ於テ其組織変更ヲ要スル節ハ農商務省ヘ協議ノ上可取計筈ニ有之候、将又右ニ就テハ経費支弁ノ方法段々大蔵省ト協議ヲ遂ケ候次第モ有之、来十八年度以降該校常費ハ別段増付ヲ仰カス、文部省従前ノ経費額中ニテ百方差繰支弁可致見込ニ候得共、独リ該校ニ於テ従来適当ナル講堂ノ設無之、教授上必至差支候ニ付、右講堂ハ是非共急速建設不致テハ不相成候処、之レニ供スルノ費金ニ至リテハ最早何分文部省経費中ニテ支弁ノ目途難相立ニ付、特ニ御詮議ノ上該講堂建築費トシテ従前東京商業学校経費壱ケ年分即金壱万円丈一時限リ文部省ヘ御交付相成、且該校十七年度経費金ハ引継ノ際仕払残ノ分其儘文部省経費中ヘ増付相成候様致度段相伺候也

明治十八年四月七日

農商務卿伯爵　松方正義
文部卿伯爵　大木喬任

太政大臣公爵　三条実美

追テ本文裁可ノ上ハ東京商業学校ニ属スル一切ノ収入金及土地建物書籍器械及雑品等官有ニ属スル者ハ悉皆文部省ヘ可引継筈ニ候此段添テ上申候也

伺ノ趣聞届十八年度農商務省経費ノ内ヨリ金七千五百円ヲ減シ更ニ同年度ニ於テ講堂建築費トシテ該金額文部省ヘ下付候条右ヲ以テ悉皆支弁候儀ト心得ヘシ

明治十八年五月十一日

十六）〔東京外国語学校、同附属高等商業学校、東京商業学校の合併計画〕（一八八五年七月〔推定〕）

一従来農商務省ノ所轄タリシ東京商業学校本省ノ所轄ニ帰セシ以来、二個ノ同種ノ学校同府同省ノ下ニ在リテ区々別立シ、体面上ヨリ見ルモ経済上ヨリ考フルモ其宜キヲ失フ者ト云ハザル可ラズ、是レ二校ノ合併今日ニ在リテ猶予ス可ラサル所以ナリ

一今二校ヲ合併スルニ当リ、此ニ特ニ審議ヲ要スベキモノハ東京外国語学校ノ存廃ノ事ナリ、元来該外国語学校ハ広ク外国語ヲ教授シ、大学其他専門学校ニ入ルヘキ生徒ニ必要ナル外国語ノ予備ヲナスヲ以テ其重要ナル目的トナシタルモノナリシカ、漸ク其性質ヲ変シテ一両年前ヨリ其内ニ高等商業学校ヲ置キ、商業上ノ学問ト外国ノ語学トヲ兼教スルノ有様トナレリ、故ニ当時ニ在リテ既ニ名ハ外国語学校ヲ本体トシ之ニ商業学校ヲ属スト雖トモ、其実ハ商業学校ヲ以テ旨トセシモノト云ハサルヲ得ズ、況ンヤ頃日ニ至リ仏独両語学ノ如キハ之ヲ

予備門ニ移スノ議アレバ、唯其残ル所ハ露語漢語朝鮮語ノ如キ商業上ニ用フルニ非ンバ、更ニ他ニ要用ヲ見ザルモノ、ミニシテ、益々語学ハ商業ニ附属スルノ科業タルニ外ナラザルニ至ルベシ、既ニ其実此ノ如キニ至ルトキハ其名モ亦随テ正サヽルヲ得ズ、故ニ東京外国語学校ノ名ヲ廃スルハ今日ニ在リテ止ム可ラザルモノナルベシ

一既ニ東京外国語学校ノ名ヲ廃スル上ハ宜シク東京商業学校ト高等商業学校トヲ合併シ、先キニ外国語学校ニ属セシ所ノ地所校舎等ヲ以テ其用ニ供スベシ、然シテ其合併シタル学校ノ名称ハ東京商業学校トスルヲ以テ穏当ナリトセン、何トナレハ之ヲ高等商業学校トスルトキハ商業上ノ高尚ナル学問ヲ修ムルノ一方ニ偏シ、其実業ノ如キハ措テ問ハザルノ意味トナラン、然ルニ之ヲ東京商業学校トスルトキハ高尚ナル学問モ実地ノ商業モ共ニ之ヲ設置シテ聊支吾ノ点ヲ見ザルヲ以テナリ

一右東京商業学校ノ教科課程ノ如キハ素ヨリ其組織ノ制定セルヲ待テ而シテ後審按確定スベシト雖トモ、大綱其教科ハ予科本科ノ二科ニ分チ、予科ハ大凡ソ二年間普通ノ学科ヲ授クルモノトシ、本科ハ更ニ実業科専修科ニ分チテ各生徒ノ志望ト気質トニヨリ大凡ソ三年間其一科ヲ学バシムベシ

但目下高等商業学校在学生徒ニシテ東京商業学校ニ入ラント欲スル者ハ直ニ之ヲ許シテ本文本科ノ内其一科ヲ修メシムベシ、又外国語学校生徒中露語漢語朝鮮語ヲ学ベルモノモ亦東京商業学校ニ入学シ、其各語学ヲモ兼習スルヲ得セシムベシ

一東京商業学校ニハ従来商議委員ノ制度アリ、又前途十五年独立云々ノ事アリ、其他職員ノ撰任土地建物ノ処分等、種々重大ノ関係ヲ生スベキモノアレバ、当分ノ内特ニ総裁一人ヲ命セラレ、前顕諸項実行ノ事ヲ任セラレ然ルベシ。(6)

分散よりも集中、統合することの経済的効率性が謳われていた。ただし商業学校の場合、二つの固有の課題が伏在していた。農商務省所轄の東京商業学校は、森御用掛と密接な関係にあったことが一つ。さらにこの移管伺の一年前に、文部省は東京外国語学校に附属高等商業学校を設置しており、商業学校通則に基づき設置される商業学校の教員の養成に乗り出していた。これが移管、受入の基礎になっていた。四か月後、両者の合併伺が九月七日に出された。

「東京外国語学校同所属高等商業学校及東京商業学校合併ノ儀伺」（一八八五（明治十八）年九月七日）[(7)]

東京外国語学校所属高等商業学校ト東京商業学校トハ其学科ニ高低ノ差別ハ有之候得共、共ニ商業上必須ノ学業ヲ授クル所ニ有之候ニ付テハ、管理上及経済上ノ便宜ヲ図リ自今両校ヲ合併シテ更ニ一個ノ東京商業学校トナシ、且外国語学ハ商業上須要ノ関係有之儀ニ付、東京外国語学校ヲモ右東京商業学校ニ合併致度此段相伺候条至急御裁可相成度候也

明治十八年九月七日　文部卿伯爵大木喬任

太政大臣公爵　三条実美殿

追テ東京外国語学校従来ノ学科中独仏両語学科ハ此程東京大学予備門ヘ轄属致候ニ付、該校現在ノ学科ハ魯漢朝鮮ノ三語学科ニ有之候条為念此段副申候也

伺ノ趣聞届候事

明治十八年九月十九日

〔参考資料〕

第二局意見

（前略）東京外国語学校所属高等商業学校ト東京商業学校トハ唯其学科ニ高低ノ差別コソアレ共ニ商業上須要ノ学

業ヲ授クル学校ナルヲ以テ之ヲ合併シ、更ニ一ノ東京商業学校トナシ、且外国語学ハ商業上必要ノ関係有之候ニ付、東京外国語学校ヲモ之ニ併合セントスルハ、学業上別ニ支障ノ廉不相見且経済上ノ便宜ニモ可相成義ト存候」後略

その理由は法学校と同様に教育程度の差異を認めながら、「共ニ商業上必須ノ学業ヲ授クル所ニ有之候ニ付テハ、管理上及経済上ノ便宜ヲ図リ」合併すると述べられていた。合併と決するや、即日外語校長以下全教員が免職された。(8) 先述した東京大学の拡充整理案における「余業」廃止による人員削減方式と共通している。商業学校は東京法学校と同じ軌跡を辿った。

3　工部省の工部大学校

これに対して各省庁における独自な養成機関を堅持することを強調しながら、帝国大学を構成する一つの部局になった機関として工部大学校がある。同校の文部省移管は一八八四（明治十七）年頃からはじまっていた。のちに帝大初代総長になる渡辺洪基は、工部少輔として「工部省事務範囲ニ関スル意見書」を一八八五年五月に認め、「工部大学校ヲ文部省ニ属スルカ如キハ、其学理ニ走セ易キト実学ニ傾クノ勢、所謂居ハ気ヲ移ス如キ性情如何ヲ監ルニアリテ、文部ニ属スルト云フモ一理ナキニ非ラザルモ、既往ノ実験ニ依レハ学生ノ心ヲシテ常ニ実際ヲ離レサラシムルカ為ニハ其学ヲ実際ニ施スノ省局ニ属スルヲ可トスル所以ナリ」と主張していた。(9) 翌年一月には工部大学校生徒が森大臣に対して、工部大学校の東京大学工芸学部への合併不可を建議していた。(10) 工部大学校は、工部省廃止に伴い文部省に移管されたが、東京大学に合併されることはなかった。これまでの方法から推測される道筋、「受け皿」としての工芸学部との合併にはならなく、帝国大学を構成する一つの部局になる。

内閣制度発足までに進行した東京大学における拡充整理案と高等教育機関の移管、合併には、財政的見地が強い要因として働いていたことが明瞭に窺われた。いわば行財政改革の枠に規制されながら、高等教育機関の再編成が進行した。[11]

4　東京職工学校の統合と独立

この時期を特徴付ける、もう一つの事例を取り上げる。

一八八六（明治十九）年四月二十九日、東京職工学校が帝国大学へ移管、統合された。この移管、統合は以下のように説明されている。森の職工学校に対する低い評価（卒業生が少なく、社会的需要も少ない）と、それにともなう廃止を防ぐために、のちに校長に就任する手島精一、帝大総長渡辺らが尽力して、帝国大学の移管を成功させたのであるが、同時に移管は「文部省財政の負担減を目指すものでもあった」。[12]しかしこの処置は一年半後（翌年十月四日）に破綻する。同校は再び独立する。前期から通して、移管、統合策が失敗に帰したのは、この事例のみになる。

註

（1）直接には東京大学百年史編集委員会編『東京大学百年史』（通史一、一九八四年）をあげることができる。また三好信浩氏の一連の著作もある。たとえば『日本工業教育成立史の研究』（一九七九年、風間書房）など。他に倉沢剛『教育令の研究』講談社、一九七五年がある。

（2）「司法省法学校文部省へ交併ノ儀ニ付上申」「明治十三年公文録　文部省之部　自七月至十二月」。

（3）「東京法学校ヲ東京大学法学部へ合併スルノ儀伺」「明治十八年公文録　文部省之部　自七月至十二月」。

（4）大木喬任文書「談話筆記　中」（岩村通俊、明治三十四年五月訪問聞き取り）、国会図書館憲政資料室。

（5）「農商務省所轄東京商業学校文部省へ引継等之儀ニ付伺」「明治十八年公文録　文部省之部　自一月至六月」。

（6）　大木喬任文書「外国語学校存廃のこと」、国会図書館憲政資料室。
（7）「東京外国語学校同所属高等商業学校及東京商業学校合併ノ儀伺」「明治十八年公文録　文部省之部　自七月至十二月」。
（8）酒井龍男編『一橋五十年史』一九二五年、一七頁。
（9）渡辺洪基文書、「工部少輔時代意見書・復命書」、東京大学史史料室保管。
（10）菅原恒覧「文部大臣森有礼公に上るの書」『旧工部大学校史料・同附録』（青史社、一九七八年、一二〇～一二六頁）。摘要は以下の通り。工部大学校が東京大学工芸学部に併合され、校舎は内閣に召上げられる、との噂があるが、その施策は間違っていると指摘する。設置目的、教育法が本質的に異なり、工部大学校は活発有意の工業者を養成し、東京大学は「実業ニ疎キモ理論ノ考究ヲ怠ラス理学ノ研究ヲ第一ノ眼目」とする機関である、と異同を指摘した。
（11）行財政改革の厳しさは、以下の史料から明らかである。東京大学から帝国大学への改革に伴う、人員並びに俸給の削減を報告させる文書と帝大の回答がある（「一六一　非免職人員及俸給減額調ノ件」『文部省往復』明治十九年）。その内容は非職者五五人（奏任官以上一二人、判任官以上四三人）、一二一七円四二銭の減額、免職及び転出者は勅任官四人、奏任官以上七六人（ほかに無給一一人）などを報告されていた。これらは決して帝大のみに課せられたものではなかった。
（12）『東京工業大学百年史』通史、一九八五年、八二頁。

第二章　帝国大学をめぐる諸制度の形成

一　学内諸規程の制定過程

はじめに

一八八六（明治十九）年に創設された帝国大学は、大学制度の原型を形作り、日本の近代大学史にとって重要な画期を開いた。この帝国大学創設期の大学政策及びそれに深く関わった初代文部大臣森有礼の分析は、大学制度の原型形成期研究としてきわめて重要である。森文政期の帝国大学史研究は、『東京大学百年史』（以下「百年史」と略記）編纂を画期として格段に深化された。(1) しかし、それらの研究成果の蓄積の中にあっても、二つの傾向が指摘できる。一つは勅令たる帝国大学令の大学観に関心が集中し、帝大内部の規則の成立、整備過程などが、研究対象としてほとんど取り上げられていない点である。もう一つは、帝国大学創設はすべてが森の意図のままであり、森の大学観の実現形態という枠組みが完成して、すべてが森思想の解釈の文脈に位置づけられてしまっている点である。(2) さらに「百年史」編纂においても、帝国大学創設に関する基本史料の復刻、研究はなされたが、個人文書などの未掘の史料が数多く残されており、史料研究上の課題はいまだ多い。

本項は、帝国大学令そのものの成立過程にいまだ多くの不明な点を残している現在の研究状況にあって、東京大学所蔵の学内文書を取り上げ、これまで考察の対象とされることがほとんどなかった諸史料を提供する。さらにこの時期、すなわち「帝国大学体制」[(3)]形成の最初期における帝国大学の学内規則の制定、改正過程を、大学と文部大臣森有礼との応答関係を中心にして分析する。事項は(一)下級学校と帝国大学の接続関係に関する入学資格問題、(二)学位制度改革に関わる学士号の設定問題、(三)創設直後の大学院制度に関わる分科大学研究科の新設問題、(四)学科課程改正問題、の四つに限定した。これらを通して、森文政期の大学観を再検討することを目的にしている。

1　史料の概要

本項において取り上げる文書は、東京大学内に現存する「文部省准允」(「自明治十九年至明治二十年」とあるが、実際には一八八八年までの書類が綴られている。以下単に「准允」と略記)と題された文部大臣と帝国大学との往復文書綴である。本試論の対象時期における公文書資料には、文部省各局との往復文書綴「文部省往復」、総長の決裁等文書の綴「検印録」などがある。その中にあって「准允」は大臣をはじめ関係官吏の意見、修正などの書込みがある大臣の裁定の文書綴[(4)]である。大臣等高官の意見が記される文書としては数少ない文書の綴であり、森の大臣在任期間にはこの簿冊のみが現存している。この「准允」には全部で一〇一件の案件が収録されており、帝大創設後に該当する文書は九五件を数える。ただ「准允」は大臣決裁書類の綴であるにもかかわらず、一四件には大臣の裁定印がなく、一八八八(明治二十一)年十月の件はすべて次官が裁定をしていた[(5)]。

2　諸規則の制定

「准允」に収録され、森の意見が付されている伺書の件名は以下の九件である（各件名の頭の数字は簿冊中の丁数にあたる。文中においては省いた。年月日は伺書の提出日）。

一八八六（明治十九）年分

(1)「四十一　学生及撰科生服制ノ義伺」四月十六日

(2)「四十六　大学院学生給費及補助規程分科大学特待学生規程并大学院及分科大学学術研究旅行規程伺」四月一日

(3)「六十四　撰科生規程伺」四月二十九日

(4)「六十七　大学院学生入学規程及分科大学々生入学在学退学規程伺」四月二十三日

(5)「百十九　分科大学特待学生ノ内特別保護ヲ要スル学科ニ限リ給費ヲ与フルノ制ヲ廃シ貸費ト為スノ伺」七月七日

一八八七（明治二十）年分

(6)「五十六　分科大学学科課程改正」七月二十八日

(7)「百□□（ママ）三　分科大学研究科規程ヲ新設シ及ヒ大学院規程、同入学規程、大学院及分科大学々生々徒学術研究旅行規程中ノ数項ニ増訂削正ヲ加ヘ并大学院学生給費及補助規程ヲ廃止ス」六月三十日

一八八八（明治二十一）年分

(8)「五　医科大学薬学科学生池口慶三ヲ貸費生ト為スノ件」四月九日

(9)「十六　法科大学学科課程改正ノ件」十二月二十七日

なおこのほかの重要な案件として、森の意見の付されていない以下のものがある。

一八八七（明治二十）年分

(10)「五十□（ママ）　分科大学通則試業及卒業証書ノ規程ニ第十二項ヲ追加ス（学士称号ノ件）」六月九日

以上一〇件の伺書を内容に沿って分類すると、規程制定（改正）関係――(3)、(4)、(7)、(10)、学科課程制定（改正）関係――(6)、(9)、経費関係――(2)、(5)、(8)、その他――(1)、となる。

3　大学入学資格問題

最初に取り上げる(4)「大学院学生入学規程及分科大学々生入学在学退学規程伺」は一八八六（明治十九）年四月二十三日提出、五月二十二日裁定が下り、同月二十七日に制定された。[6] この伺書は大幅な修正がなされ、またその修正にあたって大学へ差し戻された。ここでは伺の後半にあたる分科大学々生入学在学退学規程を取り上げる。

同規程中の入学期については原案「第一　入学ノ期ハ毎学年ノ始メ一回トス」がそのまま採用された。入学年齢及び資格は帝大原案では次のように規定していた。「第二　分科大学第一年級ニ入ルヘキ者ハ其齢十八年以上トシ其二年級以上ニ入ル者ハ十九年以上トス其余之ニ準ス」、「第三　第一年級ニ入ルヲ許スヘキ者ハ帝国大学ニ於テ公認セル学校ニ於テ其分科大学ノ予備学科ヲ卒業シタル者若クハ本学ニ於テ試問ヲ為シ之ニ等シキ学力アリト認ムル者ニ限ルヘシ／但後段ノ場合ニ於テハ本項ニ掲クル学校ニ於テ予備学科ノ内一科若クハ数科ヲ修メ其証書ヲ有スル者ハ該科ニ限リ試問ヲ要セス」と。条文上の事柄を最初に指摘すると、後段にある「本項ニ掲クル学校」は掲げられていない。

成案では入学年齢条項が全面削除され、「第二　分科大学第一年級ニ入ルヲ得ルニハ高等中学校若クハ文部大臣ニ於テ之ト同等ノ学科課程ヲ備具スルト公認セル学校ノ卒業証書ヲ受領シタル者若クハ本学ニ於テ試問ヲ為シ之ニ等シキ学力アリト認ムル者ニ限ル」となる。

原案で入学資格を「高等中学校」ではなく、帝国大学公認の学校における分科大学予備学科の卒業生と明記していた点が注目される。

東京大学予備門は「凡高等専門学科ノ予備科ハ毎専門学校各別ニ之ヲ設クルヲ要セス、便宜一黌ニ於テ数専門ノ予備生ヲ併セ教養致可然儀ニ有之」（「東京大学予備門分離ノ儀ニ付伺」、七月十六日伺、七月三十日裁可）としてすでに東京大学から分離、独立しており（一八八五年八月十四日）、原案の「公認セル学校」は、この独立機関に置かれる予備科を想定していたと思われる。しかし原案の提出された時点においては「中学校令」（四月九日）が公布され、高等中学校は設置されていた。高等中学校と明記しなかった背景はなにか。この設問に対しては、二つの推測が可能である。①帝大首脳者は起案の段階で「中学校令」を知らなかった。②高等中学校を予備教育機関として認識していなかった。前者であれば、中学校令公布後約二週間も経ており、立案者として杜撰すぎる。後者と推測すれば、高等中学校を中学校令第三条に基づく専門分科を教授する機関として捉え、いわゆる予備教育機関として理解していなかった、ということになる。この解釈は成り立つように思える。中学校令第三条に列記された専門分科（法科、医科、工科、文科、理科、農業、商業等）が分科大学の数とも種類とも異なっていたことも、高等中学校を専門学校として認識していたのではないかという解釈を補足すると思われる。この帝大原案の重要な点は、大学首脳者たちが帝大と高等中学校との接続関係（アーティキュレーション）を明確に把握していなかったことを示していることにある。別言すれば、大学側に森の高等教育体制の全体像が予め示されていなかった、ということにある。森は欄外に「伺案清書ノ上一応大学総長へ内示シ其意見ヲ問フヘシ／森」という指示を行っていた。

原案が記した以下の条文、すなわち第二年級以上の入学規定（第四　第二年級以上ノ級ニ入ルヲ望ム者ハ先ツ第一年級ニ入ルニ適当ナル資格ヲ備フルヤ否ヲ検定シ尋テ其入ラント欲スル級ノ学生ノ履践セシ諸学科ノ試問ヲ受ケシメ入学ノ許否ヲ定ム）、再入学規定（第五　分科大学学生ニシテ退学セシ者嘗テ学修セシ学科ヲ再修セント欲シ更ニ入学ヲ請フトキハ第一学期ヨリ原級以下ニ入学ヲ請フ者ニ限リ試問ヲ須ヒス之ヲ許可スルコトアルベシ）、（第六　分科大学々生ニシテ退学セシ者更ニ他ノ学科ヲ修メント欲シ入学ヲ請フトキハ第三項第四項ニ準シ之ヲ許可スルコトアルベシ）には、変化はない。前半部分にあたる大学院学生の入学規定は、とくに分科大学卒業生以外の入学条文中の文言が、上記と同様に高等中学校と明記していないため修正された点以外に、大きな変更はない。

4　学士号の設定問題

次は⑽「分科大学通則試業及卒業証書ノ規程ニ第十二項ヲ追加ス（学士称号ノ件）」である。(7)

一八八七（明治二十）年六月九日、この件は「評議会ノ議ニ付シ評議官総数ノ是認ヲ得」て提出され、七月七日に裁定、制定された。原案がそのまま通過している。内容は分科大学卒業生に対して学士号を与え、同時に元東京大学准医学士、元工部大学校卒業生（工学士を除く）もまた医学士、工学士と称することができるようにした措置である。

帝国大学令制定時点において、分科大学卒業生に対して特別な呼称は用意されず、かつ学士号規定の追加は、これまで森の閣議請議案だけに立脚して語られていた。(8)今回取り上げた史料により、大学からの発議であることが判明した。原案に付された「説明」は、以下の通りである。

説明

一、教育ノ程度ハ年ニ上進シ、随テ数年前ノ卒業生ハ今日ノ卒業生ニ劣ルモ優ルヘキモノニアラス、然ルニ前年

ノ卒業生ハ学士ヲ称シ、今日ノ卒業生ハ学士ト称セズシテ単ニ卒業生ト称シ、其称号ヲ異ニスルハ、其当ヲ得サルコト

二、准医学士ハ未タ医学士ノ学士制定前ニ卒業シタルモノニシテ、更ニ学位ヲ与フルハ其当ヲ得スト雖モ、自ラ其称号ヲ称スルニ至テハ異ナル所アルヘカラス、故ニ医学士ト称スルヲ得セシムルコト

三、元工部大学校ニ工学士ト卒業生ノ二種アリ、是レ其卒業ノ時ニ於ケル試験ノ成績ニ関スルノミ、従来同校ノ卒業生ヲ二種ニ区別スルハ大ニ議論ヲ生セシコトアリト雖モ、更ニ工学士ノ学位ヲ卒業生ニ授クルハ其当ヲ得ス、然レトモ自称スルニ至テハ支障ナカルヘシ、学士ノ卒業生ノ称号ナレバナリ

四、博士ノ学位ヲ制定セラレタル以上、分科大学卒業生ヲシテ学士ヲ称スルヲ得セシメサルトキハ、法科及医科大学卒業生ノ如キ殊ニ称号ニ執心シ、漫ニ大学院ニ入ルノ傾向アリ、然ラサルモ博士ノ学位ヲ企望スル者甚ダ多ク、勢博士ノ位ヲ濫与スルニ至ラントス、因テ今学士ノ称号ヲ称スルコトヲ得セシメ、博士ノ学位ハ容易漫（削除）ニ与ヘサランコトヲ期スルコト

指摘されている四つの理由のうち、第一の説明は、前年すでに学生生徒六一人から提出された願書の趣旨と同じであり[9]、学内の世論を踏まえていた。さらに二から四では医学士、工学士の学士を自称する実情と、学士号の設定が学位濫授の弊を防ぐための方策であることを明記していた。帝国大学卒業生に対して特別の呼称を付与する件は、東京大学時代以来の措置を継続するとともに、新設の学位たる博士号の権威を確保するために発議されたのである。これに対して閣議請議案には以上のような大学の実態、現状は盛り込まれていない。六月二十四日に提出された閣議請議の理由書には、分科大学卒業生は「学位令」に該当する授与資格に至らないが、一般学校卒業生とは異なるので「卒業証書ヲ授与スルノ外尚其学力ヲ標章スル為メ学位ニアラサル一種ノ称号」を授与する、とある。七月五日には元東

京大学及び工部大学校卒業生に対しても学士号を授与する件などを追加請議していた。七月の追加請議を除き、最初の請議案は大学側からの理由に依拠せず、前月五月に公布された学位令との関係から説明されていた。学位令では、学位を博士と大博士とに限定しており、学士も得業生も消滅していた。(10)

5　分科大学研究科の新設問題

帝国大学が日本の大学史上にもたらした新しい制度の一つに大学院がある。一八八六年三月に大学院規程が、四月には入学規程が制定されていた。学士称号の件と同様に、大学院制度が生まれて約一年後大幅な変更が行われることになった。(7)「分科大学研究科規程ヲ新設シ及ヒ大学院規程、同入学規程、大学院及分科大学々生々徒学術研究旅行規程中ノ数項ニ増訂削正ヲ加ヘ并大学院学生給費及補助規程ヲ廃止ス」がそれである。一八八七（明治二十）年六月三十日に提出され、七月七日に制定された（裁定日は不記）。(11) 同書の概要をまず記しておこう。

新たな規程の趣旨は、大学院のほかに卒業後研修課程として研究科を置くことにあり、原案は「研究科ハ大学院学生及各分科大学卒業生ニシテ、既修ノ学科ヲ更ニ研究スルモノ、為メニ之ヲ設ク、但シ（削除）大学院学生ニアラスシテ、研究生タラントコトヲ願出ル者ハ、分科大学ノ都合ニ依リ許可ス」とある。この結果、大学院規程第三「大学院学生ハ給費及自費トス」が「大学院学生ハ学術若クハ技芸攷究ノ為メ入学ノ初メ二ケ年間分科大学ニ於テ研究生タルヲ要ス」と改正され、最初の二年間を分科大学研究生として過ごし、大学院入学後五か年後に学位試験を受けることになった。以前の規定は「大学院学生ノ学術若クハ技芸攷究ノ期限ハ二年ヲ超ユルヘカラス」（第六）である。まず、改正説明を見てみよう。(12)

大学院規程ヲ改正シ、且研究科ヲ新設スルノ要旨ハ、客年来ノ実験ニ徴スルニ、分科大学卒業後僅ニ二ケ年ノ研究ヲ為シタル者ニ博士ノ学位ヲ授与スルハ容易ニ過キ（朱筆挿入）大学院外ノ博士合格者ト権衡ヲ失スル甚ク、且漫ニ博士ノ学位ヲ得ンコトヲ希望シテ大学院ニ入ル者頗ル多ク、其流弊益々甚シキヲ以テ、成ルヘク博士授位ノ典ヲ鄭重ナラシメン為メ大学院在学ノ期ヲ五ケ年ニ改メ（五ケ年ノ内後三ケ年ハ大学外ニ於テ其専攻ノ学芸ニ従事スルコトヲ得セシム）（森、「学芸」を「学芸及事業」と朱筆訂正）、而シテ原来大学院ハ無形物ニシテ、其専有ノ教室、実験場ナク、其専任教授ナク、実際学生ノ攷究ハ分科大学教室ニ於テスルモノナルヲ以テ、大学院学生タルモノハ其最初ノ二ケ年間分科大学ノ研究生ト為リテ、学芸ヲ攷究セシメンコト欲ス研究生ハ授業料ヲ徴収ス此研究科ヲ設クルハ前記大学院学生ノ為メノミナラス、大学院ニ入ルコトヲ欲セサルモノ、又ハ大学院ニ入ルニ適スル優等ノ者ニアラスシテ、尚研究ヲ望ムモノヽ為メニ之ヲ設クルノ必要アルニ依ル

大学院入学規程ノ改正ハ、入学ノ期ヲ毎学年ノ始メニ限ルノ必要ナク、且之カ為メ不便ヲ感スルヲ以テ、第一項ヲ削除シタルニ過キス

大学院学生、分科大学学生々徒学術研究旅行規程ノ改正ハ、大学院学生ハ総テ研究生ト為ルヘキヲ以テ、（削除）之ヲ研究生ノ資格ニ対シ旅費ヲ支給スルニ依ル、其他病理学及文学学生ノ旅費ヲ要スルヲ以テ、此二目ヲ追加シタリ

大学院給費及補助規程ノ廃止ハ、該学生ハ研究生タルヲ以テ其資格ニ対シ学費ヲ補給スルニ依ル

すでに記した学士号設定と同様に、新設の大学院制度の実態を示すとともに、制度の再考を促す内容となっている。最初に大学院の現状を見てみると「原来大学院ハ無形物ニシテ、其専有ノ教室、実験場ナク、其専任教授ナク、実際学生ノ攷究ハ分科大学教室ニ於テスルモノナル」云々とあるように、帝国大学令の理念を体現した制度の一つであるはずの大学院が、すでに有名無実化していた現状を指摘している。(13) 形骸化された現状にもかかわらず、大学院入学者の増加の理由は「漫ニ博士ノ学位ヲ得ンコトヲ希望」していることにあった。しかし「客年来ノ実験ニ徴スルニ分科

大学卒業後僅ニ二ケ年ノ研究ヲ為シタル者ニ博士ノ学位ヲ授与スルハ容易ニ過キ」、大学院入学者を抑えて「博士授位ノ典ヲ鄭重ナラシメン」とするため研究科を設けた、とある。二年間の研究科を新設することにより、大学院入学者の適材を得るとともに、精選もできると述べている。

研究科の新設は学位の濫授を防止するために、大学院学生を減少させることが主な理由とされ[14]、同年五月の学位令に基づく学位授与との権衡にも配慮した措置であった。この結果、大学院の修学年限は二年から五年へと延長された。研究科新設のほかに注目される規定としては、改正説明にある「五ケ年ノ内後三ケ年ハ大学外ニ於テ其専攻ノ学芸ニ従事スルコトヲ得セシム」という文言がある。この規定から推して、ここで描かれている大学院学生はいわばフルタイムのそれではなく、パートタイムの大学院学生、社会人の大学院学生ということになる[15]。そのメリットは、経済社会に学術研究の成果が応用されること、大学院学生には研究と実地とが兼修できることにあった。さらに学位取得の道も用意されていた。森は改正理由の文言中「学芸」を「学芸及事業」としており、従事すべき職種を拡充する修正意見を記すのみに止めた。帝国大学令に規定された抽象的な大学院に対して、この改正説明は大学院の具体的な姿を示していた。大学院は「事業」に対しても開かれた機関として、その役割を果たすことが求められていた、ということになる。森はそれを受容し、かつ推し進めようとしていた。

6 学科課程改正問題

帝国大学成立三か月後の六月二十八日に評議会の議を経て「分科大学学科課程ノ伺」が出され、七月五日に大臣裁定があった。原案に対する修正は一か所もない。大学院制度の改正と同様に、帝国大学令制定一年後に改正の動きがはじまる。(6)「分科大学学科課程改正」は一八八七年七月二十八日に提出、九月九日の裁定を経て改正された。法科大学以下五分科のそれぞれの学科課程が審議された。

法科はこの時に学科編成を大幅に変更する。法科発足当初の学科は、司法省法学校の後身である東京法学校を法律学第一科として合併し、旧東京大学法学部を法律学第二科と区分して、さらに文学部にあった政治学科を包摂した三学科構成であった。この三学科体制を法律学科と政治学科に二分し、法律学科の中をイギリス部、フランス部、ドイツ部に細分した。学科目はそれまで単に刑法、治罪法と称していたのを日本刑法、日本治罪法に改めた。この学科課程の末尾には「以上諸学科本邦ニ成典若クハ慣例アルモノハ之ヲ講習ス」という付箋が貼られている。

医科、工科、文科、理科の原案に修正はない。ただし、文科大学学科課程改正の鑑の欄外に「道義学ハモラルヒロソヒー謂フナラン、之ヲ倫理学或ハ論ニ改ムル方妥当ナラン」という森のメモ書き（墨書）がある。文科は、前年に制定した哲学、和文、漢文、博言の四学科編成に、史学科、英文学科、独逸文学科を増設して七学科となった。指摘されている「道義学」は文科大学各学科第三学年に配当されていた。この道義学という科目は一八八一年度から設置され、雇外国人教師フェノロサが担当していた。森の意見は採用され、各学科第三学年第一期に毎週三時間が配当されることになる。(16)

次に森の意見は(9)「法科大学学科課程改正ノ件」にある。ここでは二段階の改正が行われた。第一が法学通論を高等中学校へ移すこと、第二は法律学科を法律第一部（イギリス法律）、第二部（フランス法律）、第三部（ドイツ法律）に変更することにあった。第一の法学通論の件は、帝大からの発議ではなく、伺書ではまったく触れられていなかった。一八八七年十二月二十七日に提出された伺書は、履修上の若干の変更を求めたにすぎなかった。内容はイギリス部の仏語の随意科目化、フランス部の仏語の増補と実地演習時間の削減、ドイツ部のラテン語とラテン語演習のドイツ語、ドイツ語演習への変更、政治学科の治罪法、刑法、訴訟法の随意科目化などであった。この伺は翌八七年一月二十日には裁定されるのであるが、森は次のような意見を記していた。

法学通論ノ如キハ高等中学校ニ於テ教ル方可ナラン、又独語、仏語ニテ教ル法律ハ随意ノ科ト定メ、来何年ヨリ之ヲ実施スル旨ヲ明示スル方可トス(削除)ナラン、右二件ニ付大学ノ意見ヲ問フ

森の指摘を受け、帝大にはあらためて学科課程改正案を提出する必要が生じた。再度の改正案は一月二十六日に提出された。改正説明にはイギリス部、フランス部、ドイツ部各部と政治学科とから法学通論を高等中学校に移し、高等中学校法律志望生には理財学通論を履修させる、とある。森の意見をそのまま受け入れた案となっている。前者は「今一年級ニ於テ法学専門ノ各科ヲ授クルニ、学生ヲシテ予メ法学普通ノ思想ヲ有セシムルコト必要ナルヲ以テ、法学通論ヲ高等中学校ニ移シ、法科大学入学前ニ在テ法学普通ノ思想ヲ得セシメントス」と説明されている。[17] 理財学についてはイギリス部の過密な学科課程のため、および理財学が専門科目でないため（フランス部、ドイツ部では修学の順序がイギリス部と異なるため存続させる）と、説明されている。

さらに今回の改正は授業時間数を減少させた。授業時間は減少したが決して修業時間を減少させたのではなく、学生が図書館に於て判例などを記憶し、調査するためであり、さらに学生に毎日自修の時間を消費させるためである。「法律ノ学問タルヤ、単ニ議義ヲ聴キテ之ヲ修ムヘキモノニアラス、学生自ラ書籍ニ就キ之ヲ研究シ、博ク知識ヲ収攬シ、判決例ヲ暗記スル等、最必要ナルヲ以テナリ」と理由が述べられていた。

しかしこの件は、様々な意見を惹起することになった。まず参事官により「高等中学校ノ学科程度改正按ノ脱稿ヲ待テ同時ニ御詮議相成方可然」という意見が出され、さらに七月二十日には伺中の学科課程改正案が提出され、ついに浜尾新専門学務局長までが意見を述べることになる。浜尾は、本邦法律を英仏独三部の一小科目として置くのは適当でなく、その三部も「講習上自然合一ナラサル等ノ不便モアル」ので変更する必要がある、改革案は三部を廃止し

て第一類本邦法律、第二類法理学羅馬法国際法等、第三類外国法律（英仏独の一つを選修）とする、第一、二類は共通基礎科目であり「第一第二類ノ科目ハ総テ同一ニ教授セハ重複ノ時数ヲ減シ費用ヲ省クヲ得」、さらに第一、二類の整備に伴い第三類も省減できるであろう、高等中学校は一八九一（明治二十四）年から第一外国語として英語を修めた生徒を入学させるようになるが、フランス、ドイツ法律選修のものにはほかの時間を省いて語学を講習させる予定である、と記していた。欄外には「賛同」と記した脇に辻文部次官の印がある。ここにきて法律学科の学科編成が問題となった。文部省自らが学科課程を作成して、事に臨むことになる。文部省罫紙に書かれた文部省案は、イギリス部、フランス部、ドイツ部の廃止は差支えない（甲号）、刑法、理財学、国際法は各部一定にする、本邦法律演習は各部同一時間を課する、英語は必修にすべきである、ドイツ部では理財学の時間が多くドイツ民法の時間が甚だ少ないなど（乙号）多くの問題があるため、大学において再審査させるべきである、という意見であった。この文部省案の欄外に二度目の森の意見が朱筆されている。「法科大学長及教頭等公然ノ手続ニ依ラスシテ再審査ヲ要ス」と。浜尾専門局長意見、文部省案を受けて、帝国大学は再案を提出して森の「本学年ハ本案ノ通」というサインを得ることになった。再案は一八八八（明治二十一）年十月一日に裁定、制定された。浜尾の意見は退けられ、再案でも法律学科第一、二、三部に分けられ、それぞれイギリス法律、フランス法律、ドイツ法律となった。この点において帝大側の学科編成が温存されたことになる。法学通論の教育時期の課題から発して、最終的に法律学科の学科編成までも俎上に上ったことになる。国名は表には出なくなり、それまでの国別の法律学科編成は最終的に継続された。

おわりに

分析の対象とした四つの事項の相互関係とそれらを含む大学創設を巡る課題は、森文政期における高等教育体制構築の検討と直結している。その解明は本論ののちの課題とする。以下、三つの視点から各項目をあらためて小括を行い、まとめに代える。

第一は史料の掘り起こしと評価について。

(7)の伺書「分科大学研究科規程ヲ新設シ及ヒ大学院規程、同入学規程、大学院及分科大学々生々徒学術研究旅行規程中ノ数項ニ増訂削正ヲ加ヘ并大学院学生給費及補助規程ヲ廃止ス」における大学院規程の改正説明と(10)の伺書「分科大学通則試業及卒業証書ノ規程ニ第十二項ヲ追加ス（学士称号ノ件）」に付された「説明」はこれまでほとんど知られず、かつ本格的な考察の対象にされてこなかった史料である。森文政期における森自身の政策参与、形成過程を語る具体的史料は、特に学校文書においては非常に少ない。このような史料の提示は、帝国大学以外の機関においても史料所蔵の可能性があることを示唆するとともに、森文政期を検証する重要な方法となると思われる。史料(10)の学士称号の件は、帝大からの発議とは考えられていなかった。以上二つの史料は、帝国大学の大学としての主体形成が、創設一年後あたりから開始されていたことを示している。

第二は帝国大学理念にかかわる事項である。

上記の二つの史料は、いわば大学の「現場」からの帝国大学理念の変更があったことを物語っている。すなわち前者は大学院組織の有名無実化を公言して、分科大学本体論を展開していた。これは大学院と分科大学をもって構成するとした、帝国大学理念の実質的な変更に当たる。

さらに文部大臣の権限にかかわる事項がある。一つは(4)の伺書「大学院学生入学規程及分科大学々生入学在学退学規程伺」における「公認」問題である。学校の公認権限を、帝国大学から文部大臣へと変更していた。大臣の権限内に大学入学選抜までを含め、その強さを明示した。(6)「分科大学学科課程改正」、(9)「法科大学学科課程改正ノ件」

に見られたように、森の教育課程への介入は明瞭であり、かつ非公式な対応も要求し、強い影響力を発揮していた。特に法科大学学科課程にはことのほか強い関心を示しており[18]、東京大学時代以来の一つの教育システムを変更した。帝国大学は一方で文部大臣の影響力、応答を強く意識しながら、他方で成立一年後あたりから実態に沿った改革を行い始めた。その背景には創設直後から帝国大学が着実に学士養成の役割を果たすとともに、学術研究機関としての実質を備えはじめていたことがあった、と思われる。森は、それら現実、実態による理念の変更については認めざるを得ない状況にあった、といえる。このことは、森文政期における大学観は当初から完成された制度として存在していなかったことを示している。

註

(1)　帝国大学成立史研究としては、戦前期に刊行された『東京帝国大学五十年史』(上下二冊、一九三二年)、大久保利謙『日本の大学』(創元社、一九四三年)、およびそれを基礎にした、戦後に至り帝大の創立と改革に主導的役割を果たした二人の文部大臣に関する研究、海後宗臣編「森有礼の思想と教育政策」(『東京大学教育学部紀要』第八号、一九六六年)と同『井上毅の教育政策』(東大出版会、一九六八年)とがある。また、帝国大学のドイツモデル論の再検討を中心にして科学史の立場から取り上げた中山茂『帝国大学の誕生』(中公新書、一九七八年)や、大学の自治的慣行の成立を精緻に実証した寺崎昌男『日本における大学自治制度の成立』(評論社、一九七九年)があり、論文としては舘昭の帝国大学論「帝国大学令と帝国大学の矛盾」(大学史研究会編『大学史研究』第二号、一九八一年)、「帝国大学形成期の保守と革新」(同前、第三号、一九八二年)、帝大大学院をアメリカ大学院モデル論として展開した古屋野素材の「帝国大学大学院の誕生をめぐって」(同前、第一号、一九七九年)、財政的視点からの研究としては羽田貴史「帝国大学財政制度史考」(『福大史学』第三〇号、一九八〇年)がある。これらの成果の上に『東京大学百年史』(全一〇巻、一九八七年)が編纂された。近年においては以下の論稿がある。中野実「帝国大学体制の成立とその改編の動向」(寺﨑昌男・編集委員会『近代日本における知の配分と国民統合』所収、第一法規出版、一九九三年)。同「帝国大学成立に関する一考察——帝国大学理科大学教授矢田部良吉関係文書の分析を通して——」、同「帝国大学体制形成に関する史的研究——初代総長渡辺洪基時代を中心にして——」、同「帝国大学体制成立前史」(以上『東京大学史紀要』第一三、一五、一六号、一九九五、九七、九八年)。羽田「明治憲法体制形成期の帝国大学財政政策」、同「明治国家の形成と大学・社会」（以上広島大学大学教育研究センター編『大学論集』第二五、二七号、一九九六、九八年）。

（2）その一つの例として木村力雄『異文化遍歴者・森有礼』（福村出版、一九八六年）を挙げておく。たとえば井上毅は、一八九三年の閣議請議案（「施設、法案ヲ具ヘテ閣議ヲ請フ」、「公文雑纂」一八九三年所収）において森の東京大学処遇案としては学校系統から外す点にあった、と指摘している。この点からみれば、制度として実現した帝国大学体制が森の意図の全き実現形態とする見解は、再考の対象とならざるを得ない。さらに帝国大学という機構、組織の分析は、森という個人からの解釈のみでは充分に行えない、とも考える。

（3）「帝国大学体制」とは、帝国大学と帝国大学をめぐる諸制度（中等教育制度、大学卒業生の任用・優遇制度、学位制度、教職員の人事制度など）とが国家体制と密接な関係を保ちながら調整され、構造化された枠組みであり、帝国大学を根幹とするその全体構造を示すものである（平成元年度科学研究費補助金（一般研究C）研究成果報告書『日本近代大学成立期における国家、学術体制ならびに大学の関連構造に関する研究』（研究代表者酒井豊）参照）。

（4）「大臣准允」の概要は中野実「『文部大臣准允』について——沿革史料紹介(2)」（『東京大学史史料室ニュース』第四号、一九八九年）を参照。本文書は前掲寺崎（一九七九年）、倉沢剛『学校令の研究』（講談社、一九七八年）などに使われている。

（5）この時期、正確には一八八八年三月二十三日の「帝国大学総長職務規程」制定までは、大臣と総長との権限関係が明文化されていないため、大臣の裁定、非裁定の基準を求めることができず、次官決裁の理由はわからない。参考のため同職務規程による総長が大臣の裁可を受けなければならないと規定された件をあげておこう。学科課程制定の件、諸規則制定の件、授業料決定の件、外国人の雇入・廃止・内国派遣の件、三〇〇円以上の報酬を以てする内外国人への嘱託の件、地所建物の増減と五〇〇円以上の建物修繕の件、一件五〇〇円以上の器械・標品・薬品・図書の購入、交換の件、図書印行の件、経費中の目以上の流用の件、臨時休業の件、その他例規のない重大事件を処置する件である。

（6）『東京大学百年史』資料一、一九八四年、六二六〜六二八頁。

（7）同前書、六四〇頁。

（8）同右。

（9）一八八五（明治十八）年四月付「法理文学部第三年生及医学部三等学生ヨリ学位ノ義ニ付総理ヘ懇願書」を示す。一八八三年二月に創設された得業生制度が施行されるにあたり、六一人の学生（全学生の約七〇％）が連署して、これまで通り「学士」号を卒業とともに授与してほしい、と要求した約一万二〇〇〇字にのぼる嘆願書である。欄外に「検閲」とあり、総理を除く、副総理以下法理医文四学部長の印が押されている。

(10) 帝大卒業生に対する学位あるいは称号の授与は、新しい学位制度と既存の規則とを折衷する形で一度は成文化されていた。一八八六年四月二十六日に渡辺総長に対して学位条例草案が回付された。条例草案には学士、少博士、大博士の三つの学位と得業生の称号が設定されていた。得業生規定には「帝国分科大学ノ卒業生中学芸優等ノモノハ帝国大学総長ヨリ文部大臣ニ稟請シテ得業生ノ号ヲ与フルコトヲ得」(第一三条)とある。ただしこの規定にも「学芸優等」という限定が付されており、のちの学士称号とは異なる。条例草案の三つの学位のうち、大博士のみが学位令によって新設された。

(11) 前掲『東京大学百年史』資料、六四一頁。

(12) 前掲倉沢『学校令の研究』にも全文復刻されている(三六～三七頁)。ただし「改正説明」の内容、位置付けにはまったく触れられていない。

(13) 新設の大学院については大沢謙二の意見がよく知られている。「それからして大学院と云ふものを拵らへると云ふことで、段々聞いて見ると、大学院と云ふものは学生丈で教授があるでもなければ、又研究の為めにどれ程の費用を出すと云ふこともない。唯名前丈のようなもので、どうも変だと思ふから是は無くても宜からう、大学があれば即ち研究所であるからそんなものは必要がないと云ふ考へで大分抵抗した」(『復刊　灯影虫語』一九七九年、五九頁)。

(14) 一八八六年中の大学院入学者は三二人(実員二九人)、十二月末の現員は二三人で、翌八七年十二月末には二一人がいた。内訳は法五人、医三人、工六人、文二人、理五人となる。以降、八八年二三人、八九年三八人、九〇年四七人と増加傾向にある(ともに十二月末現員)。九〇年には実業従事者二〇人と明記された(『帝国大学第一～五年報』)。

(15) フルタイムの大学院学生以外が帝国大学創設当時に考えられていたことは、渡辺洪基が「学生養成ノ目的及給費ノ方法ヲ記述シテ諸官庁会社并全国有名ノ人士」に対して発した二通の「移文」に明らかである。一つは応用分野の分科大学学生に対する学資援助の願いであり、もう一つが大学院学生の援助である。渡辺はつぎのように訴えていた。「官庁会社等ニ於テ分科大学卒業生ヲ採用シテ其所要ノ実業ニ就カシメントスルトキハ先其卒業生ニ相当セル給料ノ半額ヲ給与シテ例ヘハ当然五拾円ノ給料ヲ給与セントスル者ナレハ其半額即チ弐拾五円ヲ給スルカ如キヲ云フ傍ラ之ヲ大学院ニ入学セシメ其日子ノ一半ハ採用者ノ局部ニ出テヽ其命令ヲ奉シテ実業ニ従事シ其一半ニ於テ大学院ニ入リ担当教授ノ指導ヲ奉シテ学業ヲ修メ以テ其科ノ蘊奥ヲ攷究シテ卒業ニ至ラシメンコト是ナリ」と述べていた（前掲中野「帝国大学体制形成に関する史的研究――初代総長渡辺洪基時代を中心にして――」参照）。

（16）一八八一年度から文学部第四学年に対して開講されたが、実際には八一、八二年度は講義はなされず、八三年度についてはカントの実践哲学を「道義学」として棚橋一郎に独習させたのかもしれない、と言われる（山口静一『フェノロサ・上』三省堂、一九八二年、七三～八五頁参照）。なお、フェノロサが継雇いとなった一八八四（明治十七）年八月～八六年八月までについてはその講義内容は不明である。本文の学科課程改正が行われていたときの担当は米国長老教会の宣教師ジョージ・ウィリアム・ノックスである。

（17）審議の対象となった法学通論（エンサイコロペデア・オブ・ロウ）は一八八一（明治十四）年九月、加藤弘之が「法学生ノ為メニ当初法律全体ノ大意ヲ会得セシメ、然ル後第二年ヨリ其細目ヲ教導スルノ」目的を以て置かれた科目であり、文学部政治学、哲学を専修する学生にも受講が期待された。担当教官たる穂積陳重に言わしめれば「独逸国諸大学ノ制ニ倣ヒ」開講され（『百年史』通史一、四八一頁参照）、ドイツ学振興の政策とも関連した措置であった。この法学通論の移行は、明治十年代の加藤の改革が一つ消滅したことを示すとともに、大学の専門予備教育機関として高等中学校を位置付けていることが分かる。なお東京大学の修業年限四年に比して帝国大学のそれは一年短縮されたため高等中学校に移された、という解釈も可能である。

（18）森の法学教育、教授法に対する関心は高い。寺崎昌男「高等教育制度の改革」参照（前掲海後編、一九六五年）。

二　学位制度の成立

はじめに

本項は一八八五（明治十八）年から一八八七（明治二十）年にかけて、東京大学及び帝国大学を舞台に展開された、学位制度の成立過程を明らかにすることを目的にしている。帝国大学体制の一つの重要な要素である学位制度の創設解明には、体制の成立過程と同様に史料的に不明な点が多い。本項においては、第一に『東京大学百年史』において十分に分析されなかった学位制度の創設にかかわる史料を取り上げた。第二に初代文部大臣森有礼の学位観と学位制度史料との関係を中心に分析した。本項はこの意味において制度の成立過程の分析とともに、森の学位観を検討することになる。第三にこれまでまったく知られていなかった学生たちの懇願書を取り上げる。懇願書は一八八五年四月に東京大学首脳部に提出されたもので、学士学位に対する学生たちの意識が正直に表現されていた。それは学位制度成立の社会的基盤の一端を示していた。

本論に入る前、前史の概略を記しておこう。(1)

本項の取り上げる時期には、東京大学においては学部卒業で学士学位の授与が行われていた。一八七八(明治十一)年十二月、文部省から東京大学に対して学位授与の権限を付与する旨の通達があった。大学側は授与の方法、規則などを調べて、まず一八七九年二月八日に法理文三学部、医学部の両綜理から回答を行った。それはすべての卒業生に得学士の学位を与え、各自の専攻学科名を冠するという案であった。たとえば法学得学士などと称する。ただし採鉱、土木、機械などには例外があり、採鉱工士、土木工士、機械工士などと称することにした。これに対して得学士の名称に文部省から異議が出され、二月十七日に学士と改める旨を達した。大学側はさらに四月十一日に伺書を提出し、基本的に学部の称を冠することにした。六月に入り、法理文三学部は学位授与の規則、医学部は学位記を定めた。たとえば法理文の規則においては「第一　本部ニ於テ一学科課程ヲ全ク履践シ毎試業ニ合格シ遂ニ卒業証書ヲ得タル者」に学位を授与し、医学部は「第一条　医学本科卒業試業ヲ及第スルモノハ医学士ノ称号ヲ与フヘシ」と規定した。この結果、一八七九年七月十日に法理文三学部、十月十八日に医学部において、それぞれ学位授与式が挙行された。一八八一(明治十四)年七月九日には四学部統一の学位授与式が行われた。

1　得業士の創設と学生の批判

一八八五（明治十八）年四月、「法理文学部第三年生及医学部三等学生ヨリ学位ノ義ニ付総理へ懇願書」が提出された。[2] 懇願書の署名者は六一人、前年十二月現在の当該学年の人数は八三人しかおらず、約七三％の署名率である。学生の総意といっていいだろう。結論をさきに言えば、懇願書の骨子は「学士」学位をこれまで通りに卒業証書と同時に授与してほしい、という既得権益の擁護にある。懇願書を提出させた原因は、これより二年前の一八八三年二月十三日に創設された得業士学位規則にあった。彼らはこの制度が適用される最初の学生に該当した。まずこの得業士学位の制定と内容を見てみよう。

一八八二年六月十三日加藤弘之総理は、文部卿福岡孝弟に宛てて「本学々生学科卒業ノ者試問ヲ経タル後学位授与ノ儀」を伺い出た。[3] 本文は左の通り。

本学々位授与ノ制タル、従来法理文学部ニ於テハ毎学期并毎学年ノ試業ニ合格シタル者ニハ卒業証書并学位記ヲ付与シ、医学部ニ於テハ理科（ママ）試業并ニ卒業試問ニ合格シタル者ニハ是亦卒業証書并ニ学位ヲ授与スルノ成規ニ有之候処、今日ノ如ク卒業生ニ直チニ学位ヲ授与スルモノトセハ、学位ト卒業証書ト毫モ軽重ナク、特ニ学士ノ学位ヲ授クルモ其学士ノ栄称タル所以ノ実ナキモノニシテ、且卒業生中学力優等ノ者ト辛フシテ試業ヲ完フシ卒業シタル者トヲ比較セハ其学力或ハ霄壌ノ差ナシトモ謂フヘカラサル義ニ有之、故ニ今斯ノ如キ者ト雖皆一様ニ之ニ学士ノ学位ヲ授与スルトキハ幾分カ学士ノ品等ヲ下タシ、随テ社会ノ信用ヲ薄カラシムルニ至ラサルヲ保シ難キ義ニ付、別ニ学士試問ノ規則ヲ設ケ、卒業後特ニ其学力ヲ考試シ、以テ学士ノ学位ヲ授与スルコトニ相改メ、且其考試ハ志願ノモノニ限リ施行スルコトニ致度、尤卒業生中辛フシテ試業ヲ完フシ、学士試問ヲ受クル能ハサル者ト雖、其学フ所ヲ以テ一職一業ニ従事スルニハ充分学力アルハ勿論ノ義ニテ、且ツ数年間刻苦勉励其業ヲ卒ルハ固ヨリ尋常容易之業ニモ無之候ニ付テハ、卒業証書ヲ授与候節、倶ニ得業士ノ学位ヲ授クルコトニ致度、然ルトキハ学事奨励之旨趣ニモ相協ヒ候義ト存候、尤右ハ現今予備門一級生并医学部預科第一等生之本科ヲ卒業スヘキ節ヨリ実際施行致度候、仍テ此段相伺候条裁可相成度候

但本文裁可相成候ハ、学士試問規則相定更ニ可伺出候条、此段付陳候也

文部卿はこの伺に対し、翌年の一月三十一日に「伺之趣聞届候条、其規則取調可伺出候事／但本件実施之儀ハ既ニ本科ニ在ル者若クハ本科某級以下ニ在ル者モ可成此規則ニ準拠セシメ候様、精々取調可致、尤其既ニ本科ニ在ル者ニシテ到底此規則ニ拠リ処分難致分ハ、其進級卒業等ニ一層注意可致候事」と回答した。(4)

東京大学はこれを受けて、二月十三日に「新ニ得業士ノ学位ヲ設ケ、現時法理文学部ニ於テハ第一年学生、医学部ニ於テハ五等学生ノ卒業期ヨリ始メ、爾後各科卒業ノ者ニ授与スルコトトシ、従前授与セシ法理医文学士ノ位号ハ、更ニ高等ノ試問ヲ歴テ登第スルモノニ限リ授与スルコト」（『東京大学第三年報』）を定めた。しかし得業士学位、「高等ノ試問」の具体的な規定類はついに定められなかった。

以上の経緯を経て創設された得業士学位の制定理由は、㈠学位と卒業証書とに軽重を付ける、㈡優等卒業生と劣等卒業生とに差異を設ける、差別化する、とまとめられる。得業士は卒業生に与え、学位は卒業生中志願の学生に限り、学士試問規則による考試を経て授与する。その背景として、これまでのように一様に学士の学位を授与していると「幾分カ学士ノ品等ヲ下タシ随テ社会ノ信用ヲ薄カラシムル」と記している。この制度は「あたかも英国のオックスフォードやケンブリッジの大学における優等学位制度 Honours Examination, Tripos の如き方策」(5)と評価されている。

この規則改正の背景は、いまだよく分かっていない。これまでに、すなわち一八八二(明治十五)年十月までに、総数三一七人の学士を出していた。この三一七人の中に、学士の品位を汚し、東京大学の社会的信用を失墜させた卒業生がいたために、改正論議が起こったのか。あるいは制度そのものの欠陥のため起こったのか、よく分からない。ただ、規則改正により甚大な被害を蒙る、と感じた者がいた。それがここに取り上げた懇願書を提出した学生たちである。その彼らの言い分を聞いてみよう。

懇願書は楷書にて約三〇〇〇字の長さになり、末尾にイロハ順に六一人の署名がある(ただし直筆ではない)。「検印録」(一八八五年)に収められており、欄外に「検閲」とあり、総理を除く、副総理以下法理医文四学部長の印が押されている。

彼らはまず得業士の創設は、自分たちの能力がそれ以前の卒業生に比して劣るからではなく、大成を期すには大学卒業後も在学中と同様に精進が必要である、つまり後進を奨学するための措置であると認識している、と言う。しかし、その本人たちに「前途ノ障碍」となるので廃止してほしい、として四つの理由が指摘されている。第一は学士号取得により医学校教員、判事、代言人(弁護士)などに無試験にて採用されたが、得業士の創設によってもそれらの規則改正は行われていない。能力の違いによるのではなく、奨学のためであるならば、卒業すなわち学士という特例が自分たちになぜ適用されないのか、と反対する。実際の理由を引用しておこう。

生等以前ノ卒業生ニ厚クシテ生等以後ノ卒業生ニ薄キノ理由之レナク候故、同等異名ニ止マリ学士ト等シク右等ノ特例ニ与ルヲ得ヘキトハ信シ候得共、若シ同等異名ニ非スシテ降テ学士ト等ヲ異ニシ、学士ノ特例ニ与ルヲ得サルカ如キアラハ、生等ノ不便何ヲ以テ之ニ加ヘン

第二には得業士という低い「学位」のため将来の出世(昇進)が覚束ない、という理由である。彼らの競争相手は

誰か。「方今学士ノ称号ヲ付与スルモノ本学ニ止マラス工部大学ト云ヒ、旧司法省法学校ト云ヒ、駒場農学校ト云ヒ札幌農学校ト云ヒ、皆卒業生ニハ学士ノ栄位ヲ与ヘテ得業士ノ称ナシ」と。社会とは「名」である。社会的に周知されず、本人たちもよく分からない得業士と、それまでの学士とのどちらが社会的に厚遇され、冷遇されるか。実地の機会が与えられなければ、ますます成果は挙らない、と述べる。

第三に、最初の卒業生を出したのち、教則は益々整頓して、学科は益々高尚になり、日々進歩してきているのに、どうしてそれ以前の卒業生たちに比して自分たちは劣るのか。「若シ俄カニ一等ヲ下シ生等ヨリ以還生等以前ノ卒業生ト同等ノ栄誉ヲ享クルヲ得ス、同等ノ特例ニ与ルヲ得サラシメハ、是レ或ハ権衡ヲ失スルニ似タリ」と。

第四に、文部省においても大学の卒業生には学士を与える、卒業生は学士であるとしており、また社会においても学士の称号で不都合はないはずである。同等の学力のものには同等の名称、学士の称号を付与すべきであり、自分たち以後の卒業生たちに「高等ノ試問」などを行うべきではない、と。

最後に彼らは記す。「実ニ教員医師代言師ノ如キハ社会ノ表面ニ立チ、社会ノ模範タリ、社会ノ先駆タリ、最モ社会ノ信用ヲ重スルノ業ニ於テハ其位名ノ関係最モ多キモノニ有之、生等以後ノ学生ニシテ是レ等ノ業ニ志アル者ニ取リテハ不幸ノ至リト奉存」と。維新期から約二〇年、「学士」学位は学生たちの意識を捉えて離さなかった。学士という名称を基本にすれば、さらに高等の称号を創設することは構わない、とまで言っている。例示しているのは大学士、博士、専門学士であり、果ては得業士までである。さきに結論を記したように、彼らが切に願ったのは「何卒前陳ノ事情御推察被下、生等以後ノ卒業生ト雖モ、従来ノ通リ直チニ学士ノ栄位ヲ付与セラレ度」であった。

2　諸規程案の比較検討

ここで取り上げる四つの学位規程（案）は、以下の通りである。

①一八八五（明治十八）年十月十五日の東京学士会院における森有礼の「博士ノ称号ヲ更ニ設置」するために行った演述[6]（以下、森素案）

②帝国大学令案付属資料として添付された「参照甲号　学位条令草案」[7]（以下、第一次草案）

③一八八六（明治十九）年四月二十六日付けにて文部省学務局長折田彦市から帝国大学総長へ回付された学位条令草案[8]（以下、第二次草案）

④一八八七（明治二十）年五月二十一日に制定された学位令[9]（公布正文）

右の四つの諸案の中間、①、②と③、④との間に帝国大学令の公布があり、必然的にこれを境に二つに区分される。前者と後者とのもっとも大きな違いは、帝国大学（東京大学）の位置づけにかかわる。前者の特徴は、東京大学が資格、推薦、授与にまったく関わっていないことにある。

まず四つの案（説明）の書誌的解説をしておこう。

①は、森が一八八五年第七三会の東京学士会院において行った説明である。学士会院は前年十一月から組織改正にゆれており、その中心人物も森であった。当日の学士会院「紀事」を読む限りにおいて、あらかじめ予定された趣旨説明ではなく、かつ博士号設置に決着が付けられたわけでもない。「紀事」（第七三会）の末尾には「斯他論弁紛涌シテ数岐ニ分派シ容易ニ之レカ可否ヲ判定シカタク、且延長ノ時間ヲ経過シタレハ、会長ハ衆員ニ向テ斯問題ハ到底一場ノ議論ニテ決シ難ク、又博士ノ称号ヲ授受スルノ時期カ切迫シタルニモ非ザレバ須ラク後議ニ譲ルベキノ旨ヲ述ヘ、

本日ノ会議ヲ畢レリ」とある。しかしこののち同院にて博士号授与の件が話し合われた形跡はない。森は「博士ノ称号」の件を学士会院に持ち出したことについて「但其（博士…中野注、以下同様）品級ハ誰カ之ヲ定メ、誰カ之ヲ授クルヲ善トスベキカ、斯事ヲ議定スルハ本院蓋シ其所ナルベシ、是ヲ以テ院議ヲ決定シテ、文部卿ニ申告シ、之ヲ太政大臣ニ建議センコトヲ欲スルナリ」と学士会院の果たすべき役割を述べていた。会院の議論はあくまでも学位ではなく、称号としての博士号にあった。案件を巡り提案者森と東京大学総理加藤とが鋭く対立した。森と加藤の対立は深く、これが引き金となり加藤は東京大学総理を辞し元老院に転出した、と言われている。二人以外の発言者では、中村正直が「博士ノ称号ヲ授クルコトハ世ノ学者ノ為メニハ大ニ佳挙ナルベシ」と一人提案に賛同しており、ほかは神田孝平、大鳥圭介が発言したにすぎない。

法令形式を備えた最初の学位規程が②になる（第一次草案）。全四条の短い条令にすぎない。帝国大学令案には学位授与の要件として「第四条　分科大学卒業者及同等ノ学力ヲ有スル者ニシテ大学院ニ入リ学術技芸ヲ攻究シタル者ハ定規ニ拠リ試験ヲ経タル後之ニ学位ヲ与フヘシ」とあり、また公布正文もほぼ同様の規定であるが、第一次草案との関連は不明である。帝国大学令案により授与要件を示し、②において、学位の種類、授与権者、授与方法、待遇を規定した形である。

③の前文には「学位条例草案別紙五通及御回付候条御意見モ候ハ、早々御申出相成度候也」とある。理科大学教授矢田部良吉の日記にもあるように、実際この条令は審議され、文部大臣に説明書とともに提出されていた。(10)しかしその内容は不明である。なお、帝国大学に対してはさらにもう一度学位令草案が照会されていた。この年十二月十六日、評議会は文部省総務局長から評議官の意見について照会があったとして、学位令草案を議案として審議を行っている。照会のあった学位令草案、および審議の内容ともにこれもまた不明である。断片的に伝えられる記事には「学位ハ帝

国大学令ノ第四条ニ依リ〔大学ニ於テ〕（挿入）授与スルモノトシ其称号ハ法〔科〕（削除）学士、医〔科〕（削除）学士等ト為シ〔□限リ〕（削除）待遇ニ関スルモノハ別ニ位階等ヲ授ケラルヘキコトニ定メラレ〔タ〕（削除）シ、大学博士ノ如キハ穏ナラサルシステ（ママ）大学ノ文字ヲ、尚学位ハ□□志学ヲ待遇スル□□称号□□、但法学士等タルコトヲ、ノ称号ヲ省令ニテ公示シタキコト、法科医科等ノ得業士称号ヲ授クルコト省令ヲ発シ、大学ニ於テ之ヲ授与シ、矢田部ノ説ハ原案ヲ賛成ス」云々とある。この断片が注目されるのは、大学が学位を授与する、と明記している点にある。本項の文脈に置くと、加藤の大学論の系譜に繋がる見解に当たる。

この第二次草案には附則がある。学位及び得業生の称号を、本条例に拠らなければ、授与することも称することもできない、という禁止条項である。学位及び得業生の濫授を防ぐためか、又は独占のためか、あるいはほかに理由があるのか、判断は留保せざるを得ない。

さいごの④はまさに勅令として公布された。第一次の条令草案から約一年、第二次から半年経過していた。森の発議からは一年半であった。この段階に至り帝国大学令第四条との対応が図られた。ただ、第一次草案には盛り込まれていた大学卒業生に対する呼称の件は未決着であった。大学卒業生の学士称号の件は、翌六月に帝国大学が発議して、七月に決定された。

以下、三つの事項に分けてその変化を見ていこう。

(1) 種類

森素案の趣旨は文明化の推進、後進奨励にあった。すなわち「抑モ是等ノ称号ハ世ノ之ヲ享有スヘキ人ニ在テハ固ヨリ其意ニ介セサルヘキモ、文化ヲ進マシムル為メニハ未タ之ヲ享有セザル人ヲシテ其心思ヲ鼓舞奮興セシムル等ノ裨益少ナカラザルヘシ」と。さらに博士に「品級」を設定することにしていた。明治初年のころの大中少の三段階にするかどうかは課題としているが、大博士、少博士の授与要件は具体的に挙げていた。学士会院における一つの議論がこの「品級」にあった。まず加藤が「博士号ニ品級ヲ立ルハ官吏ニ類シテ宜シカラズ」と反対意見を述べた。さらに大鳥もまた「博士ノ称号ハ一品ニ止レルカ宜シ、之ニ階級ヲ設クルハ宜シカラズ」と意見を開陳した。この記録からは、博士に種類を設けることは多くの賛同を得ていなかったということが言える。

しかしこの例会において森が提示した大博士と少博士の「品級」は、②の第一次草案に引き継がれている。すなわち「第一条　本条令ニ拠リ大博士少博士ノ学位ヲ定ム」とそのまま採用された。二つのことを確認しておこう。第一はこの段階において博士は「称号」から「学位」に変化していること。第二には帝国大学令第四条との対応は付けられていないこと、である。第一次草案は、ほかの条文を勘案すると、森素案を成文化したものであり、学士会院における議論はなんら参考にされなかったと思われる。

それに対して第二次草案③は、折衷的色彩が濃い規程案になっている。まず第一次草案の大博士、少博士、それまで東京大学が授与していた学士学位、さらに得業士ならぬ得業生、と四つもの種類が盛り込まれていた。学位は学士、少博士、大博士となり、得業生は称号になった。帝国大学令との関係は明示され、学士学位は「第十一条　帝国大学院ノ学業ヲ卒ヘタルモノ若クハ之ニ等シキ学芸ヲ有スルモノニシテ学士ノ学位ヲ賜ハルヘキモノアルトキハ文部大臣之ヲ奏請シ帝国大学総長之ヲ宣行ス」となっていた。このため学士を得るためには大学院を経ることとなり、「法科及医科大学卒業生ノ如キ殊ニ称号ニ執心シ、漫ニ大学院ニ入ルノ傾向アリ」という事態が生じていた(11)。なお、第十四条において「大博士少博士学士ノ学位及得業生ノ号ハ本条例ニ依テ受領シタルモノ、外ハ之ヲ称スルコトヲ得ス」の規定は私立専門学校における卒業生称号に対して、影響を及ぼすものであった。東京専門学校は卒業式を得業式と呼び、卒業生は得業生と呼称していた。

しかし④になると、大博士と博士の二つに絞られる。帝国大学発足後約一年が経過していた。学士と得業生の称号が消滅した理由を記した資料はない。ただ若干の推測をしてみよう。まず前年一八八六年七月に帝大は第一回目の卒業生を出していたが、彼らは学士ではなく、ただの卒業生となる。さきの学生たちの懇願書にもあるように、学士と卒業生とでは軽重甚だしく、均衡を得ていない、と考えられた。さらに学士を学位として大学院と関連づける第二次草案にすると、さきの指摘にもあるように、濫りに大学院入学者が増加して、ついには博士の濫授に至るということも考慮されたであろう。これらが勘案されて、最初の森素案に近い博士と大博士の二つの種類に落ち着いた。学位令と素案には二種類という形式的側面の共通性があるが、授与資格、授与権者の規定はまったく異なっている。さらに森が博士称号を設定する時に極力排除しようとした東京大学時代以来の制度が、再び採用されることになったことは、森の蹉跌といえるだろう。

(2) 授与者

誰が学位を授与するか、学位授与権を誰が持つか。この課題は学位及び大学の本質にかかわる。一九二〇(大正九)年七月の学位令(第二次)までは、日本の学位は文部大臣から授与され、帝国大学はその授与要件を審査し、推薦するだけであった。その原型がこのとき作られた。

森は①の趣旨説明にあたり授与権者を特に明言しなかったが、その直後に加藤が「博士号ハ誰ヨリ賜フベキ所ナルカ」とさっそく疑義を提出した(なお加藤が天皇からの下賜を前提にする言説を使用しているが、これは「紀事」作成者による加藤発言の改竄と思われる)。森は「大博士ノ如キハ、天皇陛下ヨリ賜ハルベキ所トス」と断言した。これを皮切りに加藤と森との間に激しい応酬がなされる。加藤は「是等ノ称号ハ元来大学ニ於テ授クル方至当ナルヘシ、彼ノ大師号ノ敕授トハ同日ノ論ニ非ス、（中略）現今大学ニハ学士号アリ、故ニ其上ニ博士号ヲ置キテ大学ヨリ之ヲ授クルハ如何、又欧州ノ制ニテモ是等ノ称号ハ多ク皆大学ヨリ出ル者ナリ」と、現状を踏まえかつ欧州における大学の権能の一つとしての学位授与権を主張しており、いわば「正統的大学論」を展開する。それに対して森は答える。「我大学ヲシテ全ク彼ノ如クナラシメハ此称号ヲ大学ニテ授クルモ可ナリ、然ルニ今我大学ハ大蔵卿ニ仰ク所ノ金額ニ依リテ以テ維持スル者ナレハ、半ハ衙門ニ類似シ半ハ大学ニ類似シタリ、其学生ノ如キモ学資ノ支給ヲ官ニ仰キテ肄業スル者ナレハ未タ信ヲ天下ニ得ルニ足ラス」と。期せずしてこれは明確な森の東京大学論となっている。森は東京大学を国家からの財政的支出をもって運営される行政機関であり、教育研究機関でもあると述べていることから推測すると、彼の欧米の大学イメージはイングランドのオックスフォード、ケンブリッジ、アメリカのハーバードなどの私立大学にあり、フランス、ドイツのそれでないということになる。国庫から財政的援助を受けても、大学という中世以来の制度が持ってきた自治的慣行や権能を認める、ということは森にはなかったようである。さらにいえば、東京大学における人材養成についても、「未タ信ヲ天下ニ得ルニ足ラス」と断定した。加藤は「何レニシテモ博士号ヲ政府ニテ授クルハ不適当ナリ」と再言する。森の発言を、自分の管理する東京大学の無視と世界の大学史からの逸脱という二重の意味において、許せなかったのであろう。森は大学なり学士会院なり称号授与の総括機関が必要であるが、学士会院は「老学者ノ集合ナレバ何学科ヲモ包含セリ、故ニ本院ニ於テスル方宜シカラン」と述べた。加藤はあくまでも大学の授与権に固執して「方今大学ニ学科ノ欠アルモ本院ニ置クベキ学科ナレハ終ニ大学ニ之ナシト謂フベキ理ナシ」と再論し、ついに「欧制ニ倣テ欧人ノ為サヽル事ヲ為ストキハ能ク之ヲ熟慮セサレハ徒ニ彼ノ笑ヲ惹クノ虞アラン」とまで警告を発していた。これに対して森は欧州には東京大学のようなものはないと発言し、加藤は森が期待を寄せている学士会院のようなものも欧州にはないと、切り返した。決定的な対立を示していた。

なお、神田孝平は学士会院にて授与するにしても、博士号を持っていない者が授与することは「無中カラ有ヲ生スル」ようなものである、と授与手続きについて発言していた。これに対して森は「学士会員ハ各先ツ博士ノ称ヲ得テ然ル後ニ他ニモ贈与スルコトナリ」と応答していた。森の考えは、当初から学士会院員を博士集団の母体にすることにあった。

②を見てみよう。大博士と少博士とはそれぞれ異なっている。大博士は「文部大臣及学士会院ニ於テ大博士ノ学位ヲ賜ハルニ適当ト認ムル者ハ文部大臣ヨリ之ヲ上聞ニ達スヘシ」(第二条)、少博士は「文部大臣ニ於テ少博士ノ学位ヲ授クルニ適当ト認ムル者ハ上聞ニ達シ勅裁ヲ経テ之ヲ授与ス」(第四条)。大博士は勅任官、少博士は奏任官に列すると官階が決められた。大博士は文部大臣及び学士会院、少博士は文部大臣が認定して、ともに大臣が天皇に報告して、大博士は天皇から授与され、少博士は文部大臣が授与する、と推測される。さきの学士会院における議論も踏まえると、ともに文部大臣が中心的役割を果たし、学士会院もそれに参画するという形式になる。帝国大学の関与する余地はほとんどない。ただ、大博士の授与要件の一部(第二条「学術技芸ノ蘊奥ヲ攻究シ学力優等ニシテ」云々)に大学院の目的文言が使われているにすぎない。

③になると大きく変化する。

まずもっとも厳しい条件にある大博士は「文部大臣ニ於テ大博士ノ学位ヲ賜ハルニ適当ナリト認ムルモノアルトキハ学士会院及帝国大学ニ諮詢シテ之ヲ奏薦スヘシ」(第四条)、「大博士ノ学位ヲ授クルハ内閣総理大臣之ヲ奉行ス」(第五条)。ついで少博士は「文部大臣ニ於テ少博士ノ学位ヲ賜ハルニ適当ナリト認ムルモノアルトキハ之ヲ奏薦スヘシ」(第八条)、「少博士ノ学位ヲ授クルハ文部大臣之ヲ宣行ス」(第九条)となり、さいごの学士は「帝国大学院ノ学業ヲ卒ヘタルモノ若クハ之ニ等シキ学芸ヲ有スルモノニシテ学士ノ学位ヲ賜ハルヘキモノアルトキハ文部大臣之ヲ奏請シ帝国大学総長之ヲ宣行ス」（第十一条）となる。③の注目される点は、天皇授与がなくなり、内閣総理大臣があらたに登場している点にある。学位の品級は大博士、少博士、学士の順序とあり、授与者は内閣総理大臣、文部大臣、帝国大学総長の順になっている。学位授与順序が行政組織機構に倣って決められていた。帝国大学総長は学士と得業生を専担したにすぎない。しかし文部大臣の権能が弱まったわけではない。さらに大きな変化は、大博士授与については、文部大臣の一存にて決められず、「学士会院及帝国大学ニ諮詢」することにしている点にある。第二次草案が折衷案的色彩の濃い案であることを示していた。帝国大学令がすでに公布されているため、③において帝国大学をからませるのはいうまでもないが、学士会院もまた関与させていた。

ついで④になると授与者は文部大臣ただ一人になり、博士については帝国大学評議会、大博士については閣議を経ることになった。この体制は一九二〇年の学位令改正まで継続した。学士会院の存在はどこにもなくなった。

(3)　授与要件

①の森素案では、少博士の要件のみが語られている。「年齢ニハ関セス大学教授以上ノ学力アリテ端正ナル人」とある。第一の要件にあげられている「大学教授以上ノ学力」保持者には、誰が該当するのか、「以上ノ学力」の基準はどのように設定されているのか、不明な点が多い。しかしこの要件が注目されるのは、大学教授の学力の上に博士を置いていること、さらには人格的側面をあげている点にある。

②の第一次草案には、①とは逆に大博士のみの要件が記された。帝国大学令の大学院規程の一部を採用して「学術

技芸ノ蘊奥ヲ攻究シ学力優等ニシテ」（第二条）とあり、少博士には具体的な基準が示されていない。①の少博士要件との整合性もほとんど認められない。②の段階は帝国大学令との関係が優先されたために、このような基準になったと思われる。学位授与は帝国大学と関係せざるを得ない、という状況になっていたことを示していた。

折衷的な③になると、それぞれの学位に明確な授与要件が示される。まず、学士は「学術技芸ノ蘊奥ヲ攷究シタルモノニ授クルモノトス」（第一条）、つぎに少博士は「学術技芸ノ蘊奥ヲ攷究シ且ツ学林ニ功績アルモノニ授クルモノトス」（第二条）、さいごは大博士「学芸俊秀且ツ学芸ヲ以テ帝室国家ニ勲功アルモノニ授クルモノトス」（第三条）となる。さらに得業生は「帝国分科大学ノ卒業生中学芸優等ノモノハ帝国大学総長ヨリ文部大臣ニ稟請シテ得業生ノ号ヲ与フルコトヲ得」（第十三条）と規定された。以上の規定から、学士、少博士、大博士という三つの「品級」が示され、さらに分科大学、大学院を経て、学界への貢献、国家への貢献というように階梯が設定されたことが分かる。人格的側面に代って、今度は「学芸ヲ以テ帝室国家ニ勲功」という国家的貢献の要素が新しく加味された。これらの諸点からも、③は一方において森の構想が盛り込まれるとともに、他方において帝国大学の存在を基礎にして学位体制が組み立てられる、という折衷的色彩を色濃くもっていたことがわかる。

④になると、授与資格は「大学院ニ入リ定規ノ試験ヲ経タル者」（第三条）が基本になる。このほかに大学院と「同等以上ノ学力アル者」に対して帝国大学評議会の議を経て授与することになる。大博士は「博士ノ会議」において「学問上特ニ功績アリト認メタル者」に授与された。③と比較すれば、国家的貢献がなくなりアカデミックな貢献になった点が決定的変化といえる。日本の学位制度は帝国大学大学院を基盤とする、に落着した。

森は博士号の新設にあたり、それらを大学の権能の一つとしてあらたに付与するという発想ではなく、国家（文部大臣）のあらたな権能として考え、推進した。授与権者を文部大臣にする案を死守した点において、森の意図は貫徹されたといっていいだろう。しかしその具体的な手続き、授与要件などは帝国大学との密接な関係を持つことになった。森にとってはこの点において不本意な結果となった。

寺﨑氏の「学術的権威を『国家』の論理のもとに秩序化しようという森の構想は消えた」[12]という評価は正鵠を得ていた。こののち学位令に基づき、博士が誕生してくる。森は博士会議を創出し大博士を出すべく、帝国大学に対して博士候補者の評議を行った。しかし帝国大学評議会が森の意図通りに博士候補者を推薦しなかったため、若干の紛議が生じた。この点は先行研究[13]に譲り、ここでは博士号称与の学力検定と、森の学位令公布後の言説を見ておこう。

おわりに

「博士学力検定条規」と題された史料が渡辺洪基文書にある。[14]一応条文の体裁をとっており、学位令を上位法令として、文部省令の形式にて公布が予定されていた。この条規は実際には制定されていないため、博士号授与の構想を窺う史料として検討してみよう。多くの修訂と条文の移動などがあり、正確な全体像を示せないことを、あらかじめ断っておきたい。

まず、本条規は大学院の定期試験修了者以外のものに対する学力検定である。森がのちに学力偏重と指摘する傾向がすでに芽生えていた。第一条は学力検定の方法、第二条は学力検定出願の手続き、第三条は大学院定期試験修了者以外のうち、とくに帝国大学、旧東京大学、元工部大学校卒業生などに対する博士号授与の特例となる。第三条規定により、文部省第一回留学生として派遣され、経歴は東京開成学校中退となっていた帝国大学法科大学教授穂積陳重などが、博士該当者になり得ることになった。第四条は予科、本科の学力検定、第五条は博士企望者名簿の登載、第六条は検定時期となる。第四条の予科、本科は現実形態としては高等中学校、帝国大学分科大学と推測される。第七条は博士企望者の指導、第八条は施設利用、第九条（史料では第八条のまま）試問料、という構成になっている。

本条規は以下の点において注目される。第一は博士学位の授与にあたっては学力検定が基本とされた点である。学力検定は帝国大学分科大学学生と同等の学力を担保するための措置であるが、帝大関係以外の多くの知識人を排除することになる、と思われる。第二は学位授与機関として帝国大学を位置づけていること。志願は直接受入れず、文部大臣を経ることになっていた。第三は博士企望者を大学院学生と同じ処遇にしている点にある。以上の諸点を勘案すると、本条規は帝国大学を中心とした、学術的意義における学位授与が考えられていた、といえるだろう。

森は、一八八八（明治二十一）年五月七日文部省に於ける第一回学位授与式にて演説している。[15] この日はさきの紛議の結果、誕生した博士たちの授与式にあたる。学位令の発布は、国家社会の生存と秩序のためと、個人の学識顕彰のためであり、「決シテ外国ニ学位ノ制アルカ故ニ非ス、亦本邦ノ往時ニ斯ノ如キモノアリシカ故ニモ非ス」と日本独自の制度であることを強調することにより、学位の授与が大学の権能としてのものではない、と述べていた。博士号を受けることは本人のためばかりではなく、後進のため、「上流人種」の責務である、大博士の標準は学識と公益ある大著述にある、しかし大著述は見当たらないため、学術上功労ある人物——世に公益をもたらした者——に授与しても可である、と話を継いでいった。さらに、翌一八八九年一月二十八日、文部省において直轄学校長に対して行った演説の中でも、学位令に言及している。[16] 彼は博士、大博士を問わず、資格の査定を学力、功労、著述の三つに拠るべきであると述べ、過去二回の資格査定を「単ニ学力ニノミ偏スルカ如シ」と不満を露にした。そして「学位ハ之ヲ受クル者ノ為メノミナラス、亦其影響ヲ以テ社会全体ニ良結果ヲ生スルヲ期セサル可ラス」と発言した。

これらの発言から二つのことを指摘しておこう。一つは①の森は草案の段階にて加藤と論争になった視点、すなわち学位授与を大学の権能としない、という視点を放棄していなかったこと、二つめは帝国大学体制と結びついた学位制度を決して積極的に評価していないこと、である。

註

(1)『東京大学百年史』(通史一、一九八四年)、寺﨑昌男『プロムナード東京大学史』(一九九二年、七八〜九六頁)などを参照した。

(2)「一七四　法理文学部第三年生及医学部三等学生ヨリ学位ノ義ニ付総理ヘ懇願書」、「検印録」(一八八五年)、東京大学史史料室所蔵。

(3)『東京大学百年史』資料一、一九八四年、七九一頁。

(4) 同前書、七九一頁。

(5) 前掲『東京大学百年史』通史一、六〇五頁。

(6)『日本学士院八十年史』一九六一年、三〇六〜三〇八頁。

(7) 前掲『東京大学百年史』資料一、一二二頁。

(8)・(9) 同前書、資料一、七九二〜七九三頁。

(10) 拙文「帝国大学成立に関する一考察」『東京大学史紀要』第一三号、一九九五年参照。

(11)「五十〇《ママ》　分科大学通則試業及卒業証書ノ規程ニ第十二項ヲ追加ス(学士称号ノ件)」。「大臣准允」(一八八七年)、東京大学史史料室所蔵。

(12) 前掲寺﨑『プロムナード東京大学史』八七頁。

(13) 最初にこの事件を取り上げたのは寺﨑「帝国大学における最初の学位授与顚末」(『大学史研究通信』第九号、一九七五年)である。ほかに前掲通史一、前掲寺﨑『プロムナード東京大学史』(一九九二年)、佐藤広志「日本における最初の博士集団」(広島大学大学教育研究センター編『大学論集』第二二号、一九九三年)などがある。

(14)「文部省令　博士学力検定条規」(仮番号七七)、渡辺洪基文書、東京大学史史料室保管。

(15) 大久保利謙編『森有礼全集』第一巻、一九七二年、六一八〜六一九頁。

(16) 同前書、六六八頁。

参考資料

㈠ 学位条令草案　一八八六（明治十九）年二月前後

第一条　本条令ニ拠リ大博士少博士ノ学位ヲ定ム

第二条　学術技芸ノ蘊奥ヲ攻究シ学力優等ニシテ文部大臣及学士会院ニ於テ大博士ノ学位ヲ賜ハルニ適当ト認ムル者ハ文部大臣ヨリ之ヲ上聞ニ達スヘシ

第三条　大博士ノ学位ヲ賜ハリタル者ハ勅任官〔ニ列スル〕（付箋削除）ノ待遇ヲ受クルモノトス

第四条　文部大臣ニ於テ少博士ノ学位ヲ授クルニ適当ト認ムル者ハ上聞ニ達シ勅裁ヲ経テ之ヲ授与ス少博士ハ奏任官〔ニ列スル〕（付箋削除）ノ待遇ヲ受クルモノトス

㈡ 学位条例草案　一八八六（明治十九）年四月二十六日付照会

第一条　学士ノ学位ハ学術技芸ノ蘊奥ヲ攷究シタルモノニ授クルモノトス

第二条　少博士ノ学位ハ学術技芸ノ蘊奥ヲ攷究シ且ツ学林ニ功績アルモノニ授クルモノトス

第三条　大博士ノ学位ハ学芸俊秀且ツ学芸ヲ以テ帝室国家ニ勲功アルモノニ授クルモノトス

第四条　文部大臣ニ於テ大博士ノ学位ヲ賜ハルニ適当ナリト認ムルモノアルトキハ学士会院及帝国大学ニ諮詢シテ之ヲ奏薦スヘシ

第五条　大博士ノ学位ヲ授クルハ内閣総理大臣之ヲ奉行ス
第六条　大博士ハ勅任官二等ノ格式ヲ以テ之ヲ待スルモノトス
第七条　大博士意見アルトキハ直チニ上奏建議スルコトヲ得又帝室ノ顧問ニ応スヘシ
第八条　文部大臣ニ於テ少博士ノ学位ヲ賜ハルニ適当ナリト認ムルモノアルトキハ之ヲ奏薦スヘシ
第九条　少博士ノ学位ヲ授クルハ文部大臣之ヲ宣行ス
第十条　少博士ハ奏任官四等ノ格式ヲ以テ之ヲ待スルモノトス
第十一条　帝国大学院ノ学業ヲ卒ヘタルモノ若クハ之ニ等シキ学芸ヲ有スルモノニシテ学士ノ学位ヲ賜ハルヘキモノアルトキハ文部大臣之ヲ奏請シ帝国大学総長之ヲ宣行ス
第十二条　学士ハ奏任官六等ノ格式ヲ以テ之ヲ待スルモノトス
附則
第十三条　帝国分科大学ノ卒業生中学芸優等ノモノハ帝国大学総長ヨリ文部大臣ニ稟請シテ得業生ノ号ヲ与フルコトヲ得
第十四条　大博士少博士学士ノ学位及得業生ノ号ハ本条例ニ依テ受領シタルモノヽ外ハ之ヲ称スルコトヲ得ス
但本条例公布前ニ官立学校ニ於テ某学士ノ称ヲ受領シタルモノハ尚其称ヲ襲用スルコトヲ得

(三)　学位令　　一八八七（明治二十）年五月二十日

第一条　学位ハ博士及大博士ノ二等トス
第二条　博士ノ学位ハ法学博士医学博士工学博士文学博士理学博士ノ五種トス

第三条　博士ノ学位ハ文部大臣ニ於テ大学院ニ入リ定規ノ試験ヲ経タル者ニ之ヲ授ケ又ハ之ト同等以上ノ学力アル者ニ帝国大学評議会ノ議ヲ経テ之ヲ授ク

第四条　大博士ノ学位ハ文部大臣ニ於テ博士ノ会議ニ付シ学問上特ニ功績アリト認メタル者ニ閣議ヲ経テ之ヲ授ク

第五条　本令ニ関スル細則ハ文部大臣之ヲ定ム

㈣　博士学力検定条規　一八八七（明治二十）年ころ

(欄外)〔文部省令〕

博士学力検定条規

第一条　学位令第三条ニ依リ学位ヲ授クルハ(挿入)〔帝国大学ニ於テ毎年十(削除)〔六〕月〕(削除)〔帝国大学〕各分科大学教員中ヨリ特ニ委員ヲ簡選シ試問ト論文(削除)〔トノ二項〕ヲ以テ試検シ更ニ評議会ノ議ヲ経テ其学力ヲ検定(削除)〔ス〕セシムルモノト(削除)〔シ其検定ハ毎年六月帝国大学ニ於テ之ヲ施行〕ス

第二条　大学院卒業生同様以上ノ学力アル者ニシテ博士ノ学位ヲ企望スル者ハ(挿入)〔志望ノ学科ヲ定メ〕毎年(削除)〔五〕(削除)〔六〕三月(削除)〔十五〕三十一日マテニ精細ナル学業履歴書并ニ学業証書類ノ写ニ願書ヲ添ヘ文部大臣ニ差出スヘシ文部大臣ハ之ニ指令シ検定ニ付スヘキモノハ帝国大学総長ニ移シテ施行セシムルモノトス

第三条　(削除)〔各分科大学〕帝国大学各分科大学元東京大学及工部大学校ノ卒業生若クハ外国ノ大学校ニ於テ卒業セル者ニシテ四ケ年以上(挿入)〔大学ノ〕教授(削除)〔ニ従事シ〕(挿入)〔助教授〕若クハ(挿入)〔従来各官庁ニ在リテ〕其学修セル事業ニ従事シ(挿入)〔現ニ大学ノ教授タル者ニシテ〕相当ノ事蹟アルモノハ委員ノ試(挿入)〔問〕験ヲ要セス帝国大学評議会ノ議ヲ経テ博士ノ学位ヲ授クルコトアルヘシ

〔第一条《以下全文削除》　学位令第三条大学院定規ノ試験ヲ経サル博士ノ候補者ハ〔其〕《削除》詳細ナル学業履歴ヲ添ヘ文部〔省《削除》ヲ経由シ
テ〕〔大臣ニ当テ〕《挿入》学力ノ検定ヲ願出ヘシ〕
〔第二条《以下全文削除》　学力ノ検定ハ帝国大学ニ於テ特ニ〔其〕《挿入》教員中ヨリ選定セシ委員ノ試問ヲ経テ帝国大学評議会ノ議決ニ依
〔リ《削除》之ヲ為スヘシ〕ル〕
第〔三〕《削除》四条　〔博士企望者〕《挿入》帝国大学各分科大学卒業生元東京大学及工部大学校卒業生〔并准医学士□〕《削除》ヲ除クノ
外〔帝国大学各分科大学〕《挿入》予科及本科ノ学力□□〔試問〕《削除》ヲ要シ其〔入学中退学シタルモノ〕《削除》予科卒業生ハ本科
〔ノ〕《削除》ノ学力検定ヲ要ス
第〔四〕《削除》五条　帝国大学各分科大学卒業生元東京大学及工部大学校卒業生ノ其卒業〔後〕《削除》〔退学後〕《削除》後未タ二ケ年経
過セサルモノ及〔此際本科〕《削除》其他ノ〔候補〕《削除》企望者〔ハ〕《削除》ニシテ本科ノ検定ヲ受ケタルモノハ〔誓式ヲ行ヒ〕《挿入削除》博士
〔候補〕《削除》企望者名簿ニ其姓名ヲ記入スヘシ
第〔五〕《削除》六条　博士〔候補〕《削除》企望者ノ検定ハ帝国大学各分科大学〔卒業生及工部大学校〕《削除》元東京大学及工部大学校卒
業生ハ其卒業後二ケ年其他ノ候補者ハ名簿ニ記入後二ケ年ヲ経過シタル者ニ非サレハ之ヲ施サス而テ四ケ年ヲ経過
スルトキハ其願出ヲ無効トス
第七条　博士企望者〔登簿〕《削除》記名了リタルトキハ帝国大学総長ハ〔其《削除》管理長ニ移シ其ノ〔之ヲ〕《削除》管理セシム分科大学
長其都合ニ依リ〕〔之ヲ〕《削除》其志望学科ノ主管分科大学長ニ〔移シ〕《削除》諮詢シ〔之ヲ《削除》管理セシメ分科大学長ハ総長ノ許
可ヲ経テ〕教授中ヨリ〔一名若クハ数名ヲ選ヒ其〕《挿入》指導ヲ担当〔スヘキ者ヲ指定〕《削除》セシムヘシ
第八条　博士企望者〔ハ〕《削除》〔分科〕《削除》帝国大学〔総〕《挿入》長〔ニ願出テ〕《削除》〔ノ許可ヲ受ケテ〕《削除》ノ許可ヲ受ケタルトキハ各教場
并ニ実験所及書籍館等帝国大学ノ諸学場ニ入リ其志願ノ学事ヲ講習スルコトヲ得ヘシ但シ〔別《削除》ニ費用ヲ要スル実験

ヲ為ストキ〕別ニ学術若クハ技芸攻究ノ費用〔アルトキハ〕《削除》ヲ要スルトキハ之ヲ弁償ス〔ヘキモノトス〕《削除》ヘシ
第八条《ママ》〔第七条ニ掲ケタル□候補者〕《削除》博士企望者文部大臣ヨリ検定ニ□其予科試問ニ対シ金三拾円本科試問ニ対シ金五拾円博士試問ニ対シ金五拾円ヲ検定料トシテ〔願出テノ節〕《削除》帝国大学ニ〔之ヲ〕《削除》納ムヘシ〔而テ〕《削除》右ノ検定料ハ落第若クハ願出ノ無効ニ属スルトキト雖トモ其一部〔若クハ〕《削除》及全部〔共ニ検定ニ及第セサルトキト雖トモ之ヲ〕《削除》返付スルコトナシ但〔第九条〕《削除》大学院学生及第三条〔ニ掲クル〕《削除》ノ規程ニ依ル〔依リ《ママ》テ検□〕者ハ検定料ヲ納ムルヲ〔及〕《削除》要セス

三　助手制度の成立史

はじめに

本項では、戦前期日本における助手制度の成立過程を整理するとともに、その実態分析を通じて、近代日本における帝国大学初期の助手制度の性格を明らかにすることにある。

考察の視点として、まず第一に制度史的観点から助手という呼称の登場とその後の法制化の過程を整理し、第二に実態的観点から実際の助手の任用の態様を紹介する。時期は一八七〇年代後半から九〇年代半ばまでを中心とする。この時期を大学史の流れに置くと、東京大学の成立から帝国大学の誕生を経て、井上毅文相による一連の大学法制の改革、すなわち一八九三年八月の帝国大学官制制定前後までである。日本において大学という高等教育機関が唯一つの時期でもある。換言すれば、一八七〇年代後半から九〇年代半ばまでの東京大学（帝国大学）における助手制度の成立過程を分析することになる。八〇年代から陸続と誕生した私立学校における助手あるいは教職員組織は考察の対象外とした。

全体の構成は以下の通りである。まず第一の観点である助手制度の成立過程を整理する。その際特に、その前提として帝国大学創設以前の東京大学における教員組織の変遷について若干触れ、助手の先駆的な存在と考えられる教場助手、教場補助などを取り上げる。ついで、各分科大学（学部）別に助手任用の実態を紹介する。さいごに、まとめとして助手制度成立を概括し、分科大学別の特徴あるいは性格を指摘する。[1]

1　東京大学時代の教員組織および教場助手などの設置

(1)　法令上の概観

まず、この時期における法令上の教員組織について概観しておこう。一八七五（明治八）年五月、太政官布告第八四号「文部省直轄官立学校教員等次表」においては、東京開成学校及び東京医学校の教員構成は、一等から五等までの教授と教授補とからなっていた。これにより「官立学校教員は奏任官若は判任官を以て接待すとの規定が廃止せられ、何等官吏としての待遇を受けざるものとなつたのである。而して此状態は明治十四年まで継続したのであつた」[2]。ついで東京大学成立から四か月後の一八七七（明治十）年八月二十三日、「今回学校之名称ヲ改候ニ付而ハ随而教員之名称モ改正セサルヲ得ス」として前記教員等次表が改正され、東京大学に教授、助教、員外教授が置かれることになった[3]（太政官達第五八号）。さらに一八八一（明治十四）年六月十五日、太政官達第五一号「文部省所轄官立学校図書館教育博物館職制及職員名称等給」が発せられ、東京大学職制及び職員名称が定められた。このときはじめて東京大学に四学部を統括する職として総理が、各学部には長がそれぞれ置かれ、教員名称は教授、助教授とされ、かつ書記が置かれた。尚、この達により、先に記したように、直轄学校、図書館及び教育博物館の職員は「一般行政官と等しく純然たる官吏」となった。(4) これ以降、帝国大学成立まで教員組織にかかわる法令の改廃はない。

(2) 教場助手の設置とその変遷

以上が法令上に規定されたこの時期の教員組織の概観である。助手職はなんら法令上に明記されていなかったが、実際上これらの教員のみによって教育研究活動が営まれていたとは考えられない。では実態上はどうであっただろうか。それらを明らかにするため、東京開成学校、東京大学内部の教職員組織をみてみよう（表2参照）。

一八七五（明治八）年の太政官布告第八四号の対象時期における東京開成学校の教職員一覧（一八七六年八月末）をみると、学校長、同補、教員（五等教授、二人）、教員（教授補、八人）、がいる。このほかに教授補と書記とに挟まれて雇教員一一人、教場助手一〇人、医員二人、同附属一人が記載されている。書記以前は教員の範囲と考えられ、すでにこの段階で東京開成学校内部には、雇教員、教場助手という存在が成立していたことが判る（ただし、書記以外に「工場助手」一人がいる）。なお、東京医学校は一八七五年六月末調によれば、教職員は一一一人、その内訳は職員五五人、教員三四人、医員一三人、外国教員九人である。七割近くが雇員であり、教場助手といった名称はみられない。東京大学成立の直前、一八七七年三月二十七日、東京開成学校綜理加藤弘之は文部大輔田中不二麻呂に宛て「従前本校ニ教授補ノ外雇教員中助教員之名有之候処今般右名称ヲ止メ更ニ教場助手及同助手補ヲ置候条此段為念上申いたし（ママ）置候也（中略）再申従前助教員之名義ニ候者ハ教場助手ニ教場助手ハ同助手補ニ相改メ候義ニ有之候也」(5) という上申書を提出した。ここから第一に教授、教授補以外にも先の教職員一覧にもみられた「雇教員」という教育研究スタッフがおり、その中に助教員と呼称される存在がおり、第二にその助教員を教場助手にし、従前の教場助手を同助手補にしたということは、それぞれ一段階下げる措置であった、ということが判る。この上申は採用され、一八七七（明治十）年八月末の教職員表には教授（四人）、助教（三人）、教場助手（五人）、同助手補（五人）、図書教員（予備門所属？）、記録掛（以下、略）となっている。[6] そしてここから、一八七七年の東京大学成立後にあっては、教場助手、同助手補は「教員」として位置づけられていなかった、と考えられる。これはのちの『東京大学法理文三学部第六年報』（一八七七年九月～七八年八月）の記載でも傍証される。すなわち、教場助手及び同助手補が前年比二人増員となった背景について「教場助手及助手補ノ員数合セテ十二人之ヲ前学年ノ末ニ比スレハ二人ノ増員トス該員ノ掌ル所ハ教授ニ附従シ学術実験ノ際其吩咐ニ応シ諸装置等ヲ為スニ限ルヲ以テ之ヲ教員中ニ算セスト雖モ其中二人ハ予備門ノ教員ヲ兼務ス」（「綜理内外教員属員等ノ事」）と記している。[7] この文言から助手の職掌が実験、実習補助教員に該当することは明瞭であろう。

　しかし、この位置づけは長く続かなかった。同第八年報（一八七九年九月～八〇年八月）をみると「綜理仝補及内外教員等ノ事」には「抑々本学年ニ至リ内国教員ノ俄ニ増加スルモノハ本部ノ逐年盛大ニ趣キ随テ生徒学修ノ課目多キヲ加フル為メニ新ニ員外教授講師等ヲ嘱託シ又教場助手ヲ挙ケテ雇教員トナシタル等ニ因テナリ」（二五頁）と記されている。今度は教場助手を雇教員の項目に算入したことが知られる。教育研究スタッフの増員の必要に応じて、教場助手の取扱いが格上げされることになった。同年報の職員表をみると、その名称及び順序は教授、員外教授、講師、助教、雇教員となっており、教場助手の項目はなくなっていた。さらに翌年には再び教場助手が登場する。『東京大学第一年報』（一八八〇年九月～八一年十二月）には、理学部で教場助手を三人新設（准判任待遇）し、医学部では「前年報ニ於テ挙ケサル所ノ同部勤務日給雇教場助手ヲ特ニ本年ニ於テ補入」（五三頁）した、という記述がある。法理文学部で一旦廃止された教場助手は、いつから設置されたのか正確な時期は不明であるが、医学部にも置かれており、「日給雇」として継続して存在していたことがわかる。

(3)　教場助手と教場補助との二重構造の成立

ところで一八八二（明治十五）年二月一日付の文部卿宛届に「理学部医学部教場助手取扱方ノ件」（「文部省往復　明治十五年　五冊文内戊号」）がある。それは「本学理学部医学部各教場ヘ補助ノ職ヲ置候旨過日及御届候ニ付而ハ従来之教場助手之義ハ全ク雑務ニ従事為候ニ付右ハ以来教員外ニ取扱候条為念此段及御届候也」という内容であった。この届から指摘できるのは第一に教場補助が新設されたこと、第二に従前の教場助手が「雑務ニ従事」していたことである。残念ながら、教場補助設置の伺書は未見であるが、この届から補助職は助手職より位置が高く、「教務」に近い職掌と考えられる。それは各年報所載の職員表からも推定される。一八八二年以来の教場補助の位置は、准助教授の次位で外国教師の上位におかれており、一方教場助手は一八八二年十二月末までは教員、外国教師の次位であったが、次年度からは職員表の末位に位置づけられた。このように補助と助手とはかなり明確に区別され、前者は「教務」（教員系列）に位置づけられていた、と考えられる。

(4)　任用の実態

一八八一（明治十四）年八月から帝国大学改組前の一八八五（明治十八）年十二月までの教場補助及び教場助手の実員は表3の通りである。学部では理学部、医学部のみにしかいなかった。工部大学校、東京農林学校はいまだ東京大学に包摂されていない。

以下、教場補助を中心にみてみよう。

表２　明治10年代（1877～86）の教員組織及び名称

	法学部	理学部	文学部	医学部	
10				教授[1] 助教	
11－12	教授 講師	教授 員外教授 助教	教授 教授		
12－13	教授 講師	教授 員外教授 講師 助教 准助教[2]	教授 講師		
13－14	教授 員外教授 講師 准講師	教授 員外教授 助教 准助教 講師 准講師	教授 員外教授 講師 准講師	（教員）[3]（医員）[4] 教授 助教	
14－15	教授 嘱託講師 講師 助教授（奏） 助教授（判） 准講師	教授 講師 助教授（奏） 助教授（判） 准講師 准助教授	教授 講師 助教授 准講師	教授 助教授（奏） 御用掛講師（准奏） 御用掛医員（准奏） 助教授（判） 准助教授 准講師 教員 医員	
15－16	教授及教師 嘱託講師 講師 助教授（判） 准講師	教授及教師 講師 助教授（奏） 助教授（判） 准講師 准助教授	教授及教師 講師 助教授（判） 准講師 准助教授	教授及教師 助教授（奏） 御用掛医員（准奏） 助教授（判） 准講師 准助教授 准講師	
16－17	教授及講師 嘱託講師 講師 助教授（判） 准講師	教授及教師 講師 助教授（奏） 助教授（判） 准講師 准助教授	教授及教師 講師 助教授（判） 准講師 准助教授	教授及教師 助教授（奏） 御用掛（准奏） 助教授（判） 嘱託講師 准講師 准助教授 御用掛医員（准判）	
17	教授及教師 助教授 講師 教導嘱託 准講師	教授及教師 助教授 講師 准講師 准助教授	教授及教師 助教授 講師 准講師 准助教授	教授及教師 助教授 講師 准講師 准助教授	
	（法政学部）				（工芸学部）
18	教授及教師 助教授 講師 準講師[5] 教員	教授及教師 助教授 講師 準講師 準助教授	教授及教師 助教授 講師 準講師 准助教授 教員	教授及教師 助教授 講師 準講師 准助教授	教授及教師 助教授 講師 準講師 準助教授

表２(註)　明治10-11(1877-78)年度法理文３学部一覧及び明治11-12年度，12-13年度の医学部一覧は欠本。明治17-18(1884-85)年度の東京大学一覧も欠本。明治17，18年は『文部省年報』所収の東京大学年報によって作成した。したがって，それ以前のに比べ，記載に異同がある。

1)「教員」「医員」という項目にそれぞれ教授，助教授の名称あり。

2)　この准助教は多賀文人。

3)　この職名欄には助手の名称はなく、担当科目を記載した項目に次の者がいる。

製薬学助手小池孫六，物理学助手亀田盛之助，生理学助手浦野貫。

4)　註(３)と同様。助手として附属病院助手瀬尾元あり。その他の肩書は当直医。

5)　法政，理，工芸学部にある準講師などの「準」の字は「准」の誤記と思われるが，そのままにした。

表３　教場補助，教場助手等一覧

(( )内は員数)

	理学部	医学部
明治 14．8 15．8	 教場助手(3) 教場補助(6)[2)] 教場助手(3)	 教場助手(19)[1)] 教場補助(14)[3)] 教場助手(6)
15．12	教場補助(6)[4)] 教場助手(3)	教場補助(15) 教場助手(6)
16．12	教場補助(5)[5)] 教場助手(3)	教場補助(13) 教場助手(7)
17．12	教場勤務(1) 教場補助(3)[6)] 教場助手(4)	 教場補助(12) 教場助手(8)
18．12	教場勤務(2) 教場補助(3) 教場助手(2)	 教場補助(7) 教場助手(6)

(註)　各『文部省年報』所収の東京大学年報により作成。また，抽出にあたっては，たとえば医学部医院眼科助手などは除き，教場補助，教場助手として項目が特立してあるもののみ取った。

1)　医学部は明治14年11月末現在調査による。

2)・4)・5)・6)　理学部教場補助の員数には兼務各１人を含む。

3)　医学部は明治15年11月末現在調査。

理学部。一八八四（明治十七）年の二人（兼務を除く）の身分、職場とも准判任御用掛、物理学教場補助である。そのうちの一人の経歴は以下のようである。

山田尭扶：一八七三（明治六）年四月東京開成学校化学所手伝雇、七六年二月教場助手に雇入、八〇年十一月理学部教場助手、八一年七月東京大学准判任御用掛理学部教場助手、八二年一月理学部物理学教場補助、八六年三月非職。

もう一人は一八八五年に「雇」に雇用替えされ、かつ動物学教場補助となり、一八八六年十二月には動物学教室の「雇」となったが、その後技手、あるいは官制上の助手に任用された形跡はない。一八八五年に一人（水原準三郎）増員されたが、彼は八五年六月に理学部星学科撰科を卒業し、その年に東京大学雇、理学部教場補助となった。帝大創設に伴い、八六年三月理科大学雇となり、一八九〇年には技手、のちに助手となっている。

なお、教場助手についても少し記しておく。准判任御用掛で教場助手兼画工の小田秀次郎は帝大創設後、工科大学雇となりのち技手、助手となった（「3(1)工科大学」参照）。もう一人、雇で動物学教場助手の菊池松太郎も帝大創設後も任用が継続している（「3(2)理科大学」参照）。教場補助、同助手から技手、官制上の助手への継続性が認められる。

医学部。医学部教場補助も理学部同様に東京大学卒業生（選科を除く）ではない。彼らのうち一人が翌年准助教授となり、一人は教場助手となっていた。一八八四年段階の教場補助のうち、八六年十二月末段階で助手に継続されたのは二人（竹崎季薫、上田計二）である。竹崎の経歴は以下の通りである。

竹崎季薫：一八七二（明治五）年四月熊本県古城病院兼医学校に入学、和蘭医マンスヘルトに従い修業、済生学舎にて医科修業、七八年八月脚気病院助手、七九年九月東大医学部解剖学教室勤務、八六年三月助手、一九〇二年四月伝染病研究所助手。

一八八五年に新たに教場補助となった二人のうち、一人は別課医学科卒業生であり、二人とも翌年助手となっている。教場助手六人は技手、助手というルートに乗っていない。医学部は技手、助手の継続性は弱いが、学内措置の助手への切り替えは円滑に行われている。

2　助手制度の成立過程

(1)　分科大学無給、有給助手の成立（一八八六～九一）

本項では帝国大学創設以後、同学内部において設けられた助手の存在に注目して、のちに制度化される前提としてその性格を見てみよう。

一八八六（明治十九）年十二月、分科大学通則中に分科大学無給助手規程及び同有給助手規程が制定された。規程の内容から判断すると、まず無給助手が定められ、ついで有給の制度が決まった。無給助手の伺には、つぎのような理由が書かれている（有給助手規程の伺は未見）。

分科大学及大学院卒業生ノ内、卒業後直ニ実業ニ従事スル事ヲ欲セズ、更ニ其専攻之事項ニ付幾許ノ実験ヲ積ミタル後、実業ニ就キ度志願ノ者往々有之、右ハ尤モ賛賞スヘキ儀ニ候処、其経験ヲ為シ得ヘキ適当ノ場処無之、其志ヲ果ス事能ハサルハ遺憾ニ存候間、其志願者ニ便宜ヲ与ヘンカ為メ、此際別紙之通分科大学無給助手規程相定申度、此段乞認可候也(8)

最初に無給助手規程を見てみよう。無給助手は「分科大学ノ各教室実験所及医院」に置かれ（第一条）、その志願資格は「大学院若クハ分科大学ヲ卒業シタル者」で「帝国大学評議会ノ議ヲ経テ」総長が任命する（第二条）ものとなっていた。そして、その身分、職掌は「分科大学助手ニ異ナル事ナク」（第三条）とされていた(9)。なお、無給助手として二年以上職務に従事した者には「分科大学長ノ申稟ニ依リ評議会ノ議ヲ経テ総長ヨリ功績証明書」が交付された(10)。

他方、有給助手は「各教室実験所医院等」に定員を設けて置かれ（第一条）、「各員月給拾五円以内」（特別の事情がある場合は一五円以上）が給付された（第三条）。以上のような助手規程について二、三の事項を指摘しておこう。

まず、第一に無給助手採用にあたってかなり厳格な手続きを課している点が注目される。無給規程及び伺書を読めば、設置の目的が分科大学及び大学院卒業生に対する「卒業後研修」の機会の提供にあったことは明瞭である。しかし、当時すでに分科大学卒業生に対する卒業後研修の機会としては大学院が置かれ、規程も設けられていた。すこし大学院との関係についてふれておこう。帝大発足当初の一八八六年四月制定の大学院規程では、その資格を「学力優等品行端正ノ者」（同規程第一条）とし、給費学生と自費学生とに区分し、給費学生に限り評議会の議を経て、総長が命ずる（第三、四条）とし、攻究期限を二年以内とし（第六条）、攻究事項は評議会の議を経て定める（第七条）としていた。評議会の議を経なければならない点において、無給助手は大学院給費学生に近い存在といっていいだろう。無給助手規程が定められた後の一八八七年七月、分科大学通則中に分科大学研究科規程が定められ、大学院規程も改正された。その主要な改正点は、大学院入学はすべて評議会の議を経ることとなり、大学院五年間のうち二年間、分科大学研究科の研究生として在籍しなければならなくなり、その二年間だけは授業料を徴収される、というものであった。認可の手続きは助手と同様、全学的事項となり重要視されたが、授業料の徴収という、助手にはない財政的な負担が課せられ、さらに厳しくなった。大学院進学と助手就職との間には財政的な負担ということのほかに、学力的にどのような差異があったのだろうか。この点についてはのちの項で若干ふれる。

第二に、無給、有給助手の違いは、まず前者が志願資格及び身分、職掌を明記しているに対して、後者はそれらが全くない点である。さらに、その名称そのものが表現している給与の有無であった。このことは第一に、有給助手には多種多様な人材を吸収でき、第二に有給助手の必要性が各分科大学の教育研究体制にかかわっていたことを示すものだろう。さらに、無給助手の置かれる場所が「各教室実験所及医院」と限定されているのに対して、有給助手は「各教室実験所及医院等」（傍点、筆者）と範囲が広い点が違う。これらの場所はどの分科大学が想定されていたであろうか。各年度の大学一覧を検索すると、医院は勿論医科大学であるが、教室、実験場（所）という施設名が明文化されているのは医学、理学、農学の三分科大学だけである。実際のちに見るように、助手の多くはこれら理工系に集中していた。法科大学、文科大学に助手が登場するのはもっと後のことであった。

資料的な制約もあり、無給、有給の区別をつけるのは難しく（医科大学の場合など）、本項でも明確に区別し得ないまま単に助手と表現する場合が多い。ただ、規程および実態上から判明する範囲で言えば、有給助手は帝大創設前の時期に置かれていた教場助手、教場補助の系譜をつぐものであり、他方無給助手は卒業後研究を目的としていた。そしてそれぞれが実験、実習、臨床などを持つ理工系の分科大学——医学、工学、理学、農学——の教育研究体制の必要から設けられた、と言えるだろう。

(2) 技手の設置（一八九〇〜九二）

これまで帝国大学内部における助手の成立、性格について述べてきた。本項では大学内部に助手職がある一方で、帝国大学令の改正により「技手」が新設され、この官制上の技手がおなじく官制上の「助手」として解消されるまでの期間を記す。

一八九〇（明治二十三）年十一月の帝国大学令改正により、帝国大学職員として技手が新設された。この技手新設に際して付された、改正理由書には「帝国大学各教室実験場医院植物園天文台等ニ於テ学科ニ関スル技術ニ従事スル者ハ官制ノ規程ナキヲ以テ雇員トシテ使用シ来リタルニ本官ニ任セサルトキハ待遇其当ヲ得サルノミナラス恩給扶助ノ恩典ニ与ルコトヲ得ス大学ノ書記及他庁ノ技手トノ権衡宜キヲ失スルノ虞ナシトセス」（公文類聚）とある。すなわち「技術ニ従事スル者」（雇員）の待遇改善とその地位保障、すでに官制に規定されていた書記および同じく従前より置かれていた技手とのバランスを取るための処置であった。この技手職はすでに文部省直轄諸学校官制改正により新設されていた。(11) 一八九〇年十月の改正によってまず東京工業学校と東京美術学校の二校に設置された。このことから、帝国大学における技手の設置は、単に職掌を異にする書記および他官庁の技手との権衡のみでなく、文部省直轄学校における技術、実験などに従事する者とのバランスを取る必要性があったことも、新設の背景として考えられる。このためか、帝国大学官制には職掌は明記されていない。直轄学校官制には技手は「上官ノ命ヲ承ケ学科ニ関スル技術ニ従事ス又特ニ授業ヲ助ケシムルコトアルヘシ」と規定されていた。ちなみに、この改正以前の六月に分科大学において雇員を採用するにあたっては「其教務ト事務トノ区別ヲ記載」して大学本部へ届け出する旨の通牒がだされていた。

さらに十一月に至り「本学定員被定タルニ付技手ニ採用スベキ者アラバ二十年十二月閣令第二十八号ニ拠リ請スベキ旨」が分科大学に通知された。閣令第二十八号は「技術官及特別ノ学術技芸ヲ要スル者ヲ任用スルノ例規ヲ定ム」をさし、その二項には判任官の任用が「各種ノ学術技芸ヲ修メ一定ノ資格アル者ヲ命シ其他ノ者ハ経歴ニ依リ相当ノ資格アリト認ムヘキ者ヲ選ヒ本人ノ履歴学術技芸ニ関スル証書ノ写真分年齢予メ普通試験委員長ノ調査ヲ経テ之ヲ命スヘシ」と規定されていた。規程中の「一定の資格」「相当ノ資格」がどのような内容であるか不明であるが、一定の基準が示されたことは重要であろう。

技手の新設により、帝国大学には教授、助教授以外に技手、助手（無給、有給）、雇という四つの教員研究補助職が存在するようになった。なお、技手の定員は当初一一二人であったが、のち一一〇人に減員された。

(3) 技手から助手へ(一八九三〜)

一八九三(明治二十六)年八月、井上毅文相の下、帝国大学令が大幅に改正され、帝国大学官制が新定された。このとき、同時に帝国大学には講座が置かれ、教育研究体制の基礎単位が成立した。同官制をみると、分科大学に置かれる職員として教授、助教授、助手、書記となっており、助手職が法定された。助手は判任官とされ、その職掌は「教官ノ指揮ヲ承ケ学術技芸ニ関スル職務ニ服」し(第九条)、定員は八〇人とされた。技手に比べ三〇人もの減員であった。この官制制定の理由書には、助手名称の採用について「技手ノ名ヲ改メテ助手トセルハ大学ノ技手ハ教務ニ従事スルモノナレバ名実相合ハシメ学者ノ希望ニ副フナリ」(公文類聚)と記されていた。[12]

ここで二、三指摘しておこう。まず第一に、新設の際には技手は「技術ニ従事スル者」と規定されていたのが、ここでは一歩踏み込み技術の中でも特に「教務ニ従事」する、という文言が注目される。のちに記すように、理科、農科では技手を教務と事務とに区別しており、そのほとんどが教務に位置づけられていた。第二に、「名実相合ハシメ学者ノ希望ニ副フナリ」という文言からも判るように、帝大内部に置かれていた助手という名称が採用された点である。当時、技手の名称のほうが早くから官制上用いられ、その地位は確立していた。それに対して帝大創設以来培ってきた組織の一斑を法制化し得たことは、大学の独自な慣行が認められた、といえる。その職掌中の文言「学術技芸」も帝国大学令から取られ、他の非大学型の高等教育機関のそれとは異なっていた。第三に、助手の順位が書記の上位に置かれた。技手と同様判任官ではあったが、その位置づけは上昇した。さらに重要なのは、技手が「上司ノ命ニ従ヒ」であったのに対し、助手は「教官ノ指揮ヲ受ケ」となり、教授、助教授、助手という系列が組成されたことである。[13]

(4)　分科大学助手の廃止と副手の新設

助手の官制化に伴い、一八九三(明治二十六)年九月に分科大学無給助手規程と有給助手規程が廃止され、分科大学通則中に副手規程が設けられた。それ以前、すでに無給助手の名称を副手と改めることは評議会において承認されていた。一八九三年十二月九日に制定された副手規程はまず「分科大学ノ教室実験場及医院ニ副手ヲ置ク無給トス」とし、無給助手規程の「各教室実験所」が字句訂正を受けた以外はまったく同じである。大きく異なる点は任用の形式である。無給助手は評議会を経て総長により任命されるのに対して、副手は分科大学長及び医院長の稟申により総長が嘱託する、と変化している点である。この他、志願資格、職掌、証明書の発行など、すべて以前の無給助手規程と同じである。のちに、「他ノ帝国大学卒業生」も副手に嘱託することができるようになった(一九〇九年二月追加訂正)。

3　分科大学別の助手、技手の任用

これまで助手制度の成立過程を整理してきたが、ここでは分科大学別に助手、技手および官制上の助手について、その任用の実態を紹介していく。順序は工科、理科、農科、医科とした。文科については一八九七(明治三十)年、法科は一九〇三(明治三十六)年から官制上の助手が登場する。このため、それら両分科大学は本項が対象とする時期からはずれるが、文科についてはさいごに若干ふれる。

つぎに表について。一八八六(明治十九)年から一八九二(明治二十五)年——助手職が官制化される以前——までの助手の実員は表4である[14]。この助手は学内措置であったため、『職員録』などに掲載されておらず、『帝国大学一覧』を中心に作成し、適宜「文部省往復」(東京大学史史料室所蔵文書)所収の教職員現員調を参考にした[15]。技手の実員は表

表4　1886～92(明治19～25)年までの助手実員

	医　科	工　科	理　科	農　科
明　治				
19－20	17	3	2	
20－21	24	1	2	
21－22	22	0	3	
22－23	30	1	1	
23－24	33 (無給助手 3 人を含む)	1	0	9
24－25	40 (無給助手 6 人，嘱託助手 4 人を含む)	0	1 (嘱託助手)	4[1)]
25－26	42 (無給助手 4 人，嘱託助手 11人を含む)	0	0	5[2)]

(註)『帝国大学一覧』各年度から作成。

1)・2) の数値は『文部省往復』所蔵の調査表より作成。1891(明治24)年，92(25)年のそれぞれ12月末調である。『一覧』では1891年 0 人，1892年に 1 人となっている。

表5　1892，93(明治25，26)年の技手実員

	医　科	工　科	理　科	農　科
明治				
25．1	4 第 1 医院 1 第 2 医院 3 (計 8)	13	7 植物園 1 天文台 7 (計15)	9
26．1	4 第 1 医院 1 第 2 医院 3 (計 8)	13	8 植物園 1 天文台 7 (計16)	9

(註)　各年度の職員録より作成。官制上の定員とは異同がある。

技手の定員は1890（明治23）年11月の「帝国大学職員等改正及定員ノ件」では112人，判任官待遇，1891（明治24）年 7 月の帝国大学職員定員では110人である。

農科大学の技手は実員は『帝国大学一覧』によれば，1891-92(明治24－25)年は 7 人，1892-93年は 4 人である。『文部省往復』所蔵の調査数値とすこし異同がある。

5の通りである。二年度分しかないのは、『職員録』の編纂時期にかかわっている。すなわち、一八九二（明治二十五）年一月の前は九〇年十二月になっており、学内処置では技手の任用が行われていたが、『職員録』編纂には間に合わなかったようである。ここでも「文部省往復」などを参考資料として利用した。

(1)　工科大学

一八九三（明治二十六）年までに助手となった延人数は六人、実質は四人である。一八九一〜九二年一覧には該当者はいない。この四人の内、二人が学士（帝大卒業生）であり、内訳は理学、工学各一人である。理学士は一八八二年化学科卒業（四人中一番）の植木豊橘であり、工学士の富山久米吉は一八八九年七月造船学科ただ一人の卒業生であり、卒業とともに有給助手になり、約二年後に辞めている。分野別にみると、応用化学二人、造家、造船が各一人である。在職期間は短く、約二年である。学士以外の助手の一人である曾山幸彦は、二年間の助手経験後、助教授となってい た。のこりの一人の助手、小林一太郎は一年間しか在職していない。彼はのちに技手、官制上の助手となることはなかった。工科大学の助手は評議会の記録にないことからいえば、すべて有給助手ということになる。このように工科ではその数から推して、学内措置の助手の必要性は低く、在職期間は短かった。

つぎに、技手であるが、延人数は二六人、実質は一三人である。学内措置による助手からの採用はなく、全員が雇員から技手への任用によるものであった。また、一人を除き、全員が技手職の間、任用が継続されていた。技手から助手になれたのは、九人であった。

では助手の任用はどのように行われたか。一八九四年一月段階では工科には一一人の助手がいたが、前年に技手であったものは先の九人である。新任の二人のうち、一人は帝大卒業生の西川虎吉であり、彼は一八九三年七月応用化学科を卒業（二人中一番）し、翌年の七月には助教授に就任していた。こののち九七年までに西川を含み四人の帝大卒業生が任官しているが、彼らはすべて応用化学科卒であった。卒業席次は一番（八人中）、二番（八人中）、四番（九人中）が各一人であった。そして在職期間はほとんど一年前後で、のち助教授となり、西川を除きさらに教授に就任している。一八九七年十一月段階では一人の帝大卒業生もいない。帝大助手の内、大学院在籍経験者は一人（鴨居武）のみであった。工科大学における官制上の助手はほとんどが帝大卒業以外のキャリアの人間によって占められており、のちの経歴は不詳であるが、いわば「実験助手」であった、と考えられる。以下四人の経歴を紹介しておこう。

牧野良兆：一八七二年九月海軍兵学寮、一八八三年八月工部大学校理学電気学教場見習、一八八六年三月工科大学雇、一八九一年八月技手、のち助手（〜一九二二年一月まで）。

小田秀次郎：一八七五年十月工部省鉱山寮雇、一八七七年一月工部九等技手二級、一八八〇年六月東京大学理学部画工として雇入、一八八四年十二月理学部准判任御用掛教場助手兼画工、一八八六年三月工科大学雇、のち技手、助手（〜一八九七年十二月死去まで）。

小畑繁次郎：一八八九年七月東京職工学校化学部製品科卒、一八九〇年二月大阪銀雪会社技手、のち帝大技手、助手。

松野道雄：一八七五〜一八七七年東京大学製作学教場において応用化学を修学、のち内務省衛生試験所等に勤務、一八九〇年八月衛生試験所技手、一八九七年六月東京帝大助手（〜一九一三年三月死去まで）。

(2) 理科大学

まず、学内措置としての助手は実質五人であり、全員が理学士である。彼らは松村任三、石川千代松、坪井正五郎、長岡半太郎、大森房吉（ただし嘱託助手）である。周知のように彼らはのちに全員帝大教授となった(16)。在職期間は一、二年であり、一八九二年には工科と同様にいなくなっている。また、これも工科と同様であるが、評議会に記録がないことから、彼らは有給助手であったのだろう。

技手について見てみよう。延人数は三一人であるが、実質は一六人である。一人が増員されたのみで、のこり全員が技手職の間、任用は継続されていた。一八九三年一月調の一六人のうち、助手に採用されたのは一二人であり、工科よりその割合は高く、継続性が認められる。学内措置の助手経験者からの採用は勿論なく、帝大卒業生は一人もいない。ちなみに、技手の配置は大学本部が八人、植物園一人、天文台七人（一八九三年一月調）であった。ところで、一八九二年十二月末の理科大学現員調（「文部省往復」）をみると、職員項目が教員、教務、事務の三つに区分されている。この区分で技手は教員の項目にはなく、全員が教務の項目に入っていた。

官制上の助手の任用についてみてみよう。一八九四年一月調では一四人の助手がいる。その配置は本部八人、天文台六人である。技手からの任用が先の一二人であり、新任が二人いる。そのうちの一人が牧野富太郎である。彼はこののち一九一一（明治四十四）年まで助手として在職していく。理科大学の最初の助手群はほとんど技手からの継続であり、帝大卒業生は一人もいない状況であった。一八九五年頃から帝大卒業生が一、二人程度就任する。在職期間は工科に比べ長い。たとえば、理科における最初の帝大卒業生で官制上の助手である佐藤伝蔵は一八九五年七月地質学科卒（五人中五番）で三年間在職していた。このほか一八九七年までの帝大卒業生の助手は二人おり、卒業席次は一番（一人中、植物学科）、一番（二人中、植物学科）が各一人であった。ちなみにのち帝大教授になったのは三人中一人（藤井健次郎。彼は助手時代に大学院に在籍していた）のみであった。このように理科大学の初期の助手はほとんどが技手からの継続であり、帝大卒業生以外の者で占められていた。

以下四人の経歴を紹介しよう。

若林勝邦：一八八六年七月東京物理学校選科卒、一八八八年四月日本英学館修了、一八八八年十一月哲学館講義嘱託（人類学）、一八八九年一月理科大学雇、のち技手、助手、一八九五年七月帝国博物館技手。

菊池松太郎：一八七〇年二月大久保学館に入り二年間漢学修業、一八七五年九月大野清に就き漢学二年修業、一八八二年一月東京大学理学部動物学教場付用使、一八八四年十二月理学部動物学教場助手、一八八八年十二月理科大学雇、動物学教室勤務、のち技手、助手、一八九四年九月免本官。

波江元吉：一八七一年六月東京進文学社で二年間ドイツ学修業、一八七三年二月医学校教師独人フンクにつき一年間修業、和文訳述に従事、一八七六年二月東京博物館雇（～一八八九年十月まで、この間一八八二年五月には東京大学理学部動物学講義嘱託される）、これ以降帝国大学理科大学動物学標本類整理嘱託、一八九二年十一月技手、のち助手（二五年間）。

平木政次：一八七三年五月横浜相生町画工五姓田芳柳の門に入り水画を学び、同義松に就き六年間油絵修業、一八八〇年二月教育博物館（～一八八九年七月まで）、一八九〇年九月理科大学雇、一八九一年八月技手（画工）。

(3) 農科大学

農科大学は一八九〇（明治二十三）年六月に新設されたため、技手の任命から官制上の助手の設置に至る期間が短い。学内措置の助手の延人数は一八人である。そのほとんどが農科大学の前身校にあたる東京農林学校の職員と卒業生（学士）であった。一八九〇～九一年一覧の九人のうち農科卒業生は二人（獣医学）にすぎなかったが、一八九一～九二年、一八九二～九三年の助手はすべて帝大卒業生であり、卒業と同時に採用されていた。[17]当初は工科、理科と異なっていたが、学内措置の助手は漸次帝大卒業生に占められ、最終的には同じになった。一覧に掲載された先の九人の助手は翌年にはすべて異動している。その内訳は助教授一人、嘱託教員二人、技手三人、書記一人、不明二人であり、助教授になったのは帝大卒業生である。まず嘱託教員になった者の経歴を紹介しておこう。

池田作次郎：一八八二年私立農学校麻布学農社卒、一八八三年九月東京大学理学部選科生、動物植物学科目を履修（〜一八八六年九月）、独逸学協会学校、東京農林学校で動物学植物学の授業嘱託、一八九〇年十月農科大学助手（〜一八九一年十月）、のち農科大学動物学嘱託。

山岡成章：一八七五年七月東京開成学校教授補、一八七七年四月東京大学理学部助手嘱託、一八八四年四月東京大学予備門教諭（画学関係）、一八八六年八月東京農林学校助教、一八九〇年六月農科大学書記（文部省辞令）、一八九〇年十二月技手、一八九一年三月非職、同年三月理科大学雇、画学授業嘱託。

技手の任用について。延人数は一八人であるが、実質は一二人である。技手の在職期間中、三人が一年でやめ、かわって三人が新規に採用されている。一八九二年の技手には学内措置の助手からの採用者が三人いるが、彼らは帝大卒業生ではない。この点は農科大学の特色といえる。工科、理科と同様、帝大卒業生の助手からの技手採用は見られない。理科のところで言及した一八九二年十二月末現員調査をみると、農科の技手は教務に従事する者が六人、事務が二人となっており、教務従事者はすべて授業を担当している。これは農科に特有の現象であった。

官制上の助手の任用について。一八九四年一月では九人の助手がいる。技手からの任用が六人であり、新任が三人いる。新任の内一人は九二年七月獣医学科卒（斎藤金平、一一人中三番）、もう一人は助教授待遇の助手の多々羅恕平であった。九三年十二月末現員調（「文部省往復」）をみると、九人の助手が教務と事務とに区分されている。内訳は教務七人、事務二人であり、教務のうち多々羅、斎藤は講義と実習を担当しており、彼ら以外の非帝大卒業生も前年同様、週六時間の農場実習手伝い（三人）、林学手伝（一人）、家畜管理実習手伝（一人）に従事している。

九七年までに三人の帝大卒業生が任用されており、卒業席次は一番（三人中、獣医学）、二番（四人中、林学科）、三番（三人中、農芸化学科）各一人である。帝大教官になったのは多々羅を除く、四人中二人であるが、ともに助教授までであった。工科、理科と同様に、助手に占める帝大卒業生の割合は極めて低い。しかし、農科の特徴は助手に授業担当させていることであり、それも非帝大卒業生にも門がひらかれていたことにある。このほかに、農科には陸軍歩兵少尉二人、予備陸軍歩兵少尉二人が助手になっていた。

以下三人の経歴を紹介しておこう。

笠井重政：一八八七年七月東京農林学校獣医学速成科卒、同年十二月同校訓導、一八九〇年六月農科大学書記（文部省辞令）・任助手（農科大学辞令）、同年十二月技手（～一八九二年八月死去）。

久米地邦蔵：一八九三年九月農科大学農学科乙科卒、一八九五年七月愛知県知多郡農事技師、一八九七年十月農科大学助手、一九〇二年七月農事試験所技手（農商務省）。

山内勇蔵：一八七四年十一月内務省勧業寮雇、一八八六年四月駒場農学校助教補、同年七月東京農林学校訓導、一八九〇年六月農科大学書記（文部省辞令）・任助手（農科大学辞令）、同年十二月農科大学技手、のち助手。

(4)　医科大学

表4から明瞭なように、学内措置の助手では医科が圧倒的に多い。実質一一〇人である。この内訳は、帝大卒業生（学士）九八人、別課医学科卒業生七人、肩書不明者が五人である（前項で紹介した人物を含む）。在職期間は約二～三年が平均的である。帝大卒業生のうち長期に亙るのは六年間で、二人いる（高木文種、柳季馬）。医科の場合、嘱託助手の

職名がみられるが、その性格、職務内容などは不明である（理科の大森と同じである）。なお、帝大一覧に無給助手と肩書のあるものは七人にすぎないのに、評議会の記録には三一人も出ている。この評議会の記録と帝大一覧の人物を照合をすると、一四人が両方に出てくるが、無給、有給の別は一致していない。

一八八六年の助手一七人（帝大卒業生一〇人）のうち一二人の前職名が分かる。前述した教場補助二人、准判任御用掛准助教授二人、准判任御用掛医員第一医院当直医五人、雇第一医院当直医補助三人がその内訳である。帝大卒業生は准判任御用掛（准助教授、当直医）、別課卒業生が雇（当直医補助）にほぼ対応していた。そしておおくの人材が医院勤務であった。帝大卒業生が学内措置の助手の多数を占めているのは、工科など他の分科大学と同様である。

つぎに技手の任用について。延人数は一六人であるが実質は八人、当初の人員（八人）が技手職の間、任用が継続されていた。学内措置の助手からの任用は他の分科大学と同様に行われなかった。そして、その人数が意外に少ないのは注目される。技手はあまり必要がなかったのだろうか。工科、理科における学内措置の助手が技手の新設に伴いいなくなったのに比べ、医科では技手と助手とが並置されており、後者が多数であった。

官制上の助手の任用について。一八九四年一月調の三七人のうち、技手からの任用は三人であり、割合は非常に小さく、連続性は弱い。大学本部と第一医院、第二医院とに分けて、助手の帝大卒業生とそれ以外の者とを較べると、後者（医院）のほうが帝大卒業生の割合が多い。この傾向は変わらずに推移し、一八九七年十一月調では本部の助手一五人のうち帝大卒業生は三人である。本部に限れば、官制上の助手数に占める帝大卒業生の割合が少ない、という点では他の分科大学に類似している。しかし医院になると逆転する。第一医院の場合、九四年一月調では帝大卒業生が一九人中一六人おり、学内措置の助手経験者が多数を占めていた。第二医院でも同時期七人中五人であった。九七年十一月調では、第一医院は少し割合が少なくなり二二人中一二人、第二医院は六人中五人であり、全体の傾向は継続されている。臨床部局に多くの帝大卒業生が助手として採用されていた。

(5) 文科大学

文科大学では一九〇一年四月調までに八人の官制上の助手がいた。そのうち半数が帝大卒業生であった。帝大卒業生のうち二人はのちに帝大教授になった。ここでは三人の経歴を紹介しておこう。

赤掘又次郎：一八八八年七月旧東京大学古典講習課卒、一八九〇年十一月文科大学無給雇、一八九五年五月東京府開成尋常中学校教諭、一八九七年四月文科大学助手、一八九八年九月東京帝大文科大学講師及び同学で国語学取調嘱託（～一九〇〇年九月解）。

猿渡末熊：一八八七年七月東京仏語学校卒、一八九一年七月和仏法律学校卒、一八九七年四月東京帝大雇、図書館兼務、史料編纂掛兼務、一九〇八年六月東京帝大司書兼東京帝大書記。

速水　滉：一九〇〇年七月東京帝大文科大学哲学学科卒、同年九月大学院入学、同年十月助手、一九〇一年九月山口高等学校教授。

おわりに

以上、助手制度の成立過程と各分科大学別の任用の実態について紹介してきた。ここでは、それぞれの小括を試み、最後にのこされた課題にふれておきたい。

助手職は一八九三（明治二十六）年に制度化され、安定したが、それまでの経緯は決して直線的ではなかった。明治十年代（一八七七～八六）――帝国大学創設以前――ではその位置づけが二転三転し、それに伴い職掌も変化していった。帝大創設に伴う改組により、東京大学時代の末期に教場補助、教場助手であった者には、第一に分科大学雇となり、のち技手、助手（有給）となる、第二に第一と同様に分科大学雇となるがそのまま継続する、第三に学内措置の助手（有給）に採用され、のち技手、助手と歩む、といった三つのルートがあった。明治十年代の教育研究補助員と学内措置の助手との間には、医科では連続性、継続性は認められるが、理科では認められなかった。帝大創設とともに新設された学内措置の助手は、医科も含めて、ほとんどが帝大卒業生によって占められており、設置伺書に記されていたように卒業後研修の機会を提供することが目的であった。そして、助手から技手への切り替え（ほとんど行われなかった）に端的にあらわれていたように、直接的な補助員の確保ではなかった、と考えられる。ただし、医科のように実質的に補助員の役割を果たしたことも事実である。それは医学という専門分野の独自な教育研究体制にかかわっていた、と考えられる。では、アカデミック・キャリア上を昇進していく、主として教育活動に従事する助手、いわば研究助手的な性格であったかと言えば、理科の場合は全員が帝大教授となっていたが、一概には断定できない。研究助手というよりも、次のステップへの待機期間、場所とも思われるからである。

技手制度は名実ともに教育研究補助員（雇員）の待遇改善と地位保障であり、学内措置の助手制度とはその目的を異にしていたのである。そして技手から官制上の助手への変化、その際の人間の連続性、継続性はどの分科大学でも顕著であった。これは「改称」と表現される所以でもあり、初期における助手制度に異なる目的を混在化させるものであった。助手制度の官制化は、技手の改称という点では教育研究補助員の処遇問題であったが、助手という名称の選択においては帝大卒業生の卒業研修の保障という帝大内部の助手像が法認された、ということであった。この二つの目的が混在していたのが、帝国大学初期における助手制度の基本的な性格であった、と考えられる。(18)

つぎに各分科大学の特長について。

工科大学の官制上の助手は多数の非帝大卒業生によって占められており、技術的、事務的職務に従事する、いわば実験助手的な傾向が顕著であった。帝大卒業生の助手は一年前後で助教授、教授に昇進しており、この場合、研究助手というより就職待ちの、便宜的な就任であったであろう。助手経験がそのキャリアに影響を及ぼしたとは考えられない。理科大学の助手も工科と同様な性格であった。ただ、帝大卒業生の助手在職期間は工科に比べ長かった。農科大学は学内措置の助手から技手、技手から官制上の助手へと継続性が初期にみられる唯一の例である。さらに、授業担当の技手、助手の存在、陸軍関係者の就任（ただし医科にも少数ある）などが特徴である。全体的にはやはり実験助手的な性格が強いといえるだろう。医科大学は教場補助、同助手から学内措置の助手へ、その助手が技手を経ないで官制上の助手になるという、独自なルートがあった。また、官制上の助手の帝大卒業生の比率が高く（とくに医院）、学内措置の助手から官制上の助手への異動があった唯一のものであった。医科は臨床経験の積み重ね、実地治療の習熟といった独特な教育研究体制のため、帝大卒業生が多数を占めるのであり、その意味で卒業後研修的な性格の助手と考えられる。

さいごに残された課題について。まず第一は大学院制度との関係である。大学院進学と助手就任とではなにが、どのようにちがっていたのかなどが実証的にあきらかにされる必要がある。第二にケース・スタディーの蓄積である。今回は少ない経歴を中心にまとめたが、当事者、関係者の自伝、伝記などから実態を記した資料を幅広く収集し、分析することである。第三は工科、農科のそれぞれの前身校の遺産を調査する必要がある。とくに技手制度の成立にあたって、両分科大学の存在がどのように反映されていたのか、いなかったのかなどの課題である。

註

（1）本項の記述にあたって、あらかじめ断っておくべき事項がある。第一に非常に限定した時期と対象とを取り上げるため、近代日本の大学助手職の全体像を描くにいたらなかった点である。第二にもともと助手制度の成立およびその実態分析は先行研究にも少なく、特に草創期に関しては殆どなされていない。かつ資料的な限界——助手経験者の経歴が不分明など——も大きいため、本項にも多くの限界がある点である。さらに、明治十年代の教職員の構成——教授、助教、員外教授、雇等——およびその組織原理等についての研究が手薄なため、助手制度のみを取り上げることは全体との関係付けがきわめて弱い、孤立した分析に陥る危険性がある。資料のことについていえば、今回は東京大学事務局所蔵の人事記録を調査したが、明治十年代の記録は網羅的でなく、かつそれ以降のものでも官制上の職員にならない限り記録に残らないという制約がある。たとえば雇員のままでは記録が残らず、技手、助手など官制上の職員になってはじめて記録が残るということになり、人物の追跡が容易でない。第三に助手制度そのものについて、はたして誰がどこから構想したのか、モデルがどこかにあったのか、どのような論稿、論議があったかなど、ほとんど触れていない点である。当時の数多くの大学論で紹介されているかもしれないが、今回は割愛し、後考を俟ちたい。

(2)『明治以降教育制度発達史』第一巻、一九三八年、八九〇頁。

(3) この結果、教授には外山正一（文学部）、菊池大麓・矢田部良吉（理学部）、井上良一（法学部）が任ぜられ、古賀護太郎・山川健次郎の二人は理学部助教となり、員外教授には植物学の伊藤圭介がなっていた。なお、引用文は七月六日付の文部大輔からの伺より（『公文録　文部省ノ部　明治十年自七至九月』）。

(4)『明治以降教育制度発達史』第二巻、一九三八年、五三〇頁。

(5)「教授助教各場助手及補ト改称ノ件」東京大学史史料室所蔵「文部省往復　達・准允・伺・上申・届ノ部」一八七七年。

(6)『東京大学法理文三学部第五年報』には「教場助手助手補ノ名称ヲ置キ教授補ノ次班トス」（六頁）と記されている。

(7) 同年報には予備門庶務概略もあり、そこでは「教員属員従来ノ名称ヲ更メ講読教員ヲ図書教員トシ、図画教員ヲ教場助手トシ書記ヲ記録掛トシ」（八七頁）などとあり、これらの名称変更により「大学法理文学部ト職名ヲ一様ナラシム」としている。

(8)「分科大学無給助手規程ノ伺」東京大学史史料室所蔵「大臣准允」一八八六年。

(9) 助手の職掌が分科大学助手と同じである、という無給助手規程の規定は不明である。なぜなら、当時この無給助手規程以外に助手規程はなく、分科大学助手といわれる存在がどのようなものであったのかが不明なためである。

(10) 無給助手功績証明書式は一八八八（明治二十一）年四月に制定された。その文言を見ると「右ハ（中略）何科大学ニ於テ何学助手又ハ第一医院何科助手ノ類学術実習ニ従事シ勤勉能ク其責任ヲ完ウシ相当ノ功果《マヽ》ヲ得タル」云々とある。「学術実習ニ従事」という文言が注目される。

(11) 技手職について。工部省の場合を見てみると、一八七七（明治十）年一月に「工術一等技長以下被廃大技長以下被置」という工部省達によって新設された（一等〜一〇等）。また、同省においては一八八四年八月電気技手の助手も置かれていた。一八八二年八月、「工部大学校職制及職員等級俸給」（太政官達第五一号）が出され、「大学校教官ノ義是迄技手ノ名義」であったものを改めて教授、助教授制が布かれた。ついで、一八八六年四月には勅令第三八号をもって「技術官官等俸給令」が制定された。技術官とは技監、技師、技手と規定された（法規分類大全）。

(12) 技手を規定した勅令は助手設置の一か月後、一八九三年十月に廃止され、この結果技手は一時消える。東京帝国大学において再び技手が登場するのは、一九二五（大正十四）年二月の東京帝国大学官制改正によってである。このとき技手は司書の後、職員中最末尾に置かれ、「専任二人判任トス上官ノ命ヲ受ケ技術ニ従事ス」と規定された。

(13) 官制上の助手規程の文言にはこの後若干の変化がみられる。まず一八九七（明治三十）年六月、京都帝国大学創設に伴い、単行法令となった東京帝国大学官制では「助手ハ専任九十人判任トス教授助教授ノ指揮ヲ承ケ学術技芸ニ関スル職務ニ服ス」と規定された。つづいて、一九一八（大正七）年の「大学令」制定に伴う東京帝国大学官制改正（一九一九年三月）では「助手ハ専任百九十人判任トス各学部ニ分属シ教授又ハ助教授ノ指揮ヲ承ケテ学術ニ関スル職務ニ服ス」となった。「学術技芸」から「学術」への変更は、帝国大学令から大学令への目的条項文言の変化に対応したものである。

(14) 無給助手採用は評議会の審議事項であり、一八八七年五月（第一回）から九三年八月まで検索すると、助手採用の件は一九件あり、その員数は四〇人（総数）であった。ただし、史料に「石渡以下」と表記されている場合があり、それらは一人として計算した。そしてそのうち採用されたのは三六人を数え、内訳は医学三一人、農学五人であった。特徴的なことは医科と農科との無給助手採用願のみしか議題にあがっていない点である。また、無給助手採用の条件には学力的要素は規程には明記されていなかったが、不採用の事由に学力不十分とあることから、学力評価も加味されていた、と考えられる。

(15) 助手が官制化される一八九三年から、今度は逆に大学一覧から助手名簿がなくなる。史料的に『職員録』などにたよらざるをえなくなる。

(16) ただし長岡半太郎伝などをみると、この時期は大学院学生とだけ書かれており、助手採用の記述はみあたらない。別の資料によれば、一八八八年十二月末現在は助手ではなく嘱託となっている。

（17）「文部省往復」所収の現員調には同時期の帝大卒業生であっても、有給、無給の区別がなされている。ただし、無給助手とあっても評議会の記録にない人物もいる。有給、無給を区別する基準はよくわからないが、卒業席次が上位のものが無給になっている場合が多い。たとえば一八九一年七月農学科第二部卒、九二年七月農学科第一部卒の例などがある。

（18）寺崎昌男は、官制上の助手の設置について「かりにこれらの〔助手、技手の雇傭形態・身分・職名など――著者注〕まちまちさが、専門分野の研究形態の特殊性や分科大学の慣行に照応して形成されてきたものとすれば、井上〔毅〕の助手制度の改革は『学者ノ希望ニ副フ』ことをうたいつつ諸条件の違いを尊重する形ではなく、むしろ画一化する形で整序したとみることもできる」（『日本における大学自治制度の成立』一九七九年、評論社、二九二～二九三頁）と評価している。

〔謝辞〕
本論作成にあたり、寺崎昌男東京大学教授と成定薫広島大学助教授、荒井克弘国立教育研究所室長には研究を進める上で有益なご教示をいただいた。また東京大学事務局および東京大学史史料室には、史料閲覧など多大な便宜を計っていただいた。記して感謝したい。

第三章　大学首脳の諸動向

一　初代総長渡辺洪基時代をめぐって

はじめに

本項は初代総長渡辺洪基時代を中心にして、帝国大学体制形成に関する史的考察を行う。研究関心は以下の三点にある。

第一は初代帝国大学総長渡辺洪基についてである。彼の唯一の伝記『夢——渡辺洪基伝——』（渡辺進編、一九七三年一月）中の「渡辺洪基小伝」（渡辺信四郎識『武生郷友会誌』第四九号より再録）には、総長時代の事蹟を次のように列記している（五五頁）。

帝国大学在学中に於て理医科大学実験用アルコールを瓦斯に、石油灯を電灯に変更を画し、官庁会社に学生貸費の勧誘、大学院生優遇及び補助の建言を為し。（ママ）学生監保及寄宿舎管理規程、博士学力検定条規並に各分科大学教授助教授の月次集会、大学々友会、法科大学入学予備独逸語学校、大学附属東京職工学校等の規則案を草する等の事あり。

本項において紹介する「一年志願兵制度改正に関する建言」が漏れているなど、右の事柄が彼の在任中の事蹟のすべてではない。指摘されている事柄の多くは、残された資料からのものであるようだ。しかし、それにしても右の事柄のうち、果たしていくつが歴史的事実として東京大学史において取り上げられているであろうか。「各分科大学教授助教授の月次集会」が知られている程度であり、そのほかはまったく言及されていないのが現状である。本項では彼の総長時代に限定して、編年体を以て重要な事項を列記する。

第二には、渡辺洪基史料として残された資料を復刻して、先に指摘したいくつかの事項を明らかにする。このことは初代文部大臣として帝大創設にあたって最有力視されている森有礼という大きな存在の陰に隠され、初代帝大総長としてほとんど無視されている渡辺の存在に光をあてることであり(1)、ひいては森の果たした役割を相対化することに繋がる。

第三には、渡辺総長時代と区切ることの積極的意味についてである。帝国大学体制形成期については、一八八六(明治十九)年ころから一九〇〇(明治三十三)年ころまでとしたが、この中を初期(一八八六年～一八九〇年)、中期(一八九〇年～一八九三年)、終期(一八九三年～)、の三つに区分してみた。この時期区分は具体的には総長の交代によるものであり、初期は渡辺初代総長時代、中期は加藤時代、終期は浜尾、外山、菊池の三総長時代である。ただ、終期は三総長時代というよりも、井上毅文相による大学改革の時期といったほうが適切である。今回対象とした初期、すなわち渡辺の辞任をもって終了するこの時期は、森の横死、初期議会の開設にともなう帝大独立構想の終息など、帝国大学史にとって一つの画期であった。本項はこの時期について、これまでの研究成果を踏まえて、全体像を描く試みである。なお、一八八九(明治二十二)年の森の横死の翌月(最初は三月二十三日の「帝国大学の独立」『時事新報』)から報道が始まる帝大独立案構想などについては、別稿を考えたいので、記述は最少限に止めた。

1　一八八六（明治十九）年

三月一日　帝国大学令制定。学長及び教頭の人事を記しておこう。この日東京大学医学部長三宅秀が医科大学長、同文学部長外山正一が文科大学長、同理学部長菊池大麓が理科大学長に任命された。教頭には理科は矢田部良吉、医科は大沢謙二、法科は穂積陳重が任命された。翌二日の人事は、文科教頭心得に外山（兼任）、彼はさらに「当分帝国大学総長事務取扱」となり、菊池が工科大学長心得（古市公威の学長就任は遅れて五月一日）、志田林三郎が工科教頭心得になる。併せて三宅の私費留学のため大沢が学長代理となる。外山に注目してみると、この年のはじめ一八八六（明治十九）年一月十一日に東京大学総理事務取扱になって以来、帝国大学の創設を挟む三か月東大のトップであり、文科大学の学長と教頭心得までを兼任している。外山の時代といってもいいだろう。この陣容は、ごく少数の東京大学関係首脳者による管理中枢の独占、と表現できるかもしれない。工部大学校関係者は志田一人であり、東京法学校関係者はいない。総長以下分科大学長、教頭の数は一一人（実員一〇人）であるが、この段階では実質七人しかいない。以上が創設当初の帝国大学の顔ぶれであり、新しい皮袋には古い酒が満ちていた。

三月四日　『郵便報知新聞』は「帝国大学令ヲ読ム」①を掲載する。以後、『東京日日新聞』は「帝国大学令（一、二）」（三月六日、七日）②、『東京輿論新誌』は「帝国大学令を読む」（二三〇号、三月十七日）③として取り上げる。この他の新聞では『読売新聞』は「学問論（一、二）」を三月六日と九日に展開しているが直接帝国大学令を論じてはいない。また『時事新報』は「学政改良」を三月十七日に巻頭記事として掲げているが、一連の諸学校令に言及するのではなく小中学校の学費増額、師範教育改善を取り上げているのみである。この三つの記事をもとにして、帝国大学令の評価などを見ておこう。まず③は次の五点を評価する。第一は地名を冠した東京大学を帝国大学と称することとした、第二は従前の大学は法政学、理学、文学、工芸学及び医学の五部より成立したが帝国大学は大学院及び分科大学を以て構成することとし、それぞれの目的を明記した、これに関連して両者の関連を「大学院はCユニウェルシチーにして分科大学はCコレージに適当する」②としている、第三は従前は学部卒業生は学位を受けることを得たが、帝国大学令ではただ卒業証書を受けるのみになった、第四は従前の大学の職員は総理及び副総理の外判任事務員だけであったが帝国大学令では総長の外に評議官及び奏判任書記官を置いた、第五は従前は大学総理は文部大臣の命を奉じて大学の事務を総轄し大学及び大学予備門の職を監督する等のことに止まっていたのが帝国大学令では大幅に権限が拡大された、である。この指摘はほぼ妥当なものといえよう。

次にその性質について。これは「帝国」という文言とともに国家・政府との関係にかかわる事項である。それらは「抑モ大学ナル者ハ其官立タリ民立タルヲ問ハス、国家ノ大学ニシテ政府ノ大学ニ非サルカ故、成ルヘク之ニ自由ヲ与ヘテ其遂ニ独立スルニ至ラン事ヲ期セサル可ラス」①、「然らば即ち大学の設立は一個人の為にも非ず、政府の為にも非ずとせば誰が為にする乎と問はんに大学は国家の為にするの設立なりと云はざる可からず〔中略〕夫れ我国の大学は従来の歴史上に於ては専ら政府の為にせるの設立にてありけるを今や之を拡張して広く国家の為にするに当たり安に向てか其の区域の狭小なるを見るべしとせんや」②。記事はさらに政府との関係について執拗に分離することを指摘する。たとえば「政府頻ニ之ニ干渉シテ其主義変更スルゴトニ大学ノ組織教程ヲ変更スル如キ事アリテハ、大学々生タル者ハ常ニ安堵シテ其業ヲ修ムル能ハサルヘク、国家ノ為ニ人物ヲ養成スルノ場所ハ変シテ政府ノ為ニ人物ヲ養成スルノ場所ト為ルヘク、又公平無私ノ眼識ヲ以テ諸般ノ理教ヲ研究スル能ハス」①。国家と政府とを峻別して、前者との密接な関係をほぼ首肯している点は共通していた。

三つ目は大学の内部組織について。とくに大学院の入学資格に分科大学卒業生とともに「之ト同等ノ学力ヲ有スル者」を挿入した点を高く評価している。「分科大学卒業生と同等の学力を有するものを他の出処より得るは蓋し目下にては極て難かるべきに、斯く明文に載せられたるは外国の有名なる大学にて卒業する者の為にし、併て大学院に入るの候補は敢て分科大学よりする而已に限るに非ず、苟も之と同等の学力を有する者は他よりするも之を拒絶せざるの意を示されたる義と推考せらるゝなり」（②）、「就中吾輩の賛同を表すべきは、分科大学の卒業生に非ざる者と雖ども之と同等の学力を有する者ならんには大学院に入て学術技芸の蘊奥を攷究するを得る事と為したるの一事即ち是なり〔中略〕思ふに将来我国において高等なる私立専門学校の興起するに至れば是よりして続々優等の学生を生出しこの学生の更に大学院に入りて学士の名称を受くる者もあらん、或は外国の学校に於て業を修めたる者にして帰朝の後同院に入る者もあらん、果して然らば学士の名称は独り我分科大学卒業の専有する事能はざるに至るのみならず将来の学士は従前の学士に比して学力も大に優さる所あるべきなり」（③）。この点は先行研究でもほとんど指摘されていない。この他に同じ③では「評議官の如きは文部大臣自ら之を特選せずして各分科大科《(ママ)》教授をして之を公撰せしむるの法と為さん事を欲するなり」と述べていた。帝国大学の性質に関連してさらに進み次のような指摘も行っていた。「大学の性質たる欧州諸国に於ては往々集合体の性質を有するものあり、英国の如きは尤も然りとす、其の大学は初め私立に創始して種々の沿革を経るに従ひて次第に発達し遂に広大の土地を所有して自治自立の資格を具備するに至りければ、政府の大学に対するや其の自治を認めて之に特許を与えたる」（②）と。概括していえば次のようになる。「要するに歴史上の沿革において大学は一種の集合体《コーポレーション》たる性質を其の創始より現はせるものに対しては政府も亦之を遇するに集合体を以てせざるが可らざるが如し」（②）である。では日本はどうか。記事を拾ってみよう。「日本帝国の大学は当初より政府の設立にして曾て毫も集合体の性質に出たるものに非ざるなり」（②）。「是れ当時封建の世に於ては人民一般に向て其の学事を奨励したるに係はらず一般の教育は普通教育にて足れりとし高等教育は全く政府の須要に応ずる学問を其の家来に学ばしめて以てその他日の用に充るが為たるを徴すべきなり、斯る制度は封建圧抑の制度なりと云はゞ吾輩も亦然りと云ふに外ならざれども、其の圧抑制度たるの故を以て我国の歴史上に於ては曾て大学の集合体たるの性質を見ざりしと云ふ事実を塗抹す可からざるなり」(②)。「大学の性質に至りては明治元年より今年に及ぶまで依然として政府の設立たる性質を更めざる而已ならず、益々其実を堅固ならしめたるは公衆の共に知る所ならずや」(②)。日本の大学、高等教育はその歴史、沿革、実際に徴して決して集合体の性質を持つものではない、と言い切っている。「外国にては歴史より如何なる沿革にて大学の集合体の性質あるとも日本は歴史の沿革にて帝国大学たりと考定せざる可からざるなり」(②)と。おまけに、集合体たる性質を模擬した欧州大陸ではその利害の議論がある、という情報まで付け加えていた。

三月九日　東京府知事渡辺洪基、初代帝大総長に就任。前職は東京府知事であり、帝大総長の就任については『東京大学百年史』は「帝国大学総長職は学者の職であるより、行政官にふさわしいものになり、伊藤博文とも縁の深かった渡辺が適任と考えられたのであろう」(通史一、八〇二頁)と評価する。森有礼の帝大内部での支援者は外山、矢田部、菊池であると木場は述べていたが、三者の支援が一枚岩的結束によりなされていなかったことはすでに指摘したが[2]、渡辺については木下広次が支援者であったと記す文献がある。「渡辺洪基君が大学総長になった時、彼れは其評議員として能く渡辺君を補佐し、渡辺君の施設は多くは彼れの立案で有るとの評判さへも有った」[3]、「或人之(木下が学生の人材陶冶に尽力したこと)を評して曰く、大学に人傑あり、上に渡辺総長ありて之を統括し、下に木下評議官ありて之を助く、以て帝国大学の基礎をして鞏固ならしめたりと」[4]。初期帝大体制を巡る人的関係は(一)森――菊池、外山、矢田部、(二)加藤――浜尾――(穂積?)と、右の記述に従えば(三)渡辺――木下を考えなければならない。そして木下となれば井上毅の存在にも配慮する必要が出てくる。

三月十一日　第一回評議会を開設。帝国大学評議会規程は六月十六日制定。

三月十八日「自今毎五週教授助教授及関係ヲ有スル他ノ大学教授助教授ヲ集会シ教授ノ課程及其方法ヲ協議スル事ニ定ム」(5)。

三月二十五日「自今本学会計及営繕ノ事務ハ文部省会計局ヨリ吏員ヲ出張セシメ処理スル事トナレリ」。二十二年三月十九日、二十二年度以降は帝大にて取り扱うべき旨の達あり、この日大学に会計課を置いて大学一般の会計事務を処理するようになる(6)。

五月十四日　月次集会を設置。この集会については寺崎『日本における大学自治制度の成立』(評論社、一九七九年)において詳述されており、かつ前掲拙稿(註(2)の論文)でも若干言及した。

五月　渡辺総長、「学生養成ノ目的及給費ノ方法ヲ記述シテ諸官庁会社并全国有名ノ人士」に二つの移文(分科大学生及び大学院学生の学資給費に関する願書、分科大学及び大学院学生卒業生採用方につき願書)を発する(7)。第一の移文は、応用的学問に関する学科学生は「官庁会社及富商豪農等各従事ノ実業上其材ヲ要スルノ日ニ月ニ多キヲ加フヘキ必然ナルヲ以テ其学生養成ノ策ハ其途ニ就テ分担セラレンコトヲ」と希望するというものである。二つめの移文は、大学院学生の援助が中心である。学生はもともと学生時代から資力が乏しいので大学院に進学が出来ない。このため学術が衰微していってしまうので「官庁会社等ニ於テ分科大学卒業生ヲ採用シテ其所要ノ実業ニ就カシメントスルトキハ先其卒業生ニ相当セル給料ノ半額ヲ給与シテ例ヘハ(割註)当然五拾円ノ給料ヲ給与セントスル者ナレハ其半額即チ弐拾五円ヲ給スルカ如キヲ云フ傍ラ之ヲ大学院ニ入学セシメ其日子ノ一半ハ採用者ノ局部ニ出テ、其命令ヲ奉シテ実業ニ従事シ其一半ニ於テ大学院ニ入リ担当教授ノ指導ヲ奉シテ学業ヲ修メ以テ其科ノ蘊奥ヲ攻究シテ卒業ニ至ラシメン事是ナリ」と記している。当初の依頼先は表6の通り二一四通である。そのうち官庁関係が一五八と全体の七割強を占めていた。

七月十日　第一回卒業証書授与式挙行。渡辺の演説は、まず帝大創設の理念を「五箇条の御誓文」に求め、東京大学と工部大学校の来歴を略述する。ついで帝大の機構を述べて、人材養成は「一ハ以テ実用ノ士ヲ造リ一ハ以テ学理ノ師ヲ進メ」ると、分科大学の構成と同様に基礎と応用、実業と学理とに二分して説明した（「帝国大学第一年報」）。卒業生に実地応用とさらなる研鑽を要求する一方で、帝大としては「将来益々分科大学及大学院卒業ノ学生多キヲ加ヘテ国家ノ須要ニ応シ我カ社会制度ノ辺隅ニ至ルマテ学問ノ経綸至ラサル所ナキニ至ルニ在リ」と企図していた（「帝国大学第一年報」）。この年の卒業生は総代植村俊平をはじめとして総勢四九人にすぎなかった（「帝国大学第一年報」）。

七月十日　文部省、一八八四（明治十七）年四月五日の東京大学への達中第一項（「講演ノ事項ハ理学及医学科ニシテ可成民事等ニ裨益多キモノタルヘシ」）を改正して、「各分科大学ノ諸科ニシテ成ルヘク教育上民業上等ニ裨益多キモノタルヘシ」と達する。東京大学の組織変更に伴う処置とであり、同時に事項が拡大された。ただし政務に関する事項は引き続き禁止されていた。

七月　運動会設立。

八月二十五日　私立法律学校特別監督条規制定。この条規については『東京大学百年史』（通史一）をはじめ、私立大学史誌類に言及されている。条規などの翻刻資料は『東京大学史紀要』第三号（一九八〇年十月）にある。

九月二十九日　総長、法文理科一、二年と医科一年生は十月六日以降構内寄宿舎か大学公認寄宿舎に寄宿すべき旨を達（『東京大学百年史』通史一、八八七頁）。工科大学はこの時は虎ノ門にあり、遠距離のためこの達から除外されたと思われる。

九月　分科大学通則成立。

十月二十九日　明治天皇、行幸。天皇の行幸は明治五年十月の東京開成学校の開業式へ出席して以来のことであっ

表6　移文の送付先一覧（全214通）

官庁関係（158）

内閣11　内大臣1　元老院1　外務省7　内務省9　大蔵省13　陸軍省11　海軍省13　文部省10　農商務省12　逓信省8　司法省5　大審院1　宮内省8　華族会館1　警視庁1　北海道庁2　府3　県令41

（その他）

寺院（2）

大谷光瑩　大谷光尊　東本願寺（大谷派）　西本願寺（本願寺派）

皇族方（9）

有栖川宮殿下別当山尾庸三　小松宮殿下別当三宮義胤　北白川宮殿下別当井田譲　伏見宮殿下別当浅田進五郎　山階宮殿下別当浅香蔵徳　久邇宮殿下別当北藤孝行　閑院宮殿下別当峯孟親　梨本宮殿下別当本条頼介　華頂宮殿下別当児玉源之丞

新聞社（5）

日日新聞　報知新聞　毎日新聞　時事新聞　朝野新聞

諸舎及会社（40）

愛育舎副長成瀬正肥　郷友舎舎長樺山資紀　造士館長島津珍彦　輔仁会委員長村田氏森　柳川学校会幹事白仁武育英会(静岡)　赤松則良　大垣養成会井田譲　仙台造士舎長富田鉄之助　宮城学校会山川健二郎　同郷舎舎長中牟田倉之助　京都同志社長新島襄　石川育英社幹事長堀尾晴義　熊本専門学舎長長岡護義　熊本済々校佐々友房　和歌山県公立中学校　和歌山県私立徳修学校　交詢舎　万年会　地学協会　独乙協会　足利織染講習所　相生縮緬会社　国文社　忠愛社　博文社　通運会社　第一国立銀行　第二国立銀行　第十五国立銀行　日本銀行　(通運会社)髙田商会　平野造船所所長　大倉組　藤田組　馬車鉄道会社　三井物産会社　日本鉄道会社　品川硝子製造所　東京瓦斯会社　日本郵船会社　川崎造船所長

（註）「学士養成関係」（1886年）より。官庁関係の宛先には送付数を付した。

表7　帝国大学・旧東京大学・旧工部大学校職員対照

	1886年12月末現在			1885年12月末現在		
	計	実　員	兼　務	計	実　員	兼　務
本部職員	34	23	11	195	176	19
学部等教員	164	155	9	227	197	30
医　院	52	48	4	52	50	2
脚気病室	9	2	7	6	0	6
総　計	259	228	31	480	423	57

（註）「百年史」通史一806頁より作成。

た。行幸の七日後に帝大の印象を記したものに聖喩記がある。(8)『東京大学百年史』（通史一）ではこの聖旨を「全体としては教学思想に基づいた『和漢修身ノ科』を設置せよ、という主張」であるが、それは「伊藤、森らの『国家ノ須要』を軸とした大学政策に何の影響も与えなかった」と評価している（八一七頁）。実際、文中で言及されていた古典講習科はすでに前年に「大学本然ノ事業ヲ拡充整備」（『東京帝国大学五十年史』上冊、六一二頁に収録の、一八八五年四月における加藤総理の文部省への具申を参照）するために別科法学科、別科医学科、製薬学教場とともに新募は停止されていた。行幸の発議主体、記録などは残っておらず、帝大側の反応も不明である。

十二月一日　「学校其他公私ノ嘱託ヲ受ケ執務セント欲スルモノハ報酬ノ有無ニ拘ラス特ニ総長ヘ伺出許可ヲ受クヘキ旨大学一般ヘ達ス」（「帝国大学第一年報」）

十二月二十四日　陸軍省と法科大学との間に、学生中七人を選び卒業後理事官になることを条件に同省より学費を支給する締約書が成立する（「帝国大学第一年報」）。

この年末段階と前年とを比較した対照表（表7）が作成されていた。「百年史」（通史一）では、この表から帝国大学の創設が新規の財政的投資によって行われたのではなく、旧機関の再編、制度的整備によりなされ、行政整理と合理化の面が大きかったこと、そしてその効果も大であったと述べている（八〇五〜八〇六頁）。行政整理の実態、具体的事項として実際に人的削減がどこで行われたかについて二点を指摘しておこう。一つは本部事務部局の雇員、御用掛、属といった人々が切られていた（初期は本部と分科大学を合わせると八人減に過ぎない）。二つ目は学部等教員では東京大学に存在したさまざまな身分（准講師、准助教授、御用掛など）が大幅に整序される（帝国大学官等にみられるように）とともに、東京大学にいた判任助教授が整理されたと思われる。

2　一八八七（明治二十）年

二月二十五日　入学宣誓式を定める。在学生を対象にして三月一日の帝国大学令公布紀念日にはじめて挙行する。誓詞は以下の通り。分科大学学生「生某科大学入学ノ上ハ謹テ規則ヲ遵守シ品行ヲ正シ学業ヲ勉メ本学ノ恩徳ニ答ヘンコトヲ誓フ依テ茲ニ姓名ヲ自記ス」、大学院学生「生大学院入学ノ上ハ謹テ規則ヲ遵守シ品行ヲ正シ所選ノ学芸ヲ専攻シ以テ享クル所ノ栄誉ト恩徳ニ答ヘンコトヲ誓フ依テ茲ニ姓名ヲ自記ス」。寺崎はこの行為を大学当局の「学生の『品行』に神経質」になっていた証としている。

二月　大学通俗講談会を設立。会長渡辺洪基、菊池大麓理科大学長、村岡範為馳第一高等学校教諭を幹事とする。第一回講演会を三月二十六日に開催する。前身は一八八四（明治十七）年五月創設の理医学講談会。

三月五日　国家学会第一回開催。三月十五日『国家学会雑誌』創刊。

四月七日　寄宿舎規則改正。学生が教授の居宅に下宿することを認可。

五月二十一日　学位令公布。本令公布までに三つの案がある。第一は成文化されたものではなく、一八八五（明治十八）年十月十五日の東京学士会院における森の「博士ノ称号ヲ更ニ設置」しようとして説明した案、第二は帝国大学令案附属資料として添付された「参照甲号　学位条令草案」（『東京大学百年史』資料一に収録）である。時期的には一八八六（明治十九）年二月前後と推測される。第三は一八八六年四月二十六日付にて文部省学務局長折田彦市から帝大総長へ回付された学位条令草案である。三つの案は一、二と三とに分けられる。前者の特徴は東京大学（帝国大学）が授与権者、推薦権をふくめてまったく関わっていないことと、第一案において森が少博士の資格を「大学教授以上ノ学力アリテ端正ナル人」というように人格的側面を挙げている点である。学位令第三条（「博士ノ学位ハ文部大臣ニ於テ大学院ニ入リ定規ノ試験ヲ経タル者ニ之ヲ授ケ又ハ之ト同等以上ノ学力アル者ニ帝国大学評議会ノ議ヲ経テ之ヲ授ク」）の授与要件にかかわる規定を紹介する。帝国大学令第四条（「分科大学ノ卒業生若クハ之ト同等以上ノ学力ヲ有スル者ニシテ大学院ニ入リ学術技芸ノ蘊奥ヲ攷究シ定規ノ試験ヲ経タル者ニハ学位ヲ授与ス」）と比較してみると、後者は同令公布当時前掲『東京輿論新誌』がもっとも賛同を表した事項であり（八六年三月四日の条参照）、学位授与は開放制と認識されていたのであるが、学位令ではさらに拡大され、大学院同等以上で授与されることになっていた。実際の授与要件と方法は「学位令細則」で決められた。渡辺史料に「文部省令　博士学力検定条規（草案）」と題された史料がある。草案は評議会の記録では廃棄された模様である。以下参考に掲げておこう（原物では多くの訂正が行われているが、ここでは整理して復刻した）。

文部省令〔欄外〕

博士学力検定条規

第一条　学位令第三条ニ依リ学位ヲ授クルハ帝国大学ニ於テ毎年十月各分科大学教員中ヨリ特ニ委員ヲ簡選シ試問ト論文ヲ以テ試検シ更ニ評議会ノ議ヲ経テ其学力ヲ検定セシムルモノトス

第二条　大学院卒業生同等以上ノ学力アル者ニシテ博士ノ学位ヲ企望スル者ハ志望ノ学科ヲ定メ毎年三月三十一日マテニ精細ナル学業履歴書并ニ学業証書類ノ写ニ願書ヲ添ヘ文部大臣ニ差出スヘシ文部大臣ハ之ニ指令シ検定ニ付スヘキモノハ帝国大学総長ニ移シテ施行セシムルモノトス

第三条　帝国大学各分科大学元東京大学及工部大学校ノ卒業生若クハ外国ノ大学校ニ於テ卒業セル者ニシテ四ケ年以上大学ノ教授助教授若クハ従来各官庁ニ在リテ学修セル事業ニ従事シ現ニ大学ノ教授タル者ニシテ相当ノ事蹟アルモノハ委員ノ試験ヲ要セス帝国大学評議会ノ議ヲ経テ博士ノ学位ヲ授クルコトアルヘシ〔以下、略〕

七月九日　第二回帝国大学卒業式挙行。渡辺は第一回目の演説に比して分科大学別に詳しく「本学年ノ概況ト来学年ノ企図」を述べていた（以下の渡辺の演説は「帝国大学第二年報」より）。法科については教員には満足しているが、卒業生数が一一人しかいないことを「実ニ遺憾」と述べ、私立法律学校の監督に言及している。医科の現状については「益々隆盛ノ状ヲ呈シ所要ノ学科率ネ既ニ整頓シ」という認識を示していた。工科ではその学科内容を概述していた。「凡ソ物資上ノ改進ハ此学ノ興隆ニ因ラサル者ナキカ故ニ近時漸ク特ニ此学術ニ需要ヲ増シ学生モ亦大ニ此学科ニ向フノ勢ヲ生セリ依テ本学ハ時世ニ必須ナル諸学科ヲ設置シ以テ改進ノ大勢ヲ賛助セント期ス」といわば「殖産興業」の基礎としての学問であることを強調していた。ただ法科と同様に卒業生が一九人しかいないことを「殆ント怪シムベキニ似タリ」と概嘆していた。文科では工科と同様に「文科大学ハ哲学ヲ以テ主要ノ学科トス其学タル事物形而上ノ原理ヲ究ムル者ニシテ形而下ノ理ヲ究ムル理学ト相出入シテ万般ノ学理ヲ統一スルモノナリ」と学問内容を説明しており、かつ卒業生数が少ない（哲学科の三人）のは学生数が少ないからである、と配慮を求めていた。最後の理科でもその学問内容を「哲学ト上下シ共ニ万有ノ理ヲ攷究スルモノニシテ医学工学等ノ原理ヲ究メ其効力ヲ拡張進達スルモノナリ」と説明し、さらに理科大学でも卒業生が少ないことにふれて、社会一般が重要性をいまだ認知していないためである、と述べた。以上に共通することは唯一点、卒業生数の少なさを渡辺はかなり意識していたことである。

このほか「修学ノ便ヲ与ヘンカ為メニ寄宿舎ヲ起シ本学年中既ニ上級ノ学生ヲシテ寄宿セシム来学年ニ於テハ悉皆入舎セシムヘキノ計画ナリ」と述べていた。渡辺の「悉皆入舎」という発言は注目される。彼は分科大学毎の全員入舎を構想していたということか。周知のようにこの後帝大の寄宿舎は農科のみとなる。第一回卒業式には欠席した森はこの日の祝辞で、維新前と後では社会構造が異なり、封建の世では小成に甘んじなければならない状況があったが、現在はそうではないと述べたのち、続けて言う。「諸君にして苟も既往に遡り、此等の事を顧み、先輩学士の困難を思はゞ、中々小成に安んずるなどの事は出来ぬ訳なり、要するに諸君は、常に我国の体力形勢を踏襲し、我国の文明は如何、富強は如何、何程の病□(不明)なるや等を常に見る事必要なり、若し之を恐るゝあらば、之れ天皇陛下の罪人なり、社会の罪人なり、己の良心の罪人なり、斯る過激なる事を祝儀の席に於て申すは不似合なる様なれども、今日の日本は決して祝するなどの時にあらずして、是より愈々益々困難多事の日本なれば、其覚悟なからざる可らず」(『時事新聞』一八八七年七月十三日)。小成云々の言葉は、後任の加藤弘之も使用し、さらに浜尾も援用するようになる。

七月二十五日　文官試験試補及見習規則公布。

九月十四日　衛生委員会規程制定。

十一月十五日　総長、文官試験試補及見習規則の公布に伴い私立法律学校特別監督条規の廃止を上申。一八八八年五月四日廃止。

3　一八八八（明治二十一）年

一月二十七日　評議会、法科大学法律学科イギリス、フランス、ドイツ部の各学科中の法学通論、理財学を高等中学校に移すことを可決。渡辺は第三回卒業式においてこの件を「蓋シ学生ノ大学ニ入リタル後ハ専門ノ学科ヲ修□(不明)ルニ夥多ノ時間ヲ要シ頗ル余暇ニ乏ク且ツ予メ法学ノ大意ヲ学フニアラサレハ法学専門各科ノ講義ヲ聴聞スルモ了解シ難キカ故ニ此改正ノ必要ヲ認メタレハナリ」(「帝国大学第三年報」、一三一頁)と説明していた。高等中学校を専門予備教育機関として位置付けてはじめて出来る措置である。

三月十九日　評議会、第一回学位授与審査において、文部大臣作成の候補者二五人中一一人を否決する。(9)

三月二十三日　帝国大学総長職務規程制定。

四月二日　文部省直轄学校収入金規則公布。

六月七日　評議会、「帝国大学評議会及分科大学評議会并帝国大学教授会総会規程ヲ設クルノ件ヲ議シ目下之ヲ設クルノ必要ヲ認メザルヲ以テ之ヲ議定セスト雖モ既設ノ帝国大学評議会及分科大学教授会并帝国大学月次会ニ於テ前文三規程ヲ慣例トシテ採用スルコトニ決ス」（「帝国大学第三年報」）。諸規程の原文は未見である。この記事から第一に分科大学教授会が既設であること、第二に三つの審議機関の規程が成文化されていたこと、さらに第二点から推して三つの機関の相互関係が明確にされていたこと、などは指摘できる。第一についていえば、寺崎前掲書でも指摘されているように、すでに同じ年報に法科大学教授会という文言が見られる。当時月次集会、評議会ともにその審議事項は明文化されておらず、前者は「帝国大学全体ノ利益ヲ謀ル為メ」（概則第一条）であり、後者はただ「議案ハ大学総長ヨリ之ヲ会議ニ付スルモノトス」（評議会規程第二）であった。寺崎が法制化される以前の分科大学教授会の存在を「推定されるのである」（前掲書、一五九頁）と述べていることを実証する記事でもある。帝大創設の初期から、学内における管理運営組織の構造化が進められていたことを窺わせる記事である。

七月十日　第三回卒業証書授与式。渡辺は前年通り演説の主旨を学年の概況と来学年の企図としているが、その内容は人事異動、学科課程の改廃、卒業生の就職状況などからなっていた。全学的事項では借財学生の処分方法の決定、寄宿舎の増築、「本学基金ヲ増殖スルノ地ヲ為シ必要ナル場合ニ於テハ授業料ヲ以テ経費ヲ補充スルノ途ヲ開」いた文部省直轄学校収入金規則の制定、図書館、寄宿舎、医院の失火を防止するため石油灯から電気灯への切替えに着手したこと、などを述べていた（「帝国大学第三年報」）。彼の演説ののち総代の謝辞があり、次いで司法大臣の祝辞が行われ、横浜始審裁判所長法学博士岡村輝彦が代誦した。祝詞は「全国ノ人口ニ対シテ社会ノ需要ニ応シ猶ホ多シト謂フヲ得」ない卒業生数に対して、今後「海内後進ノ輩ヲシテ翕然笈ヲ大学ニ負ハシムル」ように卒業生の活躍に期待すると、述べていた（「帝国大学第三年報」）。

十月　渡辺総長、「教員学力検定試験成績ニ付申報」（森有礼文相宛、渡辺史料）。渡辺は尋常師範学校、尋常中学校及び高等女学校教員学力検定委員長に任命されていた。この申報は「本年試験ノ実蹟ニ就テ及落多寡ノ理由及改良ノ方法ヲ案シテ」提出された。渡辺は「及落多寡」をめぐって厳しい意見を述べる。検定試験は、第一に多くが現役の教員である受験者の所属する諸学校教務の程度がどれほど低いかを示すものであり、第二に中等学校の設置もまた徒に「国力ヲ消靡スルモノタルヲ表スル者」になってしまっている、と。改善の方策として、「㈠受験者ノ参考書ヲ指示スルコト」、「㈡巡回講義ヲ開クコト」、「㈢文部省其他ノ（ママ）「ヲーソリテー（ママ）」ヨリ正確ナル講義録ヲ発行スルコト」、「㈣書籍縦覧室ヲ設ケテ受験志願人学修ノ便ヲ与フルコト」、「㈤試験委員ニ予メ受験者志願人ノ履歴ヲ精査シ受験ヲ許否スルノ権ヲ与フルコト」、「㈥受験学科ニ必要ナル英仏独一ケ国語ノ講読ヲ能クセサル者ニハ受験ノ資格ヲ与ヘサルコト」、「㈦既行試験科目ノ明細票ヲ公示スルコト」、「㈧生理ト動物学ト試験ヲ各別ニ為スコト否サレハ動物学受験者ハ生理学ノ試験ヲモ兼ネ受クヘキヲ明示スルコト」、「㈨理学ノ各科ニ於テ実験ノ研究ナキ者ハ受験ノ資格ヲ与ヘサルコト」、「㈩東京ニ中等学校教員練習所ヲ設置スルコト」の一〇項目である。これらのうち受験資格にかかわる六、七、九を満たすのは大学卒業生か高等師範学校卒業生しかおらず、彼らは極く少数にすぎない。彼らだけでは到底中等教育を満たすことはできないから、教員練習所を設置するしか解決の方策はないと結論する。少し長くなるが引用をしておこう。「其方法ヲ擬スルニ方今本邦現行ノ方法ヲ以テスレハ尋常中学校又ハ尋常師範学校ノ卒業生若クハ試験ニ依テ相当ノ普通教育ヲ受ケタル者其他中等学校教員ニ従事スヘキ者ヲ東京大坂等ニ募集シ大学高等師範学校高等中学校教員英語学（和漢文及習字ハ英語学ヲ要セス）心理学、教育学ヲ普通ニ之ヲ教習シ其他ハ各員撰フ所ノ各学科ニ就キ講莚及実験ヲ開キ短期ヲ以テ成業セシムルノ方法ヲ設ケ兼子テ其設置ヨク講義録ヲ発行シ各地ニ在リテ就学スヘカラサル者ニ直チニ之ヲ講習セシメ又練習所ノ事業生ヲシテ各地ニ講莚ヲ開カシムルモ可ナラン而シテ是等ノ者順次各地ニ教員練習ノ場ヲ開キ独逸聯邦各地ニ行ハル、尋常教員練習学校及高等教員練習学校ノ如キ組織ヲ為サハ中等教育ノ進歩ト共ニ小学教育ノ改良ヲ謀ルヲ得ン」[10]。

十一月二十日　評議会、寄宿舎入舎の方針を以下のように変更する。「寄宿舎ハ従来給費貸費ヲ受クル学生ハ必ス入舎セシメ又上級ノ学生ヨリ順次入舎ノ告知ヲ舎監ヨリ受ケタルモノハ必ス入舎ナスヘキノ制規ナリシカ実際ノ経験ニ徴シ且将来ノ便益ヲ謀リ審議ヲ経テ自今学生ノ望ニ応シ入舎セシムルコトニ改ムルノ件ヲ議シ之ヲ可決スル」（「帝国大学第三年報」）。

十二月一日　第三高等中学校長折田彦市、森文相に対して「法科分科創設之件上申」を行う。発端は一八八七（明治二十）年十二月の高等中学校会議における議決。二年四か月後の一八九〇（明治二十三）年三月十一日、同長「法学部開設之儀伺」を榎本武揚文相に伺い、三月二十八日認可される。上申の法的根拠は中学校令第三条「高等中学校ハ法科医科文科理科農業商業等ノ分科ヲ設クル事ヲ得」による。

十二月二十日　寄宿学生規程を制定。渡辺史料にある原文を復刻しておく。

学生監保及寄宿規程

第一　各分科大学ノ学生ハ各学科及各学級又ハ便宜之ヲ合同シタル者ヲ以テ組ト為シ各組ニ監保一名ヲ置ク帝国大学総長ノ特選ヲ以テ教授助教授ヲ以テ之ニ充ツ大学院ノ学生ハ指導教授ヲ以テ其監保トス

第二　各学生ハ学業素行常ニ所属監保ノ指導ヲ受クルモノトシ帝国大学及分科大学ノ諸官司ニ対スル請願嫌疑等所属監保ノ認章ヲ受クヘシ

第三　寄宿舎ハ各分科大学ノ各学科及各学級又ハ便宜之ヲ合同シタル者ヲ以テ部ニ分チ各分科大学（削除）大学院学生研

究生及学生ノ寄宿修学ヲ請願スル者ニ数ヲ限リテ入舎ヲ許ス各分科大学ノ教授助教授又ハ分科大学卒業生ニシテ助手ニ任スル者ニモ入舎ヲ許スコトアルヘシ

第四　既ニ婚セル者其他家事ノ□（欠）塁アリテ規則ヲ厳守スル能ハサル事情アル者ハ入舎ヲ許サス遅刻若クハ外泊シタルトキハ書面ヲ以テ事由ヲ証明シ其事由正常ナラサルトキ及如何ナル（削除）事由ノ如何（挿入）ヲ論セス一ケ月内外泊二回ニ及フトキハ直ニ退舎ヲ命スルモノトス

第五　帝国大学評議会ノ議決ヲ経テ寄宿舎ノ各部ニ其部内（削除）ヨリ部幹一名ヲ撰任シ以テ部内ノ秩序ヲ保維シ兼テ各部ノ利害ヲ代表セシムルモノトス但部幹ノ任期ハ毎年七月十一日ヨリ翌年七月十日ニ至ル満一ケ年トス

第六　官司ヨリ各部ニ伝フヘキ事項ハ部幹ヲ経由シテ部内ニ達シ各部総員又ハ各員ヨリ官司ニ申出ス事項ハ部幹之ヲ代表シ又ハ其認章ヲ受クヘシ

第七　舎監ニ於テ直接若クハ上司ニ請フテ寄宿舎学生（削除）一同ニ施行セント欲スル事件アルトキ又ハ寄宿舎学生（削除）一同ヨリ舎監ニ申出ツヘキ事件アルトキハ部幹ノ会議ヲ開キ其多数決ヲ取ルヘシキ其多数決ニ依ルクヘシ（削除）第一ノ場合ニ於テハ舎監其議長ト為リ第二ノ場合ニ於テハ部幹ノ互選ヲ以テ議長ヲ定ムルモノトス

第八　部幹ハ特待ヲ受クル名誉職トシ自己ノ都合ヲ以テ辞退スルコトヲ得ス但本員大学（削除）ノ職員若クハ給費生ニ非サレハ授業料及所定ノ賄費并ニ舎費ヲ免スルコトアルヘシ

第九　入舎ノ請願其他限数アル事件ニ就キ数多ノ請願者アリテ選択ヲ要スル場合ニ在リテハ大学院学生ヲ除キ各分科大学ノ学生ニ就キ概数ノ割合ヲ定メ同大学中ニ於テハ上級ヨリ順次先取者ヲ定ムルモノトス

第十　寄宿舎管理ノ方法ニ関スル細則ハ帝国大学総長ノ認可ヲ経テ舎監之ヲ（削除）ノ定ム（削除）ル所ニ依ル

この年渡辺は「帝国大学明治二十二年度予算実際支出額ノ内三万三千五百円減少相成ルヘキニ付再調査結局文部大臣へ陳述ノ覚書」を認めている。本文は以下のようである。

帝国大学ノ儀ハ明治十九年東京大学及工部大学校ノ事業継続設立相成候節前業ニ比シ金拾万余円ヲ減却相成為メニ従来ノ事業□古典講習科及医学別科ノ類ニ資金ヲ投スルヲ止メ其他教員職員数多ク止メ費用ヲ節減シ其経費ニ於テ一モ有余ヲ置カス到底此上減却ノ見込之無キ処本年度予算ニ於テ各省一般一割減ノ議決スルモ当リテ帝国大学ハ更ニ減省《（ママ）》ノ見込ナキヲ以テ本年度ノミ減額ノ見込ヲ以テ従来多少ノ辛苦経営ヲ以テ蓄積シタル授業料等ノ積金ヲ以テ此一割減即チ参万一千五百〇五円ヲ補塡シ漸クニシテ其一半ヲ維持シタル者ニシテ（以下三二文字削除、削除部分は省略）減省ノ道ナキハ昭々トシテ明ナリ、即昨年一割減ノ時ニ当リ諸官衙ノ費用ノ如ク之ヲ減シタルニ非ラス、偶然他ニ幸ニ貯蓄セル者アルヲ以テ之ヲ補フコトヲ得タルノミ、然ルニ来二十二年度ニ於テハ国庫支出金ヲ本年度ニ据置ク、則チ参万一千五百円ヲ減セラレルトス、然《（削除）》シテ而テ実ニ（以下二文字削除、削除部分判読不能）帝国大学来年度ノ予算ニ於テハ三拾壱万五千円ノ金額ヲ給セラル、モ尚タラスシテ、授業料ヨリシテ二千八百円ヲ使用スヘキノ予算ヲ提出スルニ至リシ現況ナル、豈其減額ヲ許サルヤ而シテ一方ニ於テ来年度ノ収入ヲ預図スルニ壱万五千五百余円ニ上ラス、今之ヲ曩ニ勅令セラレタル文部省直轄学校収入金規則ニ依リ半額ヲ支出トキ《（削除）》ハスルモ七千七百八拾円ニシテ其内曩《（削除）》ニ予期ノ二千八百円ヲ（以下三文字削除、削除部分判読不能）此額ヲ減シテ弐万六千五百円ヲ要求スルノ一途アルノミ而《（削除）》シテ更ニ尚帝国大学本部及分科大学ノ経費ニ就テ款項節目精細ニ調査スルモ《（削除）》ニ来《（削除）》年度既既ニ呈シタル予算内ニ於テ□ヲシテ剰シ得ベシト預《（削除）》企望スルモノハ千六百八拾円アルノミ庶幾クハ之ダケニテモ収入金規則ノ主旨ニ因《（削除）》ル依リ資金ニ加ヘンコトヲ□□若夫レ□《（削除）》以上陳フル所ノ限ヲ超ヘテ要《（削除）》減額ヲ要セラル、トトキ《（削除）》セハ□□《（削除）》帝国大学現今《（削除）》ノ状態ト雖トモハ立行カサル□□尚之ヲ維持スルコト能ハス言アル

ノミハ其立行ニ(削除)カサルトノ就テ別ニ考慮スル所ナカルヘカラサルハ(削除)喋々ヲ待タ勢ノ止ムヲ得サル所ナリ

4　一八八九（明治二十二）年

一月十七日　文部省、十五年計画で官立学校授業料を約三・三倍（帝国大学は年間百円）に引き上げる計画を打ち出す（「帝国大学第四年報」）。

一月二十二日　徴兵令改正。諸種の服役猶予規定を廃し、国民皆兵主義を徹底。

一月二十四日　内閣、官吏に政事上または学術上の演説・叙述を許可（訓令）。

一月二十五日　大学寄宿舎にて火災、焼死一人、負傷者八人（「大学寄宿舎ノ失火」『学士会月報』一八八九年二月、一二号）。彼らに対して皇后から恩賜金が出される（「帝国大学第四年報」）。

二月七日　森文相、工科大学において演説。[11] 開口一番「大学総長ノ求メニ応ジ帝国大学ニ向テ文部大臣ノ意見ヲ述べ且文部大臣ノ希望スル所ニシテ今後実行アリタシト思フコトニ就テ聊カ陳述」するといい、維新以後の学問と国家との関係に言及して、帝国大学設置の目的が「国家ノ為メデアル」と述べていた。「大学ノ職員及ヒ学生タル者ハ国家ト云フ事ガ大学ノ本尊デアルト心得ネバナラヌ国家ハ大学ノ本尊デアル」といったトーンである。大学の現状は「文部大臣ニ於テハ政府ノ思フ所ノ満足ノ点ニハ成テハ居ラスト思フ」と感想を述べていた。不満、不備の具体的な指摘は控えているが、ただ一つ前月の火災による学生焼死の件を取り上げた。焼死という痛ましい事態を生んだ火災事件について、森は死者への哀悼の意を捧げることもなしに「斯様ナ場合ニ処スル為ノ大学ノ職員ハ勿論学生ニ於テハ平素如何ナル注意ヲ取ラレシカ各自ノ良心ニ問ハレテ可ナラン多少遺憾トスル所アルベシ」と批判した。これは非常な反撥を醸したと思われ、演説文の末尾に大臣発言の「本文意」をわざわざ解説していた。火災などの場合の「紀律ノ整斉」が必要であり、「学生ノ焼死ノ痛悼余遂ニ此数句ヲ発スル」と。この解説のおかげで事態がよくわかる。職員、学生は森の発言を日頃の用意が不充分であり、焼死も無駄死であったと受け止めた、ということであろう。

二月十一日　大日本帝国憲法発布。

二月十一日　森有礼、官邸玄関にて暗殺される。

三月二十三日　「帝国大学の独立」『時事新報』(12)。

四月　帝国大学独立論に対する渡辺の意見は、彼の史料にはほとんどない。断片があるのみである。一つが「金穀制本兵馬制末」である。「兵財ノ二部ハ政治ノ枢機ナリ」に続けて「学問ハ独立不羈ニシテ世俗ノ波瀾ノ為ニ動揺セシムヘカラス学問ニシテ之ヲ受ケ忽チ学タルノ地位ヲ失ヒ世俗ノ意ニ屈従セサルヘカラサルニ至ル今ヤ帝国議会ノ開クル政治党派ヲ分ツハ数ノ免カレサル所ナリ而シテ政府モ亦タ之カ為ニ更迭スルニ非サレハ少クモ其勢力ヲ動クル亦免カレサル所ナリ然ルニ学問ニシテ其保存ヲ此二者ニ受ケ之カ為メニ左右セラル焉ソ卑屈ナラサルヲ得ン」である。二つめは「苟モ社会一部分ノ制馭ヲ受クルトセンカ其部分ノ鼻息ヲ窺ハサルヲ得ス為メニ大学全体ノ精神ヲ腐敗セシメ神聖ナル学識ヲ討究スルニ専ラナラサラシムヘシ其社会ノ部分トハ即チ財政ノ勢力アル部分ニシテ第一政府ヲ組織スル現任ノ大臣第二議会ノ勢力アル部分及ヒ人民ノ或ル勢力アル部分ノ意向」という断片である（渡辺史料「大学の独立に関する意見書断片」）。渡辺は大学が外部からの制約を受けることに反対しており、独立論と共通している。ただ、渡辺の場合は議会のみでなく「現任ノ大臣」、「人民ノ或ル勢力アル部分」までも対象としている（「浩堂叢書」第三分冊）。

渡辺が条約改正にかかわって論じた帝国大学論はまとまって存在する。一八八九（明治二十二）年四月以降に学生を対象に演述されたと思われる資料によれば、渡辺がもっとも嫌ったのは条約改正の賛否を表明することよりも、「付和雷同」、「団結」して「党派ノ如キ傾向」を醸すことにあったようだ。「帝国大学ハ学問所既ニ学問ニ於テ先進タル教員ト後進ナル学生トカ寄合ヒ之ヲ国家ヨリ保護給養シテ専ラニ学ヲ講セシムル所ナリ」、「学トハ何ソ事物ノ真理ヲ知ルコト」である、と帝国大学、学問の性質を述べている。その「学」の基本的属性として「学則ハチ智識ハ自由ニ非レハ発達セス自由ハ各個人自ラ責任ヲ以テ之ニ当リ他ノ束縛ヲ受クルヘキモノニ非ラス」と断言する。さらに続けて「帝国大学ニ於テハ学ノ為メニ相一和シ共々此目的ヲ達スル為ト愛国ノ精忠ノ為メニ相協同スル為トニヨリ渾然タル団体ヲ為スヲ望ムノ外ハ各個人自治ノ精神ヲ養ヒ智識自由ノ発達ヲ要スル者」である。(13)「渾然タル団体」のイメージを確定するには材料が少なすぎるが、帝大が「国家ノ設置物」であることと「渾然タル団体」であることが彼の意識では並存していた。

六月　加藤弘之「帝国大学の独立」(14)を記す。「社会の一大問題」となっている帝国大学の独立について主旨（議会の帝大予算への干渉を防遏する）、方法ともに賛意を表しているが、現実的に無理であることを述べている。加藤は大学の設置数を「学制」の学区制、のちの京都帝大設置理由に見られるような競争原理などから説明していない。人口比から設置数を割り出している。さらに同志社、慶応義塾の大学設置の動向にも触れて「是等の学校か真の大学の組織をなすに至らんことは決して容易に望むへからさるなり、大学と云へは必す法科理科医科工科文科等の数部を具備せされは叶はさること」と帝大の構成原理からその不備を指摘していた。私学を含めて大学増設は困難であり「唯一ありて二となき吾か大切なる帝国大学」すら保持できなければ「実に国家の不幸なるのみならず欧州各国に対しても不面目此上もなきこと」と述べ、帝大の温存を希望していた。

七月十日　第四回卒業証書授与式。卒業生数一一八人（『帝国大学第四年報』）。この卒業生は医科を除き帝国大学創設後三年間の全課程を修了した学生であった。渡辺の演説の構成は従来通り、とくに注目されるものはない。卒業生総代文学士大西祝は「近時世態ノ進歩ニ伴ヒ学界マタ将ニ新タナラントス且生等ノ業ヲ卒フルヤ幸ニシテ帝国憲法ノ発布皇室典範ノ制定ト時ヲ同ウセリ此ノ如キ時機ニ遭遇セル生等ハ益我大学ノ我皇室及ヒ国家ト其隆運ヲ共ニセンコトヲ熱望シ且此ニ努力セスンバアラザルナリ」と謝辞を述べていた。来賓として出席した榎本武揚文相は自分自身の昌平黌時代の思い出を語るとともに「社会ニ向ヒテ将来重要ノ位地ヲ占ムヘキ人ナレハ益々以テ徳義ヲ尊ヒ名節ヲ重ンシ各々奮テ本分ヲ尽サレ」と徳育的側面に言及した。

七月二十五日　内閣、大学卒業生の俸給につき文部大臣に内訓を発す。

十月九日　文部省、帝国大学・直轄学校および道庁府県に以下の訓令を発する。「明治十五年六月十日同十七年四月五日同十九年七月十日付ヲ以テ学術ノ講談演説ニ関シ及訓令置致候次第モ有之凡ソ教員学生生徒学術ノ講談演説ヲ為ス節現在ノ政務ニ関スル事項ヲ可否討論スル等ノ義無之様一層厳重取締可致此段更ニ訓令ス」。

十月十日　渡辺総長、『利国新志』第一号発行。本誌の情報は「□渡辺帝国大学総長　同総長は去月廿六日、大学に於て、学生を一堂に集め、国家主義といふ題にて、演説をなしたりといふ。又近々帝国大学に関係ある人々が、利国新誌といへる雑誌を、発兌せんと計画せらるる由なるが、渡辺総長の演説は、右利国新誌のことに就て、演説せられたるものにはあらずや、といふものあり」(15)との『教育時論』記事から得た。所蔵が確認できたのは、東京大学法学部附属明治文庫のみであった。以下、書誌的事項を記しておく。発行は毎月二回、五日と二十日（後二十五日に変更）、一冊一〇銭（前金）、発行兼印刷人は金森太郎、編輯人須崎由三郎（第二号からは東宮鉄麻呂となる、ペンネームか）、専売所金港堂である。第一号巻頭には論説として渡辺の「利国ノ主義」が掲げられている。発行の趣旨は同誌購読の広告に「本志ハ、我日本国民ノ実況ヲ以テ立論ノ依拠トシ、外国ノ事実ハ史上及統計上我国情ニ適切ナル者ヲ撰ンテ之ニ参シ、政治貿易文芸工業ノ学術ヲ振興シ、以テ利国ノ新策ヲ経画スルヲ旨トシ、議論凡テ朋党ニ偏セス、流派ニ倚ラス、博ク内外ノ諸学士及実際家ノ所説ヲ、内日本帝国ノ権利ヲ拡張シ、外各国ト親密ノ交際ヲ保チ、天壌無窮ノ皇基ト共ニ、独立不羈ノ国民タル栄幸ヲ享受シ、宇内ニ卓立シテ隆盛ナル営生ヲ為スノ方鍼ヲ定マンコトヲ企図スル者ナリ、（中略）吾輩ハ唯利国ノ主義ヲ有スルノミ、区々党派ノ如キハ敢テ問フ所ニ非スナリ」とある。

十月二十日　法科大学大学院学生織田一「帝国大学ノ性質ヲ論ジテ世ノ或ヲ説ク」(16)を発表。彼は論説公表の理由を「方今我国ノ最大問題タル条約改正ノ論一転シテ憲法抵触論トナリ再転シテ我帝国大学ノ性質論トナリ或ハ新聞紙上ニ或ハ雑誌上ニ於テ我大学総長、教授、及学生ノ挙動ヲ非難スルモノアリ今ヤ我帝国大学ハ世論ノ中心タラントス」と述べていた。

十月二十四日　渡辺、三条実美首相に政府改革意見書を提出する。

5　一八九〇（明治二十三）年

二月　総長、「一年志願兵規則改正ニ関スル建言」を上申。(17)この建言については『東京大学史紀要』第七号（一九八九年）にて「初代総長渡辺洪基提出『一年志願兵規則改正ニ関スル建言』について」と題して解題を付して資料復刻を行った（佐々木尚毅氏と共編）。その解説をもとに略記する。前年十二月一日に法学士四人、工学士二人の卒業生がはじめて一年志願兵として入営していた。渡辺は志願兵制度は「美事」と評価しつつ、帝国大学（学生・卒業生）との関係では「一方ニハ全国皆兵ノ実効ヲ奏セス一方ニハ国家経済ニ障害ヲ与フル事情」があるとして、五つの改正点を要望する。「体格試験ヲ厳密ニ為ス事」、「務メテ服役ヲ短縮スル事」、「卒業生一年志願兵ヲ志願スヘキノ期ヲ数年間延ハサレン事」、「大学々生ハ入学前ニ兵役ノ義務ヲ終ヘシムヘキ事」、「志願兵ハ其入隊ノ初時ヲ七月一日ト改メラレンコト」、の五点である。第二項（「務メテ服役ヲ短縮スル事」）では三年間の一般徴兵に比し、一年という短期間の兵役をさらに短縮することを要望している。その理由は次のように記されている。大学生は「富家ノ子弟ハ殆ト之レ無ク多クハ親族知人ノ補助ヲ受ケ又借財ヲ以テ其業ヲ成ス者」であり、「其実況ヲ言ヘハ学生卒業証書ヲ受ケ大学ノ門ヲ出レハ債主前ニ塞ク親族其後ニ満ル」状態である。彼ら自身にとってだけでなく、「巨万ノ国費ヲ以テ多年之ヲ養成」された国家有用の人材であることから、服役期間を短縮してほしい、と。この建言は、中等教育機関卒業生などと同等の特典ではなく、帝国大学学生・卒業生については国家経済の損失にならないように、さらに厚遇する必要があると主張し、ついには徴兵を免除すべきである、というのが真の狙いだったかもしれない。

三月二十六日　文官試験局が廃止され、文官高等試験委員がこれに代わる。渡辺の長官も廃官となる。

三月二十八日　官立学校図書館会計法成立。

春　渡辺総長、文部大臣宛の上申書を提出する。[18] 上申書は前年と同様に帝国大学財政に関わる内容であり、今後一〇年間分の雇外国人教師経費を定額制にして、帝国大学経常費における外国教師の給料を減じるので、それを確定してほしい、と希望している。前年末の段階では雇外国人教師の俸給は一七人（講師五人がこのほかに在職）で六万九六九七円であり、総長給（勅任一人）五〇〇〇円と奉任俸給（教授、助教授専任など約八〇人）九万三四〇一円との合算九万八四〇一円に比し、その高額さは明瞭である。上申書の概要は以下の通りである。帝国大学財政は「外国教師ヲ減シ候ノ外経済維持ノ道無シ」と断定し、ラートゲン、ハウスクネヒト、ベルツ、ダイバースを解雇して予算案を調製したのは経費上「勢不得止次第」であったが、「本大学学術進捗之為メ、未ダ輙ク外国教師ヲ廃シ候義者決シテ然ルベラ（ママ）ザル義ニ有之、少クモ当分ノ内ハ法科大学ニ五名、医科大学ニ二名、工科大学ニ五名、文科大学ニ五名、理科大学ニ三名位ハ是非無之テハ不相成儀ト被存候、就而者、前文本年度解雇相成候分四名ヲ雇継、尚向十ヶ年間ヲ一期トシ凡二十名ノ外国教師設置ノ見込ヲ以テ右経費一名凡月俸五百円トシ一ヶ年拾弐万円、外ニ官舎料一名四拾円一ヶ年八千円ヲ特ニ定額ト被定候様致度」云々となる。なお、金井円は註(18)の文献において、この上申書を「お雇い外国人の役割についての意味深い発言と、その意向に添《ママ》って一八八五（明治十八）年、一八九〇年の両次の削減（前者の内容は一八八八〈明治二十一〉年末に掲載した覚書と同じ内容）についての重要な言及があり、それ自身として価値がある」（一三一頁）と記している。

五月十七日　山県首相の股肱の内務次官芳川顕正文相就任。芳川は文相就任後、全文三千字に及ぶ高等教育に関する意見書を閣議に提出した。表題は「二〇　高等教育ニ関スル意見　日本法律学校ニ関スル書類　芳川顕正(19)」である。「意見」は、帝国大学が東京に一校しかないために生ずる弊害を「品行ニ於テ或ハ言論ニ於テ憂慮スヘキモノナキニ非ラス」と指摘し、その「匡正ノ方法」としては第一に「数個ノ大学ヲ設置スルコト欧州大陸諸国ノ如ク」する。一校しかないことで「他ニ競進ノモノナキヲ以テ自然ニ独偸安ノ傾ヲ生シ学術ノ研究推輓ヲ遅鈍ナラシムル」とし、さらに「子弟奔競ノ念ヲ抑エ地方ニ安ンシテ教育ノ素ヲ養フノ基ヲ開ク」ことが出来るとしている。第二は、第一の策が「巨額ノ費用」を要するために実行出来ないときの次善の策として、「既設ノ五高等中学校ヲ拡張シ、各種急要ナル専門部ヲ附設シ（割註略）（中略）他日歳計余裕ヲ告クル日ヲ待チ一躍シテ大学ト作《ママ》ルノ地歩ヲ為シ」とする。これにより地方の子弟をその地に留まらせることができ、「子弟ヲ首府ニ駈リテ共ニ軽躁権詭ノ念ヲ養生スルニ比スレハ其功益亦偉大ナルヘキ」としている。

この意見書は「公文雑纂」にも収録されており、日付は十月とある。雑纂収録分には右の二点のほかに「特別認可学校ニ対シ一層検束ヲ加ヘ併セテ文官試験規則代言人規則医術開業試験」の改正案も提案されている。

五月十九日　元老院議官加藤弘之、第二代総長に就任。

五月二十日　渡辺総長退任。この事情について三宅雪嶺は次のように評している。「渡辺が大学総長として芳川文相の下に居るを欲せざる所あり、別に政治的運命を開かんとする所あり、芳川が大学に於ける渡辺の不評を聞き、山県の姻戚なる加藤〔長女慶子は五歳にて早死にし、次女高子が山県有朋の養嗣子である山県伊三郎に嫁いでいた〕を総長とする方、山県も満足し、加藤も満足し、大学も満足すべしと考ふる所あり、前々文相に東京大学総理を罷められし加藤が茲に帝大総長として旧巣に帰るの結果を見る」。渡辺は「世俗に過ぎ、学会に適せずとも言はれ、兎角の批評の出て、自らも永く大学に没頭するを屑しとせず、機会を見て飛躍せんことを欲し、偶々同輩たる芳川が上官となり、其の下に屈するよりも、海外に出て、新たに出直ほすに若かざるを考へたらん」(『同時代史』第二巻、岩波書店、一九四九年、三九九頁)。

十月三十日　教育勅語発布。

十一月二十三日　第一回通常議会召集。

おわりに

渡辺総長時代を中心にして、帝国大学体制形成の初期を見てきた。このほかにも渡辺にかかわって取り上げなければならない事柄は多くあると思う。さらに深く立ち入って、実態を解明することが必要なことを確認させられた。その蓄積を経たのちに、個別の課題に取り組むことにしたい。

註

(1)　寺崎昌男は渡辺時代について以下のように記している。「渡辺の帝国大学総長時代の業績は、それ自体として歴史的検討に価すると思われる。〔中略〕彼の業績の中には、分科大学生に対する民間からの奨学金の導入、『帝国大学学生盟約』の制定、後述の『教官月次集会』の開催及びその規則制定等いくつかの注目すべき施策があり、一般に、行政官らしい能率主義的な観点から、官僚機構と帝国大学との結合という、伊藤、森の政策の実現を促進したものといえる」(『日本における大学自治制度の成立』評論社、一九七九年、二四六頁)。

(2)「帝国大学成立に関する一考察」『東京大学史紀要』第一三号、一九九五年、本章「二」として収録。

(3)「石川半山——曾根松太郎——」『当世人物評』一九〇二年。

(4)『肥後先哲偉蹟』後編、一九二八年。寺崎昌男「自治寮制度成立論」『旧制高等学校史研究』第一五号、一九七八年、より再引用。

(5)「帝国大学第一年報」(『史料叢書東京大学史　東京大学年報』第三巻所収、東京大学出版会)。以下単に「帝国大学第何年報」とのみ記す。

(6)帝国大学第一・四年報。

(7)「一　学士養成之趣意書及送付箇所書」(東京大学史史料室所蔵「学士養成関係」、一八八六年、所収)。

(8)海後宗臣『教育勅語成立史の研究』(一九六五年)に収録、「百年史」通史一(八一六頁)に全文再録。

(9)「帝国大学第三年報」六六頁。この事件については寺崎「帝国大学における最初の学位授与顛末」(『大学史研究』第九号、一九七五年、「百年史」(通史一))、佐藤広志「日本における最初の博士集団」(広島大学大学教育研究センター『大学論集』第二三集、一九九三年度)、を参照。

(10)なお、この申報の存在は寺崎昌男、「文検」研究会編『「文検」の研究——文部省教員検定試験と戦前教育学』(学文社、一九九七年二月刊、二二頁)でも言及されている。

(11)『学士会月報』第二二号、一八八九年二月。この文献は谷本宗生氏からのご教示によって知った。なお、前掲寺崎『日本における大学自治制度の成立』(二四四頁)にも言及あり。

(12)以下、この月に七つの関連記事が確認される。なお、独立論関係の論考については前掲寺崎『日本における大学自治制度の成立』、酒井豊研究代表者編『日本近代大学成立期における国家、学術体制ならびに大学の関連構造に関する研究』科研費報告書、羽田貴史「明治憲法体制形成期の帝国大学財政政策」(広島大学大学教育研究センター『大学論集』第二五集)などを参照。

(13)以上の引用は「浩堂叢書」第二分冊、(東京大学史史料室所蔵「渡辺洪基文書」)による。

(14)『天則』、第一編第四号。

(15)『教育時論』第一六一号、一八八九年十月五日。

(16)『利国新志』第二号。

(17) 東京大学史史料室所蔵「重要書類彙集」(自明治十二年至明治二十四年)。
(18) 以下は金井円『お雇い外国人⑰人文科学』鹿島出版、一九七六年、一二八〜一三〇頁による。
(19) 日本大学史編纂室編集『山田伯爵家文書』全八冊中の第四冊目。

二 理科大学教授矢田部良吉関係文書の分析を通して

はじめに

本項は矢田部良吉文書中の日記を中心にして、一八八五(明治十八)年から一八九一(明治二十四)年までを対象に、帝国大学成立に関する一斑を明らかにすることを目的にしている。

帝国大学は一八八六(明治十九)年に創設され、その成立に関してはこれまで創設理念、機能、内部組織等について多くの研究の蓄積が図られてきた。(1) しかし、いまだ多くの課題が残されているのが現状である。課題の解決にあたっての最大の障害の一つは史料的制約である。数少ない既存の公文書類はすでに『東京大学百年史』(通史一)にて取り上げられ、同「資料一」にも収められており、近年には年次報告書『帝国大学年報』も復刻された。(2) しかし、それらは成立経緯を解くには不十分な史料と言わざるを得ない。個人文書では森有礼及び井上毅文書はよく知られているが、本項の対象時期にあたる森文書には直接的な史料はほとんどない。一方、東京大学関係者の文書としては、加藤弘之史料がその代表としてある。継続的史料としては日記があるが、本項でも一部引用したように、政策の動向を記すのではなく日常的行動の備忘録であり、帝大成立の諸経緯を示すような日記以外の政策関係文書はない。このような史料状況にあって、矢田部文書はまさに貴重な史料群というべきであろう。

矢田部良吉文書については中川徹他「矢田部良吉資料について」(3)を参照してほしい。ここで彼の履歴を略記しておこう。(4)

矢田部は一八五一（嘉永四）年九月十九日（旧暦）、静岡県韮山に生まれた。父は江戸後期の蘭学者卿雲。中浜万次郎、大鳥圭介等に英学を学び、一八六九（明治二）年五月開成学校教授試補となる。翌年外務省文書大令史となり、森有礼の米国行きに随行する。森への紹介は高橋是清といわれ、同じく森に随行した外山正一とはじめて知り合う。渡米中に外務省の職務を辞退して、コーネル大学に入学して公費留学生となり植物学を修める。一八七六（明治九）年九月に帰国、東京開成学校五等教授になり学者としての道を歩み始める。一八八一（明治十四）年には邦人教授の一人となる。帝国大学成立とともに同教授となり理科大学教頭、評議官に任命される。一八八七年十月東京盲啞学校長、翌年には東京高等女学校長を兼任する。こののち本項で取り上げる非職問題が起こり、一八九一（明治二十四）年三月非職、三年後の一八九四年非職満期となり帝大を去る。一八九五年高等師範学校教授、一八九八年には同校長となるが、翌年の八月八日に死去した。以上の官歴のほか、彼は漢字廃止を主張してローマ字会を創設し、また『新体詩抄』歌集にも参加していた。鹿鳴館の舞踏会にも熱心に通っていたことが日記からうかがえる。

つぎに文書の概要を示せば、文書は国立科学博物館に一九七五年、遺族から寄贈された。資料点数は、著書・翻訳書類九点、雑誌類六点、日記類一六点、ノート類四五点、詩稿・手帳類四点、原稿類一〇〇点、ノート用紙類一〇点などで、計二四四点である。日記は旅行日記を除いて、一八八二（明治十五）年から一八九三（明治二十六）年まで継続してあり、その後は六年飛び、矢田部死去の一八九九（明治三十二）年のものがある。原稿類にはのちに引用する一八八六（明治十九）年の日記に記載のある「教頭ノ職務ニ付伺」等がある。手紙には外山、嘉納治五郎、九鬼隆一、伊沢修二、沢柳政太郎等からのものが含まれている。

本項は帝国大学体制形成期の初期において、帝大教官として重要な役割を果したと思われる矢田部を中心として、第一に形成期の一方の当事者である帝大教官側の史料の一つとして彼の日記等を紹介し、第二にそれらの情報をもとにして帝大成立前後の状況の一斑を事実史的に押さえ、第三に矢田部の非職問題を取り上げて、大学史の文脈の中でその背景と意味とを考察するものである。(5)

1 日記等にみる帝国大学成立に関する諸課題

帝国大学成立を考察するにあたり以下の諸点について見ていくことにする。

(1) 成立前史

一八八五(明治十八)年七月二十一日(火)の矢田部日記に「夫ヨリ大学、理学部、文部省ニ行ク、羅馬字会へモ立寄タリ文部省ニテハ浜尾(新――筆者註、以下同様)氏ニ面会シ是迄ノ四学部ヲ廃シ凡八箇ノ学科ヲ置ク事等ニ付余ガ意見ヲ述ヘタリ」という記載がある(以下、とくに断わらない限り日記とは矢田部良吉日記を指す。復刻にあたっては合字は開き、ㇳは事などとした)。これ以前、矢田部は四月二十七日に加藤総理から「大学後来ノ事業」につき相談を受けている。これはもちろん東京大学の改組と直接の関連を示す記事ではないが、矢田部が東京大学の改組問題を承知していたことを示す記事である。浜尾は東京大学副総理であり、日記に記された四学部とは法医文理学部であろう。それを廃し八個の学科編成にするという。工芸学部と、文学部の政治学及理財学科を法学部に移管した法政学部の設置構想はいまだ緒についていないと考えられる時期である。当時の学部に置かれた学科数と合わないのは勿論であるが、「帝国大学令草案」[6]と呼称される組織案を見ると、分科大学を一学科として数え、かつ法科と農科と（草案段階では設置が予定されていた）を各二学科とすると、学科数は合致する。しかし、これは数値上一致するだけであり、制度改革構想上の一致を示すものではないだろう。

さらに諮詢会の記述があるので、摘録をしてみよう。

一八八五（明治十八）年

五月二十一日（木）大学ニテ第一年生ニ給費ヲヤル事ニ付人員ヲ限ル事ノ諮詢会アリ

十一月　六日（金）午後大学ニテ諮詢会アリ洋文雑誌発兌ノ事ヲ議ス

十一月十七日（火）午後三時半ヨリ理学部々会アリ菊池（大麓）文部省へ行キタルヲ以テ余議長ノ代理ヲナス

諮詢会の活動については史料的に一八八四（明治十七）年六月までしか判明しておらず、[7]日記によりこの年に諮詢会（総会）が二回、理学部部会が一回開催されていたことが確認された。議題については第一の給費はそれまでも審議されていたが、第二の雑誌発行の件は見当たらない。同会の審議範囲の拡大と解釈できるのか。「洋文雑誌」とは大学紀要を示していた（「検印録」一八八五年）。理学部部会は日記の限りでは第三週の火曜日に開催されていた。翌年二月の時点まではこの通りであるが、帝国大学創立以後の、たとえば一八九〇年の記事をみると月曜日に変更されていた。

成立前史における重大事の一つであり、総長人選にも影響を与えたと言われる、工部大学校の東京大学への移管問題についての情報はみあたらない。[8]

(2)　管理運営組織

帝大創設時の一八八六〔明治十九〕年における大学関係記事は全部で三二ある。文部省関係等の記事を加えると三七になる。参考のため、一八八六年の主な記事を摘録しておこう。

一月　十一日（月）本日加藤弘之元老院議官ニ転シ外山正一東京大学総理事務取扱被命タルヨシノ達アリ
　　　十三日（水）今朝菊池ヨリ植物園定員減少ノ事ニ付相談アリ
　　　十六日（土）午後三時過キ東京師範学校ニテ開ケル文部省小集ニ行ク
二月二十三日（火）午後二時ヨリ大学ニテ部会〔諮詢会部会か？〕アリ器械類外国ニ注文ノ事ニ付相談アリ理学部工芸学部ニテ六百円ヲ使用スルヲ得
三月　二日（火）本日帝国大学令発行ニナル尤モ昨日ヨリ諸省ノ官制ヲ官報ヲ載セ《ママ》其続キナリ即勅令第二号ノ続キナリ
　　　　本日理科大学教授兼教頭ニ任ゼラル
　　　十日（水）本日渡辺洪基大学総長トナル
　　　　夕刻ヨリ外山菊池ト共ニ上野精養軒ニテ食事ス
五月　二日（日）午前志田林三郎方へ行キ夫ヨリ森有礼方へ同道ス教頭職掌ノ事及ビ評議会ノ事ヲ談ズ夫ヨリ又志田方ニ返リ評議会ヲ速ニ組織スル事ニ付テノ上申書ノ下書ヲ認ム
　　　四日（火）本日去ル二日ノ記事中ニアル上申書ヲ諸教官ニ廻シ午後森大臣ノ宅ニ行キ氏ニ之ヲ呈ス尤モ昨日ハ志田之ヲ工科大学ノ教官ニ廻シタリ調印セシモノ総計二十五名ナリ尤モ取リ急キタレバ全教官ニ廻スイトマ無カシ《ママ》カドモ廻シタリ人ハ皆調印シタリ
　　　五日（水）午後桜井、山川、寺尾ト共ニ星学室ニテ学位条例ノ事ニ付議ス是ハ過日文部省ヨリ同条例草

案ヲモラヒ置キ之ニ付キ相談セシナリ
六日（木）本日文部省ヨリ帝国大学評議官ヲ命スト云フ書付ヲ受ク
八日（土）本日ハ昨日議定シ了リタル擬学位条例草案及ビ説明書ヲ文部大臣ニ出スニ付山川、桜井、寺尾井ニ余之ヲ調印シ午後余之ヲ文部省大臣ニ渡シタリ尤モ氏ノ宅ニ行キタリ
十一日（火）午後ヨリ理科大学ノ協議会アリ雑誌ヲ新ニ出板スル事等ニ付協議アリ
十三日（木）午後(抹消)前ヨリ高等中学校ノ学科課程ノ事ニ付理科大学ニテ会シ又午後ヨリ評議官ノ会ニテ之ヲ議シ夜十一時頃迄掛リ未ダ決シ及バザリシ
二十五日（火）午後大学ニテ月次会アリ
二十九日（土）午後ヨリ大学ニ於テ学生ノ競技運動会アリ
六月　一日（火）午後大学ニ於テ評議会規程ノ事ニ付会アリ
四日（金）午後ヨリ文部省ニテ開ケル参事官ノ会ニ行ク中学校課程ノ事ヲ議ス
八日（火）午後大学ニテ理科ノ教授会アリ
九日（水）午後理科大学各教室主任ノ会アリ廿年度予算ノ事ニ付相談アリ
九月　十八日（土）本日大学ニテ評議会アリ
二十一日（火）大学ノ授業スル本年ハコレラ流行ニ付キ延引ニナリタルナリ

以下、管理運営にかかわる組織をこれまでの摘録から取り上げよう。

まず評議会である。評議会という言葉の初出は五月二日であり、六月一日に同規程に関する会合が行われている。評議会規程が制定されるのは、六月二十六日である。帝国大学令では評議会の大綱を示したに過ぎず、実際には帝大

教官の審議に委ねられていたことが分かる。さらに志田林三郎（元工部大学校教授、工科大学教頭心得）とともに上申書作成にかかわり、四日には上申書を「諸教官ニ廻シ午後森大臣ノ宅ニ行キ之ヲ呈」し、あるいは大学にて評議会規程が審議されている。このことから矢田部の勢力的な活動は、この日記限りではあるが、明瞭である。そして評議会規程制定以前にも、帝大教官には教育政策立案への参加が求められていたようである。それは「評議官ノ会」なる組織において高等中学校の学科課程の件が審議されていることから言える。この件は合計五回記され、すべて「評議官ノ会」と呼称されている。尋常高等の各中学校の学科及び程度が制定されたのは、六月二十二日と七月一日であった。

この他の組織として、「理科大学ノ協議会」、「理科大学ノ教授会」、月次会が見られる。理科大学の協議会、教授会はいまだその性格を評価できないが、(9)後者の月次会は渡辺初代総長が発案した「月次集会」と考えられる。

次に月次集会であるが、集会の基本的性格は「帝国大学全体ノ利益ヲ謀ル為メ」設置され、「各分科大学教授助教授ハ毎月第三火曜日午后一時ヨリ五時」まで集会を開く、と規定された。集会の存在は知られていたが、会合の実際の開催状況、審議事項は不明であった。(10)日記でも内容に立ち入った事柄は不明であり、開催の事実を確認することができるに止まる。加藤総長時代に矢田部は加藤を訪問して、同一名称の「月次会」という組織の効用を説いている。すなわち「今朝大学へ行キ掛ケ加藤弘之氏ヲ訪ヒタレドモ既ニ不在大学ニテ同氏ニ面会ス月次会（大学教員ノ）ヲ設ケ諸教育上意見ヲ述ベシムル事ノ便ヲ説キ且ツ大学令案ヲ教授ヨリ請求ナキ前ニ与ヘテ意見ヲ述ベシムル事ノ良策ナル事ヲ談ジタリ」（一八九〇年六月二十七日）。この記事は二つのことを物語る。第一に一八八六年の月次会が当時すでに開催されていなかったこと。第二に「諸教育上意見ヲ述ベシムル事」という説明から、渡辺時代の「月次集会」を意識していることである。

管理運営の組織ではないが、五月二日の条にある教頭職務の件について触れておこう。この伺の控と考えられる史料（「教頭ノ職務ニ付伺」）が矢田部文書に残されている。伺書は学長と教頭との職務関係を、帝国大学令第十二条第二項（「分科大学長ハ帝国大学総長ノ命ノ範囲内ニ於テ主管科大学ノ事務ヲ掌理ス」）及び第十三条第二項（「教頭ハ教授及助教授ノ職務ヲ監督シ及教室ノ秩序ヲ保持スルコトヲ掌ル」）の規定に基づき、具体的に明確化することを要望していた。帝国大学総長職務規程は一八八八（明治二十一）年三月に制定されたが、教頭規程は明文化されないまま、同職は一八九三（明治二十六）年、帝国大学令改正により廃止された。そこでこの史料は新設のこの教頭職が当時どのように考えられていたかを示す、現在のところ唯一の史料ということになる。以下に「教頭ノ職務ニ付伺」に列記された職務事項を復刻しておこう。

第一項　学生ノ勤怠ニ関スル事
第二項　学生ノ試験及学級進退ニ関スル事
第三項　教官ノ勤怠ニ関スル事
第四項　教官受持学科及授業時間ニ関スル事
第五項　教室ノ整頓交換等ニ関スル事
第六項　大学院学生ノ主官教授ヲ指名スル事
第七項　教員協議会ノ議長トナル事
第八項　学生入学退学等ニ関スル事
第九項　学生ノ授業料ニ関スル事
第十項　（付箋）学生ノ給費ニ関スル事　（付箋下）教官及吏員増減進退ニ関スル事
第十一項　実地研究ノ為メ学生ノ出張ニ関スル事

第十二項　海外ニ派遣スベキ留学生ヲ指名スル事
第十三項　諸官庁会社等ニ於テ卒業生ヲ要スルトキ適当ノ者ヲ指名スル事
第十四項　図書器械標品等購求ニ関スル事
第十五項　諸出版物ニ関スル事
第十六項　職務外ノ事業ヲ臨時教官ニ依托スル事
第十〔七〕（抹消）八項　各教室及共同費及予算調製ニ関スル事
第十〔八〕（抹消）九項　諸費流用ニ関スル事
第十七項　学科ノ増減及改正ニ関スル事
第二十項　教官及吏員ノ増減進退ニ関スル事

〔以下欄外朱記、但し漢数字は墨書〕

学長

一　諸□（抹消）届伺等ヲ□□（受領カ）スル事
二　総長ノ命令ヲ伝達スル事
三　他ノ官庁等へ書面往復ノ事
四　諸達シ等ニ記名スル事
五　事務員ヲ監督スル事
六　庶務ヲ整理スル事
七　諸費用ヲ監査スル事

（矢田部良吉文書　書類の部）

この伺書は一八八六（明治十九）年五月六日、文部大臣森宛に矢田部と工科大学教頭心得志田林三郎とが連署で提出するという形式を採っていた。伺書には「第七項以上ハ専ラ教頭ノ職務ニ属シ第八項以下ハ学長并ニ教頭連帯ノ職務ニ属シ候義ト心得可然哉」と記されていた。実態的側面が不明なため判断は困難であるが、教頭に教育研究的側面における実質的な権限を与える内容になっている。

(3)　大学制度改正

まず一八九〇（明治二十三）年の記事からみていこう。

一月二十八日（火）午後大学ニテ評議会アリ大学組織改正等ノ事ニ付議アリ
五月二十七日（火）午後大学ニテ評議会アリ議事ノ重タルモノハ文部省ヨリ廻リタル大学令案ナリ
六月　二日（月）午後大学ニテ評議会アリ大学令ノ事ヲ議ス議決ハ過日ノ議決ト異ナル所ナシ本日加藤弘之氏総長拝命以来始メテ出勤ス〔参照、加藤日記「今日始テ大学ニ出テ午後三時過帰ル、今日評議会、心持よろし」〕
六月　五日（木）午後大学ニテ評議会アリ加藤総長ハ不参浜尾専門学務局長来レリ大学令案ノ事ヲ議ス
九月　五日（金）朝改正帝国大学令ノ事ニ付文部大臣ヨリ諮問アリタルニ付文部省へ行ク

右の大学制度改革に関する記事は、評議会の記録とも一致しており、これ以外の審議はみられない。内容は芳川顕正文相下に成案が得られたと言われる大学令案であろう。残念ながら審議の内容は不明である。

次いで学位令を見てみよう。一八八六年の日記にあったように帝大創設間もなく、「擬学位条例草案及ビ説明書」

の件がある。学位令の公布は一八八七（明治二十）年五月であるが、学位に関する規程（「学位条令草案」）はすでに前年二月の帝国大学令案附属資料として添付されていた。しかし理由は不明であるが、成文化過程において同草案は消えてしまう。同年三月に帝国大学令が公布された後の四月に学位条例草案が総長宛に出され、意見の申し出が求められた。これ以降の動きがこれまで不明であったが、日記により少し辿れるようになった。評議会規程はいまだ制定されていないので、草案は各分科大学にて検討され、文部大臣（省）に提出されていた。各分科大学の意見を集約した後に評議会に提出された、という経緯であったと思われる。十二月十六日、評議会では学位授与は大学が行うとする、などの改正意見が出されていた。

さいごに農科大学設置問題について触れておこう。一八九〇（明治二十三）年六月に農科大学設置問題が起こる。すなわち六月十二日の勅令公布後ただちに評議官は行動を開始している。関係記事を摘記しておこう。

六月　十三日（金）午前大学評議官ノ連中相会シ農科大学ノ事ニ付キ議シ午後ヨリ文部省ニ行キ大臣ニ面会シ右大学ヲ設クル事ニ付評議官ニ相談ナキノ理由ヲ糺シ結局一同辞表ヲ出シタリ

六月　十六日（月）評議官等集合シ農科大学一条ニ付相談ス午後外山正一文部大臣ノ召ニヨリ内閣ニ行ク

六月　十七日（火）午前文部省へ行キ（評議官一同）大臣ニ面会ス大臣ハ去十三日評議官一同辞表ノ事ニ付弁明ヲ与ヘ後来言語壁塞ノナキヤウニシ出来ル丈必ス評議官ヘ相談スルトノ事ヲ述ベタレバ辞表ハ請戻シタリ

この農科大学設置をめぐる評議官の辞表の件は、すでに『東京帝国大学五十年史』上冊および「通史一」に詳述されており、この日記から新しい解釈が生まれる訳ではなく、先行研究を傍証する程度のものである。ただ、先行研究にはなかった辞表撤回の理由が記されていること（「後来言語壁塞ノナキヤウニシ出来ル丈必ス評議官ヘ相談スルトノ事」）が新しいといえる。

2　矢田部の非職問題

一八九一（明治二十四）年三月三十一日、矢田部は非職を命ぜられ、三年後の一八九四年三月帝国大学教授を辞任した。このの ち高等師範学校教授（英語教授）となり、同校長在職中の一八九九（明治三十二）年八月八日に死亡した。彼のこれまでの経歴からすれば、一八八九（明治二十二）年二月十二日の森の死去後に急展開が生じたことは明瞭である。まず、非職前年の状況を記し、ついで、矢田部と加藤弘之、菊池大麓との関係を示して、最後に非職問題を紹介する。

(1)　東京高等女学校の廃止、盲唖学校長辞任、帝大評議官辞任

東京高等女学校は矢田部の校長就任時には、文部省直轄であった。もともと同校は一八七二（明治五）年二月に開設された官立女学校からはじまり、東京女子師範学校附属高等女学校を経て、一八八六年二月には文部大臣官房の所属の高等女学校となり、ついで六月には東京高等女学校と改称、一八八七年十月から官制改正にともない文部省直轄になっていた。八六年以降の動き、すなわち森による制度上の位置付け変更は教育内容にもおよび一八八八年三月には教育目的が「優良ニシテ有用ナル婦女ヲ教育スル所トス」と改正されて、男子の中学とほとんど差のないものが定められた。しかし、このほかの教育政策と同様に森の死去以後、再び保守派の巻き返しが行われた、という。「森文相の支持に負うところの大きかった東京高等女学校は、森文相の死後、その開明的女子教育に反対する保守派の人びとの攻撃により、廃校の運命をたどる」[11]ことになり、一八九〇年ふたたび女子高等師範附属となる。

矢田部は箕作佳吉の後を襲い一八八八（明治二十一）年三月に校長を兼任した。さきに記したように教育目的が変更

になった時期であり、森の期待を担っての就任であった[12]。この高等女学校の廃止、制度的には所属変更がどれほど突然かつ秘密裏に運ばれたかが、彼の日記から明瞭である。一八九〇（明治二十三）年三月二十五日の条は次のような内容である。「朝官報ニテ高等女学校ヲ廃止スルヨシヲ見ル大学ヘ行キ掛辻（新次――文部次官）ノ宅ニヨリテ聞キタルニ同校ヲ此度設ケタル女子高等師範学校ニ合スルヨシナリ」と。当該学校の長が知らないまま、学校が廃止されるということがあるのだろうか。この記事は当該学校の長が改革問題の圏外に置かれていたことを示している。のちの非職問題と同様に突然な展開であった。しかし、まったく突然という訳ではなかった。一八八九（明治二十二）年六月頃から高等女学校問題が新聞雑誌上に取り上げられ、矢田部校長、能勢栄教頭の人選問題、教育方針、収賄に関して議論されていた[13]。これがさきの「保守派の人びとの攻撃」によるものなのか明らかに出来ないが、能勢が同年六月に辞職していた。矢田部の辞任、というより高等女学校の廃止はこの文脈で行われたのであろう。矢田部のせめての意志表示と思われるのだが、彼は翌日盲唖学校長の辞表を辻に渡している。高等女学校の方は決定済みのため、これ以上の記事はないが、以降盲唖学校長の辞任の件が続く。二十八日には辻から辞表が戻されたが、翌日再提出している。このののち五回の交渉があり六月六日に至り依願免兼官が発令された。彼にとっては漸く辞任が叶った、といっていいだろう。

矢田部はついに、評議官辞任にまで進んでしまう。辞任意向の初出は、一八九〇（明治二十三）年九月八日（「晴ル午前九時ヨリ大学ニテ評議会アリ本日評議官ノ辞表ヲ出ス」）であり、免官発令は同月十三日であった。途中の十一日（木）の条に「文部大臣（芳川顕正）ヨリ本日午前十二時文部省へ参ルベキ旨申来リタルニ付行キタル処過日差出シタル辞表ノ事ニ付質問アリタリ」とある。辞任の背景等は今後に期すが、あまりの速断に驚くばかりである。

評議官辞任後、日記の記載に若干の変化が見られるようになる。変化の第一は個人的な評価が記されるようになる点である。本論の関連で見れば加藤と菊池に対してである。矢田部日記にこのような感想が記されるのは珍しい。第二に専門の植物研究の記事が頻出するようになった。記事を読む限りでは、それまでの矢田部とは大いに違い、精力的に日毎植物研究に邁進している姿が浮かんでくる。

(2)　矢田部と加藤弘之、菊池大麓との関係

彼の教官在職中に、帝大総長は渡辺から加藤弘之に交替した。この初期の帝大総長たる渡辺と加藤の総長選任および人柄については三宅雪嶺の評論がある。三宅は加藤の帝大総長就任については「何れかといへば加藤は東京大学総理を以て終り、帝大総長とならなひ方がよかつたろう。東京大学は加藤を以て始め、加藤を以て終つたとなつた方がきまりがついて面白い。渡辺にかきまわされた後をいくらか整へたといへはいへるにせよ、渡辺の乗込んだのは伊藤や森の意のやうで、大学内部にその意を迎へたのがあり、加藤が一個の事務家として立つならば格別、学術及び教育に身を委ぬる限り、帝大総長職を辞退すべきであつたろう(14)」。

矢田部の日記から矢田部が加藤よりも渡辺に親近感を持っていたことが分かる。彼は三宅の表現に従えば「大学内部にその意を迎へた」ものの一人であった。日記には七月二日の新旧総長の送迎会の簡単な記事があるが、それに比し翌日三日の旧総長送別会の模様は詳しい。「午後七時ヨリ上野精養軒ニテ旧大学総長ノ送別会ヲ開ク来会者七十三名会費一人前三円来会者ハ大学ニ関係アル内外人ナリ」とある(15)。さらに具体的に加藤との関係を見ると、次のような記事がある（一八九〇〈明治二十三〉年）。

十　月十八日（土）午後一時ヨリ加藤弘之大学々生ニ向ヒ演説スルニ付行キタレドモ教授等来会スルモノ甚少ナシ医科ハ一人モ見エズ余ハ行クベキモノト心得テ行キタルニ教授等ハ必ズシモ行クベキニ非

ルヨシナリシ暫時聴イテ帰レリ〔参照、加藤日記「出学〇午後一時ヨリ工科中庭ニ学生々徒ヲ集メ演説ス」〕

十一月十八日（火）午後二時ヨリ大学ニテ総長加藤国会ニ対シ大学保護ノ為氏ガ述ブベキ事ヲ演説シタリ（少シク奇ナル事ナリ）諸教員ノ意見ヲ問ヒタレバ余ハ加藤氏ノ演説ハ感服ノ外ナケレドモ（前置キニ云ヒシノミ）欠点アリ其一ヲ揚ケント云ヒ大学ノ教員ニハ教授モ固ヨリ大切ナレド研究実ニ大切ニシテ其レガ為ニ割合授業時間モ少キ事ヲ国会ニテ議論ノアル時述ルノ必要ヲ指示シタリ〔参照、加藤日記「午後前ヨリ大学、近日議会開会ノ所大学弁護ニ付必要ナル精神ヲ教官ニ相談ス」〕

矢田部の行動（途中退席）と寸評（「加藤氏ノ演説ハ感服ノ外ナケレドモ（前置キニ云ヒシノミ）」）とから、彼は東京開成学校時代から関係があった加藤を度外視しているかのようである。というよりは、二人の間の溝はかなり深いことをうかがわせるものである。

次に菊池を見てみよう。

一八九〇（明治二十三）年の理科大学の植物学教室新設にかかわって、菊池学長と争ったときである。十月十六日の条にはつぎのように記されている。「教室ヲ新ニ設クルニ付境界ヲツクルニ板二重ニスベキヲ一枚通リセシ（抹消）ニシ纔カニ四円五十銭ノ金ヲ出サズト学長菊池云ヒ張ル旨中村秋香来談シタルヲ以テ三崎実験場ノ石垣修繕ニ千百五十円ヲ費スヨシナルニモ係ラス四円五十銭ヲ惜ムノ不条理ナル事ヲ述べ右一千百五十円ハ無益ノ費用ナル事ヲ指示シタリ暫クシテ四円五十銭ハ惜マズニ二重板ヲハル事ニシタ旨報アリ」。そしてこの欄外に「馬鹿モ世ノ中ニアルモノカナ」と一行書かれているのである。次にもう一つの記事、興学会（東洋学芸雑誌）総会の時のものである。十二月十一日の条である。「夕刻ヨリ富士見軒ニテ開ケル興学会（東洋学芸雑誌）ノ惣会ニ行ク来会者後藤、村岡、外山、桜井、箕作佳吉、菊池大六ナリ委員撰挙ノ時佳吉ト大六ハ余ニ投票セザリシモ余ノ撰挙サレタルハ亦オカシ」。周知のように箕作と菊池とは血縁関係にあり、矢田部が箕作のあとに高等女学校校長に就任していたことはすでに言及した。また、三者はともに理科大学教官であった。箕作と菊池、この二人を矢田部は相手にしていたのである。

(3)　非職問題

三月三十一日（火）夜帰宅後突然大学ヨリ書面来リ非職ヲ命ズル旨ヲ通知ス明日大磯へ行カント思ヒ支度セントセシ際ナリ即時加藤氏へ行キ余ノ始メタル著述丈ハ続ケタキ事ヲ頼ミタリ氏ハ本日帰宅後頭痛ニテ臥シタリト云面会セズ依テ明朝又来ル旨ヲ云フ置《(ママ)》キタリ

これが一八九一（明治二十四）年に矢田部が非職を命ぜられた日の日記である。まったく抜打ち的に行われたことがわかる。さらに矢田部の所属した植物学教室の沿革誌を繙いてみよう。そこでも彼の非職がきわめて突然に行われたことが記されている。「然るに明治二十四年三月三十一日付を以て矢田部教授は非職を命ぜられしが、事甚だ突然たりしため学生は大いに驚駭せしといふ。斯くして本邦に於ける近代純正植物学の開拓者たりし第一代教授は突然帝国大学を去りしは独り植物学教室のみならず本邦植物学界のため惜みて余りあることゝいふべし」[16]。これ以降の日記を読むと、まず彼はさきの日記にあるように「著述」の保障を加藤に再三にわたり懇請する一方で浜尾にも働きかけていた。本人の進退は四月四日夜、外山と「余ノ将来ノ事ニ付相談」をし、六日に外山を訪問して「将来ノ事ヲ一任スル旨」を話していた。六月五日には外山が伊藤博文を彼のことで訪問しており、十三日には「朝、伊藤伯ヲ訪フ八時頃行キ十時過ギ帰ル」と本人も行っていた。

どうしてこのような人事が行われたのか。彼の日記にはその背景を推測させる記事はなく、また加藤日記にも見られない。管見に入った史料にはつぎのように記されていた。彼には「詰り不人望といふ罪」[17]があり、学生間の不人望ではなく「同僚の間における所の不人望、又同時に確かに矢田部君より目上の者達の間に於ける不人望」と指摘して、さらに具体的に文部大臣、総長、理科大学長をあげて「此三人の中の誰が矢田部君非職のことを発議したか、それは我輩は云はぬのである。知らぬと云はぬがそれは云はぬ、それは云はぬが、其中の一人が誰か其議を発したには違ひないと我輩は思ふ」と。そしてついには「森有礼君が存命であつたならば矢田部君に斯う云ふ不幸は落ちては来なかつた」、「或は総長などに於ても浜尾新君抔が総長であつたらば是程に不幸なことにならなかつたであらうかと我輩は潜かに思ふ」とまで言及していた。この発言は外山正一によるものであり、一八九九（明治三十二）年九月二十四日高等師範学校で行われた矢田部追悼会における演説であった。追悼会という公的な場面での発言から押して、十分な確信があってのことであったろう。さらに別の資料によれば「当時大学（理科大学）では箕作一派が大に幅をきかしてゐて、其の勢力を張る為め矢田部さんを排し[18]」た、とある。あきらかに菊池との齟齬が原因であった。

おわりに

以上、矢田部良吉日記を中心にして一八八五（明治十八）年から一八九一（明治二十四）年までの、帝国大学体制形成期の初期の動向と彼の非職問題を検討してきた。

帝国大学令により誕生した帝大はこの時期、多くの学内制度の整備が必要であり、当然のことながら、森有礼が独力で運営できたわけではなかった。先行研究によれば森の大学管理政策の特徴は「『自動』と統制[19]」であったという。森は帝大教授による大学運営への参画を期待していた。その期待を担った一人に矢田部がおり、彼は評議会、教頭職務、学位令などに関して積極的に尽力していたことが具体的に明らかにすることが出来た。

ただ矢田部の役割は当時森の秘書官であった木場貞長の追悼談により、よく知られている。「帝国大学令は歴代の文部大臣中最有名なる森有礼氏が、其教育施設中最重要なるものとして心血を濺で制定せられたる所なれば、固より属僚の献策又は調査に依りたるものにあらず、〔略〕而して此大学令の制定に当り、若し大学側に相談せられしものありとせば、其れは森氏と親交の間柄でありし外山正一氏、菊池大麓氏、矢田部良吉氏位のものなるべし。〔略〕大学令に依る大学の改革は、森氏が不世出の名文相たりしのみならず、同氏は大学内に知友多くして、意志の疎通行はれ易かりし」[20]。

右の追悼談に登場する三人が長く一致協力していたわけではなく、数年後には対立状況となっていたことが、矢田部の非職問題を通して明らかになった。矢田部の非職問題は彼の個人的資質にも原因の一端はあったようであるが、大学史の文脈からは森の死去からはじまり渡辺の交替を経て生じた事件であり、帝国大学体制形成期の一つの象徴的事件であった、といえる[21]。

註

（1）拙稿「帝国大学体制の成立とその改編の動向」寺崎昌男・編集委員会編『近代日本における知の配分と国民統合』（第一法規出版、一九九三年。本書に第一部第四章として収録）の註に先行研究を掲出した。近年の研究では柿原泰「工部大学校における『科学と実地』問題」（大学史研究会編『大学史研究』第一〇号、一九九四年六月）がある。

（2）東京大学史史料研究会編『史料叢書東京大学史　東京大学年報』全六巻、東京大学出版会、一九九三〜九四年。

（3）『科学史研究』第一二六号、一九七八年。

（4）以下に示す矢田部の履歴は『学士会月報』第一四五号（一九〇〇年三月）、一〜六頁による。なお、本項では矢田部の思想、学問観には立ち入らない。矢田部に関する参考文献は法政大学文学部史学研究会編『日本人物文献目録』（平凡社、一九七四年六月）に掲載されている以外には花房吉太郎編『日本博士全伝　全』（博文館、一八九二年八月）などがある。
（5）　ここで使用する帝国大学体制形成期について。帝国大学体制という言葉は註（1）の拙稿に記してあるので略し、「形成期」という言葉と対象時期は寺崎昌男氏の定義による「明治十九（一八八六）年の帝国大学制度の創設から、明治三十（一八九七）年の京都帝国大学の設置を経て、三十年代半ばにいたる時期」（「帝国大学形成期の大学観」野間教育研究所紀要第二七集『学校観の史的研究』野間教育研究所、一九六二年三月、一八五頁）を採用した。
（6）『東京大学百年史』通史一、一九八四年、七九二〜七九六頁及び寺崎昌男『プロムナード東京大学史』東京大学出版会、一九九二年十二月、五二〜五七頁、を参照。
（7）　酒井豊「資料『諮詢会記事』」（『東京大学史紀要』第一号、一九七八年）を参照。
（8）　工部大学校の移管経緯及び問題に関する史料はきわめて少ない。『東京大学百年史』（通史一）にはじめて紹介された渡辺洪基文書以外に最近では加藤の日記に一八八三（明治十六）年四月十一日の条に「晴／出学。帰リ佐々木工部卿宅ニ参リ工部大学校ヲ東京大学ニ合併之件ナリ」（『東京大学史紀要』第一三号、「加藤弘之日記」参照）の記載があり、かなり早い時期から合併問題が発生していたことがうかがわれる。しかし、これがのちの合併問題につらなると解釈するのは早計すぎるであろう。このほか一八八五（明治十八）年と推定される四月二十四日付工部大学校合併に関する浜尾書翰が東京大学史史料室に所蔵されている。さらに帝国大学への工部大学校資料の引継ぎがごく少数であったことが判明してきた（拙稿「帝国大学分科大学の実況の一斑」『東京大学年報』第五巻解説を参照）。このような事情も合併の経緯と問題が解明されることを難しくしている。
（9）　分科大学教授会は制度的には一八九三（明治二十六）年に法定されたが、最近の研究によればそれ以前に存在していたことが明らかになってきた。この時期の管理運営組織については再考する余地が生じてきている。『東京大学百年史』通史一、八五三〜八五四頁及び拙稿「成立期における帝国大学の諸相」『東京大学年報』第四巻解説を参照。
（10）「検印録」（自明治二十二年至明治二十三年）。一八八九年中に「七三　来十二月四日会議室ニ於テ月次会開設ニ付通知ノ件」という文書がある。
（11）　刊行委員会編『お茶の水女子大学百年史』（一九八四年五月、七二一頁および七一三〜七二三頁）を参照。
（12）　二月十二日の条には「午前森有礼氏ヲ訪フ昨日ノ唱歌会ノ事ヲ話シ終尾ニハ女学校担当ノ事ニ及ビタルニ箕作佳吉ヘハ辻次官ヨリ箕作ガ辞職ノ意アルヲ以テ余ニ其職ヲ尋ガセ度考大臣ニ於テ之アルヨシヲ告グル事ニナリテ居ルヨシ且森ハ充分余ニ信用ヲ置キ其職ニ

任スル心底ノ趣キヲ聞キタリ」とある。

(13)　「高等女学校を評す」(『女学雑誌』第一六六号、一八八四年)、「矢田部良吉及び能勢栄氏」(『教育時論』第一七一号、同年)などを参照。

(14)　三宅雪嶺『大学今昔譚』我観社、一九四六年、六一〜六二頁。

(15)　加藤日記の七月二日の条には「午前八時半辻新次方へ参リ相談、午後大学へ出ツ今日学生等新旧総長ノ送迎会ヲナスニ付運動場へ参ル、ビールアリ、謝辞ヲ述フ」とあり、学生主体の会合であったことが判る。ちなみに、三日は「今日一日休ム疲労故ナリ」とあり一日在宅していたようである。

(16)　小倉謙『東京帝国大学理学部植物学教室沿革』一九四〇年九月、七〇頁。評議官辞任以降、研究に精進している様子が日記からうかがわれる、と記したが、非職に際して「著述」のことを心配していたように、研究的には成果があがっていったらしい。すなわち非職後「寧ろ煩務避けて専心研究するに都合よく、盛に新種植物等を記載し、又明治二十四年十月以来『日本植物図説』を編めり」とある(同前書)。

(17)　外山正一『ゝ山存稿』一九〇四年三月、復刻版一九八三年十月、五三〇〜五六〇頁。

(18)　東大教授中井猛之進博士訪問記「父堀誠太郎のこと」一高同窓会『会報』第三二号、一九三七年一月、七四頁。前掲、三宅『同時代史』(第三巻、一九五〇年十二月、一九二頁)にも矢田部の死亡記事に添えて「帝国大学にて菊池が理科大学長、矢田部が同教頭、菊池が矢田部を快らず、其の職を罷む。外山文科大学長は矢田部と交厚く、矢田部の強ひて職を剝がれたる旨を演説せり」と明記されていた。ちなみに箕作と矢田部との確執は牧野富太郎の処遇をめぐっても存在した(渋谷章『牧野富太郎』リブロポート、一九八七年一月参照)。

(19)　寺崎昌男『日本における大学自治制度の成立』評論社、一九七九年一月、一二一〜一二三頁参照。

(20)　『東京大学百年史』資料一、一九八四年、一二五〜一二八頁。

(21)　このほか象徴的な事柄の一つとして、森の死去の約二か月後頃から帝国大学独立問題が起きたが、矢田部自身も署名した「帝国大学独立案私考」に関して日記に当該月日の記述がなく、惜しまれる。なお、これらの一連の動きについて『学士会月報』所収の嘉納治五郎「帝国大学独立策」(第一五号、一八八九年五月)の末尾に、「評曰大学独立論ハ初メ二三学生間ノ問題ナリキ二三教授間ノ問題ナリキ文部省当局者間ノ問題トナリキ全学生全学士間ノ問題トナレリ今日ハ広ク世間ノ問題トナレリ」(九頁)と、独立問題の最初の発議が学生であった、と指摘されている。

〔謝辞〕

横浜市立大学　中川徹氏（元国立科学博物館）には矢田部良吉文書について種々のご教示をいただき、かつ閲覧等の便宜を図っていただいた。記して感謝の意を表したい。

第四章　帝国大学体制の成立とその改編の動向

はじめに

一八八六（明治十九）年三月、帝国大学は創設された。この大学の誕生は近代日本の大学史上もっとも画期的な出来事であった。一八七七年の東京大学の発足、一九一八年の大学令の制定などに比し、そのもたらした変化は大きかった。そして単に教育の分野にとどまらず政治、社会、科学研究などの各分野に構造的な変化をもたらした。このことは帝大が近代日本教育史研究において必ず取り上げられるばかりでなく、高等教育研究、政治史や科学史、あるいは学術発達史、近代日本の知識人の形成など、近代日本史における多くの研究課題にかかわっていることを示すものである。

ただ、すぐに指摘しておかなければならないことは、以上のような帝大がもたらした構造的、かつ広範な変化は決して一片の法令による帝大そのものの成立をもって生じたのではないことである。すなわち、それは「大学予備教育としての中等教育制度、大学卒業生の任用・優遇制度、学位制度、教職員の人事（任免・待遇等）制度、会計制度等々、多くの大学内外の関連諸制度の整備、あるいはそれらとの調整が計られて初めて可能だったのであり、さらにこれらの制度は、同じ時期に整備、構造化が進められたわが国の全体的な政治・経済制度等と密接な関連をもっていたのである」(1)。

本項では㈠内閣制度の成立から憲法発布、府県制・郡制の公布、教育勅語の発布、帝国議会の開会までの期間、内閣でいえば第一次伊藤から第一次山県までの期間における、帝国大学の成立と揺籃期の改編動向を最初に述べ、㈡ついで関連諸制度の整備の側面として、①官吏任用制度と帝大との関係を中心に国家制度として帝大を抄述し、②講座制を中心として学術研究体制の構築と帝大との関係を記し、③進学体系の整備と帝大との関係に言及する。それらを踏まえて、㈢帝国大学体制の改編動向を紹介し、最後に帝国大学の増設過程とその後の趨勢を概観する。

本項の課題にあっては対象として取り上げなければならない事項は多数あるが、筆者の現在の力量もあり以上の三点に止めざるを得ない。また、帝国大学創設と改革に決定的な影響を及ぼした森有礼、井上毅の教育思想などについては本項ではほとんど触れない(2)。

なお、表題に掲げた「帝国大学体制」とは、帝国大学を根幹として帝大とそれをめぐる諸制度が国家体制と密接な関係を保ちながら調整され、大きく構造化されていった、その全体構造を表現するものとして、取りあえず用いることとする(3)。

1　帝国大学の成立

帝大は帝国大学令（一八八六年三月公布）をもって創設され、その目的は「国家ノ須要ニ応スル学術技芸ヲ教授シ及其蘊奥ヲ攷究スル」（第一条）と規定された。それまでの大学関係法令の条文にはなかった文言（「国家ノ須要」「其蘊奥ヲ攷究」）が新たに登場する。これに先立ちそれまで文部省は「全国教育ニ関スル事務ヲ管理スル所」（一八八〇年十二月、文部省職制并事務章程改定）であったが、内閣制度による官制によれば文部大臣は「教育学問ニ関スル事務ヲ管理ス」（一八八六年二月）となり、学術行政をもその職務管掌とした。

帝大の組織は大学院と分科大学（のちに学部と改称）とから構成され、前者は「学術技芸ノ蘊奥ヲ攷究シ」、後者は「学術技芸ノ理論及応用ヲ教授スル」とされた。研究と教育との二つの機能がパラレルに存在したことになる。初期の分科大学構成は法、医、工、文、理、農（一八九〇年追加）の六分科大学であった。管理運営の面では全学に新設の最高管理者としての総長が、分科大学には学長が置かれた。職員は帝国大学（本部）と分科大学とにそれぞれ置かれ、帝大教授は分科大学に属することとなった。

全学管理機関として評議会が設置された。総長は勅任官であり、「文部大臣ノ命ヲ承ケ帝国大学ヲ総轄」し、評議会の議長となり「議事ノ顚末ヲ文部大臣ニ報告スル事」とされた。なお「法科大学長ノ職務」にもあたることになった（一八九三年まで）。このような帝大の制度、組織に表現される大学観には、第一に国家における大学の役割についての政策主体の認識の変化と、第二に大学に対する国家＝政府の指導性に関して肯定的な認識が生まれたことがあり、一八七七年の東京大学に始まる大学政策を構造的に変化させた、と指摘されている。(4)

法令に表現された帝国大学の概要は以上のようなものであるが、その成立過程を見ると、付設教育課程の廃止（別課医学生、古典講習生の新募停止）、東京大学予備門の分離、単立化といった東京大学の再編動向と、文部省に移管された多くの他官庁の高等専門教育機関の合併、統合があったことがわかる。(5)この二つの動向が帝国大学という「帝国日本」を代表する唯一の総合大学を創設した、と見ることが出来る。

合併・統合の一つである司法省の法学校の場合を見てみよう。フランス法学を教授した同校は「教育事務ハ文部省ノ所轄」と「諸科ノ専門ヲ開キ教育ノ方法整頓候」という理由により、文部省にまず移管されて東京法学校となり、さらに「高等ノ法学ヲ教授スルハ彼此〔東京法学校、東京大学法学部──筆者注、以下同様〕同一ニ付右〔東京〕法学校ノ教科ハ寧ロ大学ノ範囲内ニ置キ候方便益」であるとして、東京大学法学部に合併された。このほかに工部省の工部大学校があり、のちには農商務省の東京農林学校も合併された。

さらに付け加えれば、帝大創設には行政整理的側面があったことも注目される。まず経費である。先の付設教育課程の廃止理由には「此等ノ余業ヲ廃シ、其余剰ヲ以テ本然ノ事業ニ要スル費用ノ幾分ヲ補フヘシ」とあり、かつ理学部の学科を分割して工芸学部を設け、文学部中の政治学科を法学部に移管し、法学部を法政学部と改称する件の伺書には、追書に「実施ニ付テハ差向別段増費ヲ要セサル」とある。経費に関して厳しい規制があったことは内閣制度の創設の翌日、伊藤が各省大臣に達した事務整理五綱領の第四項として「冗費ヲ節スル事」が挙げられていることからも明瞭である。経費とともに職員も大幅に削減した。帝国大学と旧東京大学旧工部大学校との職員対照表（『帝国大学第一年報』）によれば、後者の管理運営にかかわる職員が書記二四名、雇員一一〇名を含む一七六名（実員）であったのが、前者（帝大本部）ではそれぞれ五名、一五名（ただし分科大学への異動もあったと考えられる）、二三名（実員）に大幅に削減され、さらに教授は五一名から四五名、助教授は四三名から二〇名となった。総計で四一一名（実員）から二二八名（実員）の体制へ改組された。

創設まもなく右のような帝大を改編する動きがあった。それは政府との関係においてである。初期議会の開催前後、帝大内部と政府部内とから帝国大学改正案と見られる大学自治案が公表された。自治案そのものの検討は先行研究に譲り(6)、ここでは大学の所属・性格等についてだけを見てみる。

現在確認されている三案のうち二案は明確に「皇室」にその所属を帰し、「学術技芸ヲ教授シ其蘊奥ヲ攷究スル」としている。分科大学の代表者と目される有力な教授たちの署名のある案には「帝国大学ハ天皇ノ特別保護ノ下ニ立チ法律上一個人ト均ク権利ヲ有シ義務ヲ負担シ其事務ヲ自理スルモノトス」としている。さらにその帝大を監督する商議会には帝国大学総裁たる議長を置き、その総裁は「天皇親王ヲ特選シテ之ヲ親任ス」と規定している。政府改革案では「帝国大学ハ皇室ニ属シ文部大臣之ヲ監督シ皇室ヨリ下賜セラル、所ノ保護金及学生ヨリ納ムヘキ授業料其他帝国大学ノ収入ヲ以テ之ヲ維持ス」となる。(7)現実の帝国大学は文部大臣の強い行政的な管轄下に置かれていた。それに対して独立案は立法府、行政府からの分離・独立であり、帝大の所属・性格の大きな変更の試みであったが、(8)周知のようにこれらは実現しなかった。これは関連諸制度の整備を伴って成立した揺籃期における帝国大学体制の一つの選択肢であった。

2　帝国大学体制の確立

帝国大学創設以前、東京大学と政府との関係において計画的に国家官僚、人材を養成するシステムは存在していなかった。藩閥政府という呼称に現れているように郷党的な人材確保、縁故採用が主流であった。文部省管轄下の全国の学校教員の養成ということも、実態的にはともかく、制度的に期待されてはいなかった。

帝大の創設はこのような事態を大きく変化させた。官吏の採用にあたっては自由任用から試験制に切り替え、帝大卒業生を国家官僚に特権的、優先的に任用する方法が選択された。この前史の一つに伊藤博文の欧州における憲法調査がある。彼は「大学卒業士ヨリ官吏ニ任用ノ仕途ヲ開ク」ことを調査事項の一つとしていた。さらに、森は一八八六年二月東京大学に達を発し、司法省が必要とする判検事を毎年四〇名ないし五〇名の規模で法政学部が養成供給することを求めていた。先の事務整理五綱領の第二項は「選叙ノ事」があてられ、「選叙ノ法未夕定マラスシテ人各々知ル所ヲ挙ク而シテ成学ノ士或ハ其進ム所ヲ失フ」状態であり、「今官制一タヒ定マリ官仕限アルニ及テ選叙ノ法仍ホ設ケサルトキハ情弊ノ至ル所其失ニ堪ヘス」と述べている。そして選叙の方法の大綱として「第一　仕進ハ試験ニ由ラシムル事」「第二　試験ハ学術試験ト普通試験ヲ分ツ事」などが挙げられていた。これらと連動して東京大学の学部構成が先ず変化した。それは一八八六年十二月「墺国大学独逸某大学」の例を引証して「政治学ト法律学トハ素ヨリ密接ナ関係」があるとして文学部政治学科を法学部に移置し、法学部を先に記したように法政学部と改称したことである。そして帝大が発足し、分科大学の筆頭に法科大学が位置し、翌年には文官試験試補及見習規則が制定され、法科大学、文科大学及び旧東京大学法学部、文学部の卒業生は高等試験を経ずに試補に任命されることになった。この試補任命における帝大の特権に対する批判が高まり、後に文官任用令が公布され、その特権は廃止となったが、大学は帝大のみであり、試験委員も帝大系であったことから事実上特権は残されていたのである。(9) 実際多くの官僚が法科大学から輩出された。創設から一九一一年度までの東京帝大の法科出身者は三七一八名で、第二位の工科出身者より、一〇〇〇名以上上回り、その約四割弱は官吏（行政、司法、宮内）となっていた。ただ、京都帝大法科の場合は少し違うようである。二七二名の官吏に対して銀行及会社員が二二二名を数えていた。

帝大卒業生が行政官庁を占有する例を文部省に見てみよう。彼らが文部省の局長のポストを占め始めるのは第二次山県内閣の樺山資紀文相時代である。一足早く図書局長となった渡部董之介（一八八九年文科大学哲学科）を除けば、それ以外は東京大学あるいはその前身校などの出身者であった。樺山時代に局長ポストに任官したのは上田万年、沢柳政太郎、岡田良平であった。一九一〇年代までの高等教育行政を担当する専門学務局の局長を見ると、一時期の松井直吉以外は、福原鐐二郎（一八九二年卒業）、松浦鎮次郎（一八九八年卒業）であり、すべて法科出身者であった。とくに福原は教育行政法研究のため初めて海外派遣された文部官僚であり、戦前期最も長く専門教育行政にかかわった。幕末維新以来の実務派官僚の典型と考えられる「天保の老人」たる辻新次の辞任の翌年（一八九二年）に文部省に勤務を開始した岡田が文部次官に任官するのは一九〇一年であり、彼の後の次官は森文相の秘書官であった木場貞長を除けば、福原、沢柳というように帝大出身者がその席を独占していった。

次に学術研究と帝大との関係を見てみよう。

一八八七年学位令が公布され、博士と大博士とが置かれた。大正期まで博士号授与にかかわれたのは帝大評議会と博士会のみであった。学位はそれまで学部等の卒業生に与えられていたが、同令によれば博士は「大学院ニ入リ定規ノ試験ヲ経タル者」が第一であり、それは「学術技芸ノ蘊奥ヲ攷究」したものに与えるということであった。博士の種類は分科大学のそれと同一であった。このことは大学制度とが学位制度と密接不可分な関係に置かれたことを示している。

学術研究体制における一つの重要な制度が導入された。帝大創設と同時に敷かれた大学院制度よりも革新的であった。井上文相による一八九三年の帝国大学令改正に際して設けられた「講座制」である。その導入の理由は「帝国大学ハ学問ノ最高府ニシテ之レカ教官タル者ハ一身ヲ其専門ノ学業ニ委シテ之ニ従事セサル可カラス故ニ今各分科大学ニ諸学ノ講座ヲ置キ各教授ノ担任ヲ明確ナラシメテ其責任ヲ重カラシメントス」というものであった。大学における教育研究上の基礎単位として講座制が設けられ、そこには職務俸が付され、金額は文部大臣によって決められた。帝大のみに講座制は導入され、官立単科大学には適用されなかった。講座制とは「職務俸による教官待遇改善と合理化、専門性の強調による研究・教授の充実と効率化」であり、この時期に日本の大学は「ようやく西欧世界の近代大学に参入したといえるかも知れない(10)」と言われている。

講座はそれぞれの時期に拡充、新設されていった。たとえば、名称変更、拡充を除く東京帝大の新設の講座には、法科では一九〇七年財政学、一九一二年には商業学三講座、医科では一九〇二年に歯科学、工科では一九一八年航空学四講座、文科では一九一四年朝鮮史、一九一七年印度哲学などがみられる。朝鮮史講座設置の理由は「本邦ノ歴史ニ最モ密接ノ関係ヲ有シ且併合以来益其史実ヲ明ニスルノ必要アル(11)」と記され、国家の植民地政策に沿ったところで学問の認定と研究の保証が行われていたことがわかる。漢学・支那学講座は一九〇五年に支那哲学・支那史学・支那文学と改称されていた。しかし、中山が指摘しているように「学問の正当性を決定し、固定したことが、講座制の最大のガン」であり、「学問の存在意識がなくなっても決して消滅しないのが講座制の特徴」であり、「新興の学問はむしろ京都帝大その他新設の大学に、さらに大正期以後は大学付置研究所に設けられるのが定石である」という。(12)

最後に進学体系の整備と帝大との関係について述べよう。

帝国大学創設と中学校令により中学校が設置され、「実業ニ就カント欲シ又ハ高等ノ学校ニ入ラント欲スル者ニ須要ナル教育」を行うものとされた。尋常中学校とともに五つの官立高等中学校が東京、仙台、京都、金沢、熊本に設置され、「高等ノ学校」に入る予備教育を行った。分科大学通則には入学資格として「高等中学校若クハ文部大臣ニ於テ之ト同等ノ学科程度ヲ具備スルト公認シタル学校ノ卒業証書ヲ受領シタル者」云々と高等中学校をその筆頭に掲げていた。入学資格を原則として高等中学校卒業生とする、というこの施策は各分科大学の基礎学力を画一化するということである。合併、統合された他官庁の高等専門教育機関がそれまで独自に課していた学力内容を均一化するということになった。たとえば、工部大学校は「華士族平民ヲ問ハス年齢十五歳以上十九歳迄ニシテ体質健康品行端正ナルモノヲ試験シ合格及第」したものに入校を許可し、試験科目は翻訳（英文和訳、漢文和訓、和文英訳）、地理、代数、幾何、算術、英文典・作文であった（一八八六年四月改正学課並諸規則）。

開設当初の第一高等中学校の学科課程を見ると、本科（法学専修）第一年の毎週授業時間二六時間中、第一、二外国語とラテン語が約四割にあたる一一時間を占めており、どれほど外国語の学習が重要視されたかがわかる。また、庁府県別生徒現員表（一〇七二名）には東京（一七九名）を最大として新潟（五五名）、山口、福岡（四一名）、静岡（三九名）、長野（三五名）というように全国から学生生徒が集まっていた（『第一高等学校一覧』自明治二十一年至明治二十二年）。

それまで東京大学予備門からの入学者がもっぱらであった東京大学時代に比し、帝国大学時代には全国からの学生の供給基盤が確立され、かつ帝大の水準から演繹された、外国語習得を重視する学科課程に見られるような画一的な教育内容が保証された。

一八九四年高等学校令が制定された。同令は既設五高等中学校を改称して高等学校を設置するとし、その目的を「専門学科ヲ授クルノ所トス但必要ニ従ヒ帝国大学ニ入学スル為ノ予科ヲ設クルコトヲ得」と規定した。この専門教育を主とし、予科教育を従とする井上の高等学校制度が挫折したことは周知のことであろう。一九〇六年第五高等学校工学部が熊本高等工業学校として分離・独立したことにより、高等学校はすべて大学予科のみとなり、大学予備教育機関としての存在に変質した。一九〇六年度の東京帝国大学入学者（一〇八一名）の内訳は大学予科卒業が一〇三六名、学習院卒業三二名などであった。同年の大学予科卒業生徒は一三五七名であり、ほとんどの生徒は帝大に進学していた。さらにその年度の大学予科入学者（一四七五名）の前歴を見ると中学校卒業が一四六八名であった（同年度の『文部省年報』による）。

右の数値に明瞭なように中学校は圧倒的な高等学校進学者の輩出という機能を果たしていた。このことは中学校の性格が変更を余儀なくされるようになっていたことを示している。日清戦争後の中学校の急増に伴い、「中等社会」の育成の方向やその学校の性格付けをめぐる論議が展開され、一八九九年の改正中学校令がその一つの決着であった。同令によれば「中学校ハ男子ニ須要ナル高等普通教育ヲ為ス」ところとなった。それは米田俊彦によれば[13]、「中学校の数を制限してその程度を高め、一定の学力や経済力をもつ者だけに完全な普通教育を施す」ものであり、これを支える中学校教育の理念は「『学問そのものを目的とする教育』（アカデミズム）」とされ、学問の内容は帝国大学が決定するので「中学校は実質的にその影響下に置かれた」としている。中学校のアカデミズム化を推進したのは、帝大系の菊池大麓、外山正一であり、その出身者の福原鐐二郎、正木直彦らであった。当初中学校が持っていた「地方農村社会を近代化し、各地域の産業を育成・発展させる」機能は喪失させられ、英語、数学、国語といった普通教育を主体とした学科課程の編成となり、帝大――旧制高校――中学校といういわば近代日本の学校の正系ルートが確立していったのである。

3 帝国大学体制の改編の動向

これまで帝国大学体制の確立の一端を述べてきたが、当初からこのような体制が構想されていたかといえば、それは疑問である。たとえば、周知のように帝国大学令の立案・起草過程はいまだ分明でない。さらに一八九七年まで帝大は一校であったが、この唯一の帝大という構想はもともとからのものであったのかどうか、確たる史料はない。ここでは帝大創設前後の高等教育構想を追い、帝大体制の改編の一つの側面である学校系統上の帝大の位置付けをめぐる論議を取り上げる。

帝大創設以前、新聞雑誌上に「五大学校」構想ともいうべき記事がある。たとえば以下のような報道である。「大学と大学。或人の話に森大臣の意見は全国に五ケ所の大学校を設け此五大学を総括するに一の大学と云ふ者を以てし大学は之を東京に設け他の大学よりは一層高尚なる者となし各地の大学を卒業したるのみにても専門の学士として名誉を享べきなれども尚一層高尚なる学理を窮め一層高き名誉を享けんとする者は東京に来りて大学の学籍に入り二三年の学習を積みて其試験を受け始て何々学士の栄号を享くる順序となさんとの趣向にして勿論大学の学生たる者は恰も彼の英国のケンブリッジ大学の生徒の如く、既に十分なる学力を有する者の入るべき所なれば、其教授も極めて簡単なる者とし、大概は自修にて学習する様なることならんと云ふ、若し此説の如くなれば我国大学教育の区域を広めて一大進歩を為すに至るべしと思はる」[14]。

この種の記事の初出は、管見では、一八八六年一月二十五日付『時事新報』の「五大学校」である。終りは二月二十五日付の同じ『時事新報』の「大学条例　同条例はこの程内閣より却下されたりとの事は前号〔二月十九日付〕に記せしが同条例中全国に五大学校を設置するの件は非常の入費を要するを以て採用にならざりしなりとか云へり」という記事である。この日付の前日に帝国大学令案が閣議で審議されていた。さきの記事の「五大学校」構想では、東京大学は高等の大学として帝国大学令にいう「学術ノ蘊奥ヲ攷究」するところであり、学校系統上には位置付けられていない。そして全国に「第二流」の「専門の学士」を養成する大学校を設けるというのである。後に井上は一八九三年六月閣議に「施設ノ方案ヲ具ヘテ閣議ヲ請フ」なる文書を提出した。その中で高等中学校改革に関する二つの方策を記しているが、その一つとして「今ノ高等中学校ヲ利用シテ一歩進メテ各科専門学校トシ、其ノ卒業生ヲシテ国家ノ須要ニ応シ材器ヲ供用スルノ資格タラシメ、今ノ東京大学ヲ以テ専ラ学術ノ蘊奥ヲ極ムルノ所タラシムルノ説ナリ〔以下割注〕森氏未来ノ意見亦此ニ在リシト云フ」[15]と述べている。帝国大学令草案[16]、高等中学校との関係など検討すべき課題が多く、即断は控えざるを得ないが、取りあえずこの後に現出する帝国大学体制とは異なる構想があり、井上の記すところによれば森自身もまた別の構想であったことが確認されればいいであろう。

次に論じなければならないのは井上の高等教育改革構想である。それは明確に帝国大学を学校系統上から外す試みである。高等中学校改組問題に関連して帝大の改革も併せて行わなければならず、右の引用に続けてそれは「学制上ノ一大変動ヲ起スノ止ムヘカラサルナリ」[17]という覚悟を必要としていた。寺崎は井上の「大学制度改正案」を「井上自身の高等教育改革構想をもっとも端的かつ包括的な形で示すもの」として位置付け、その高等教育全体の体制構想を「東京に唯一の大学院をおいて学術研究に専念させ、東西両京には、専門教育機関としての諸分科大学がありそれは同時に大学区の本部もかねる。これに配するに官公私立の大学分校あるいは高等中学校群が、全国各地に設置されて、専門教育にあたる」とまとめている。[18] さらに具体的な帝国大学の処遇については、①帝国大学は原則的に大学院中心の機関にして、国民の進学系統から外す、②研究機関としての大学院を中心とする帝国大学では在学年限や卒業制度を廃止し、好む者が好む時に入学して学者の講筵に接するような、アカデミーとする、③既存の各分科大学は、高等中学校に改組したカレッジ（専科大学）よりもやや高度の「専門大学」にする、[19] としている。しかし、これらの施策は失敗し、後に記すように井上は大学内部の自治権の法制的整備に尽力することになる。

井上の改革構想が挫折した後、帝国大学を学校体系上から外す政府・文部省の政策は教育調査会までなくなる。かわってそれを展開し始めたのが議会や民間における学制改革論であった。たとえば「本〔学制改革〕論争の出発点となった」[20] 一八九九年に公表された久保田譲の「教育制度改革案」がある。高等学校専門部を「新シイ大学ニ改造」し、帝国大学は「学校ノ正系以外ニ置イテ特殊ナ大学」とするこの案もまた、陽の目を見ることはなかった。一九一八年に帝国大学の少壮教授が連署した「大学制度改正私見」は学術の研究と教育とを分離し、帝国大学分科大学の一部は学術研究所に移管する、としている。[21]

おわりに

先ずその後の帝国大学の動向を概観してみよう。法制的側面では一八九三年八月、前述の講座制の導入を含む帝国大学令の大幅改正が井上によりなされ、同時に帝国大学官制が制定された。管理運営面を見ると、①評議会を構成する評議官が互選となり（一八九二年）、評議会の権限が拡大された。たとえば学科の設置廃止を始め「大学内部ノ制規但勅令又ハ省令ヲ発スルノ必要アルモノハ其ノ建議案」、学位授与の件などを審議できるようになり、高等教育に関する意見の建議権をも認められた。②教授会が法制化された。このほか名誉教授制の創設などが行われた。また、③官制制定により総長は「高等官ノ進退ニ関シテハ文部大臣ニ具状シ判任官ニ関シテハ之ヲ専行」する権限が与えられた。この後大きな変更はなく、帝国大学の法体制は完備された。

次に帝国大学の増設が進んだ。帝大の複数化は一八九〇年代、先の大学自治案前後に政府内にすでに見られる。閣議に提出されたと考えられる文書(22)は帝国大学が東京に一校しかないために生ずる弊害を指摘し、その「匡正ノ方法」として第一に「数個ノ大学ヲ設置スルコト欧州大陸諸国ノ如ク」し、第二は、第一の次善の策として、「既設ノ五高等中学校ヲ拡張シ、各種急要ナル専門部ヲ付設シ〔割注略〕〔中略〕他日歳計余裕ヲ告クル日ヲ待チ一躍シテ大学ト作ルノ地歩ヲ為シ」とした。帝大一校しかないことで「他ニ競進ノモノナキヲ以テ自然ニ独尊偸安ノ傾ヲ生シ学術ノ研究推輓ヲ遅鈍ナラシムル」とし、増設によって「子弟奔競ノ念ヲ抑エ地方ニ安ンシテ教育ノ素ヲ養フノ基ヲ開」くことが出来るとしている。

政府部内ではこのように早い時期から帝大一校の弊害は認識されていたのである。この後一八九二年、第四回帝国議会に「関西に帝国大学を新設する建議案」が提出される。京都帝国大学創設に連なる動きである。建議案は「他に競争者なきが為め、其教員たる者斬新の学理を発見するの傾き、知らず識らず退却し、大学の大目的たる学理の蘊奥を発見し、我帝国の光を外国に輝すこと能はず」と記していた。帝国大学成立から一一年、ようやく京都帝大が誕生し、ついで東北、九州、北海道というように一九一八年の大学令までに五校となっていた。教員数は二〇〇余人から九七〇人へ、学生数は四五〇〇人から九〇〇〇人へと量的な拡充を示していた。さらに、京都帝大に最初に設置されたのが工科大学であったことに見られるように、新設の帝国大学はすべて理工系ないし医学系が中心であった。帝国大学内部での機能分担が進んでいったのである。このような法制的完備と量的拡大が帝国大学の制度的安定化と社会的認知において多くの寄与をなしたことは想像に難くない。とくに後者により帝大の「研究大学」化の主張が「非現実的とみなされるようになった」のである。[23]

さらに述べれば、一九〇三年専門学校令が制定された。これまで法制的な規程を持たなかった専門学校を「高等ノ学術技芸ヲ教授スル学校」として明確化した。それは井上の「将来ニ於テ大学ハ此ノ衝突ヲ避クルカ為ニ二個ノ目的〔学理的教育と応用的教育〕ヲ分離シテ個々自由ノ活動ヲ与ヘ[24]」るという大学の機能分割による高等教育の一翼を担う独自な地位が認められたものではなく、（帝国）大学より一段低い高等教育機関として位置付ける政策であった。

しかしながらこの後、帝国大学体制がまったく磐石であったということではない。否、国家制度の中にあって高い威信と保護が与えられ、学校体系上の頂点に君臨し、学術研究と教育とを独占する帝国大学は常に改革の対象として存在し続けたといっていいだろう。大学論や学校系統上の位置付けをめぐる動きにそれらが見られる。たとえば、一九一〇年第二六回帝国議会に提出された「学制改革ニ関スル建議案」の趣旨説明にあたった鳩山和夫は、医師、司法、行政官僚、技術者などは「専門学校に於て技術として教育すれば宜い、大学と云ふものは極めて高尚なるものであつて、財産にも余裕あり外にも余裕があつて立派なる完全なる紳士を造ると云ふ所である」と述べていた。大学と専門学校との区別を前提にした論議であるが、（帝国）大学を学術的研究を専らとするその発想は森、井上以来のそれに連なるものといえよう。さらに一九一五年七月文部省の第二番目の教育政策諮問機関である教育調査会は「大学制度ニ関スル建議案」中の先決事項とされた一項「中学校卒業生及ヒ同等以上ノ学力アル者ヲ収容シ四箇年以上ノ教育ヲ施ス学校ハ大学ト為スコトヲ得ルコト」を総会にて決議した。この改革案によれば、高等学校は廃止され、帝国大学は当時呼称された「低級大学」に連なるか、あるいは研究をもっぱらとする、学校系統上から外れた「大学院大学」あるいは「研究大学」となるか、そのどちらかを選択するしかなくなるのである。帝国大学体制が根本的な変更を余儀なくされる改革案が、まさに文部省の膝下で生まれていたのである。一九一八年大学令が一つの決着をつけた。しかし、それはさらなる帝国大学体制の強化につながるものであり、改編するものではなかった。

近代日本の知の配分システムの中心に君臨した帝国大学であったが、それは決して初めから予定されていたとは言い難く、多様な高等教育体制の模索の一つの結果としてあったと言えるだろう。

註

（1）研究代表者酒井豊『日本近代大学成立期における国家、学術体制ならびに大学の関連構造に関する研究』（平成元年度科学研究費補助金　一般研究c研究成果報告書）一九九一年三月、一二頁。以下、特別に記さない限り法令などの引用は同書によった。

（2）帝国大学関係の主な先行研究文献には以下のものがある。神田孝夫「帝国大学の思想」芳賀徹他編『講座比較文学　第五巻　西洋の衝撃と日本』東京大学出版会、一九七三年。中山茂『帝国大学の誕生』中公新書、一九七八年。寺崎昌男『日本における大学自治制度の成立』評論社、一九七九年。古屋野素材「帝国大学大学院の誕生をめぐって」大学史研究会編『大学史研究』第一号、一九七九年。舘昭「帝国大学令と帝国大学の矛盾」『大学史研究』第二号、一九八〇年。東京大学百年史編集委員会編『東京大学百年史』通史一、東大出版会、一九八四年。潮木守一『京都帝国大学の挑戦』名古屋大学出版会、一九八四年。木村力雄「『帝国大学令』の謎解きの試み」『現代思想』青土社、一九八九年七月号。天野郁夫『近代日本高等教育研究』玉川大学出版会、一九八九年。

（3）前掲『日本近代大学成立期における国家、学術体制ならびに大学の関連構造に関する研究』一二頁。

（4）寺崎、前掲書、一一四頁。

（5）木場貞長によれば、森有礼のブレインの一人として挙げられている矢田部良吉（帝大理科大学教頭）日記には、一八八五年七月二十一日の条に「夫ヨリ大学、理学部、文部省ニ行ク、羅馬字会ヘモ立寄タル、文部省ニテハ浜尾氏（学務一局長）ニ面会シ是迄ノ四学部ヲ廃シ凡八箇ノ学科ヲ置ク事等ニ付余ガ意見ヲ述ベタリ」と記している。東京大学の再編課題――学部学科構成の再編――が帝大創設よりもかなり早い時期からあったことが知られる。この点にかかわるもう一つの事実として、工部大学校の受け皿として設けられた工芸学部の設置理由には、東京大学理学部における教育内容に対する文部省の不満と再編の方向性が窺われる。伺書には、理学部は「純正ノ学術」と「実業応用ノ学芸」をともに教授しているが、「本邦今日ニ急務」は「須要ノ諸実業ヲ開進シ興利ノ基本ヲ確立スル」

ことであり、そのためには「一層能ク実業応用ノ学芸ヲ講明シ適当ノ実業学士ヲ養成セザルベカラザル」と述べていた。その結果、理学部中の学科を分割して工芸学部が設置された。ここに森の「学制要領」第二項学問との関連を見ることができる。そしてこれは理学部の「純正ノ学問」への組み替えとも思われる。

(6) 寺崎、前掲書、一八六～二一八頁。

(7) 教育、学問の振興・庇護を「皇室」に求める意見はこれ以前福沢諭吉の『帝室論』(一八八二〈明治十五〉年発表)にも見られる。福沢は英国を例に挙げて「今若し帝室に於て天下に率先して学術を重んずるの先例を示し、学者をして各其業に就くを得せしめなば、全国靡然として風を成し、政治社外に純然たる学者社会を生ずるを得べし。是に於てか始めて我学問の独立を見る可きなり」としている。自由民権運動を経て帝国憲法が発布された現状では同じ「皇室」でもその性格は大きく違い、直接的な関係を指摘することは当然できないが、学問・教育の威信をどこに求められうるかの一つの選択肢として紹介しておく。

(8) これは帝国大学令発布とともに指摘されていた。たとえば「抑モ大学ナル者ハ其官立タルヲ問ハス、国家ノ大学ニシテ政府ノ大学ニ非サルカ故、成ルヘク之ニ自由ヲ与ヘテ其遂ニ独立スルニ至ラン事ヲ期セサル可ラス」(「帝国大学令ヲ読ム」『郵便報知新聞』一八八六年三月四日付)、あるいは「然らば即ち大学の設立は一個人の為にも非ず、政府の為にも非ずとせば誰が為にする乎と問はんに大学は国家の為にするの設立なりと云はざる可からず〔中略〕況や夫れ我国の大学は従来の歴史上に於ては専ら政府の為にせるの設立にてありけるを今や之を拡張して広く国家の為にするに当り安に向てか其の区域の狭小なるを見るべしとせんや」(「帝国大学令」(二)『東京日日新聞』一八八六年三月七日)などを参照。

(9) 神島二郎「近代日本における政治指導の問題」『立教法学』第一号、一九六〇年三月、六二頁。

(10) 寺﨑昌男『プロムナード東京大学史』東京大学出版会、一九九二年、七六頁。

(11) 東京大学百年史編集委員会編『東京大学百年史』資料二、東京大学出版会、一九八五年、一二〇九頁。

(12) 中山、前掲書、一五四～一五六頁。

(13) 米田俊彦「『中等社会』育成をめぐる相剋」『日本の教育史学』第二八集、一九八五年、七一頁。以下の引用も本論文による。

(14) 『教育時論』三〇号、一八八六年二月十五日(月)付。

(15) 倉沢剛『学校令の研究』講談社、一九七八年、四三一頁。

(16) 東京大学百年史編集委員会編『東京大学百年史』通史一、東京大学出版会、一九八四年、七九二～七九六頁。

(17) 倉沢、前掲書、四三一頁。
(18) 海後宗臣編『井上毅の教育政策』東京大学出版会、一九六八年、四七二頁。
(19) 前掲寺崎『日本における大学自治制度の成立』二五五頁。
(20) 久木幸男ほか編『日本教育論争史』（第一巻近代編（上））、第一法規出版、一九八〇年、三四一頁。
(21) 拙稿「史料解説　新渡戸稲造他『大学制度改正私見』」『東京大学史紀要』第二、七号を参照のこと。
(22) 「高等教育ニ関スル意見　日本法律学校ニ関スル書類　芳川顕正」と題された二つの文書である（日本大学大学史編纂室編集『山田伯爵家文書（全八冊）』四所収）。本文の末尾の文言は「茲ニ卑見ヲ具陳シ謹テ閣議ヲ請フ、（改行）文部大臣」である。この文書の一部が井上の「高等教育令理由書」の末尾に引挙され、「明治二十三年」と年代が記されている。海後、前掲書、四三一頁。
(23) 久木、前掲書、三四三頁。
(24) 海後、前掲書、四一六頁。

第二部　一九一〇年代における大学制度改革論議と大学令

第一章　教育調査会と大学改革論議

一　教育調査会における大学制度改革論議

はじめに

本研究の課題は二つである。第一は教育政策審議機関としての教育調査会の基本的性格の一端をあきらかにすること、第二は教育調査会の大学制度改革諸案を分析し、その性格と意味とを指摘することにある。

ところで、これまで教育調査会（以下、「調査会」と記す）は、戦前日本の大学・高等教育の制度と理念とを再編成する答申をおこなった後続の臨時教育会議の大きな成果にかくされ、通史的に取り上げられることはあっても、それ自体として研究対象にほとんど据えられてこなかった。[1] たしかに、臨時教育会議の答申の基本的枠組を参酌して、日本近代大学・高等教育制度史にひとつの大きな画期をなした大学令及び高等学校令は制定公布された。[2] この前段階にあって調査会は政策審議機関としても、学制改革の審議内容をとっても、直接に臨時教育会議にかかわっていたが、調査会自体において独自に重要な事項が論議されており、単なる先行機関としての位置づけでは不充分と考えられる。すなわち、調査会の審議の「紛糾」とその総括を経て漸く大学・高等教育制度改革の基本的対立（問題）の所在があきらかにされ、それとともに多様な解決の選択肢がはじめて限定された、といえるのである。

このような重要な役割を果たした調査会の研究の進展をはばむ主要な原因は、史料上の制約である。(3)このため調査会全期間を通じた審議経緯、その内容、あるいは会議の日付、回数などが原史料に基づき把握できない研究の現状である。この結果、各学制改革案は、とくに大学制度改革案については、羅列的に紹介されるに止まり、その相互関連性及び性格づけは不充分なまま行われていた。

本研究においても史料上の制約はまぬがれないが、当時教育調査会会員であった水野直の残した会議メモ「教育調査会事項」(4)に多くを負いながら、以下論を進めることにする（なお、大学制度改革案とともに審議に付された学位令改正問題には今回言及しないことをあらかじめおことわりしておきたい）。

1　教育調査会設置以前の大学改革課題の粗描

調査会設置以前の改革課題として大学昇格運動（問題）と帝国大学令改正の件についてのべておこう。

まず、その前提には大学卒業までの年限短縮と高等学校の存廃といういわゆる学制改革問題があった。一八九〇年代から継続され井上毅文相の高等教育制度全般に亙る改革構想、菊池大麓文相による専門学校令、久保田譲文相の教育制度調査会の設置、小松原英太郎文相の高等中学校令など、個性的な改革諸案が数多く提出され、制度化されてきていた。歴代文相にとって大きな試金石であったが、いまだ解決には至らなかった。

この原因のひとつには、あらたな問題の発生があり、それらを取り込みつつ学制改革問題が進行したためであった。当時、文部省のそれらに対する準備は政策的にも理論的にもととのっていなかったのである。そのひとつが専門学校令（一九〇三年）制定を契機におこった大学昇格運動（問題）であった。その歴史的経緯と性格とはここでは省かざるを得ないが、一、二の点を補足するかたちでのべておく。

まず、東京専門学校は専門学校令公布以前に早稲田大学と自称するのであるが、その背景がこれまで知られている当時次官の岡田良平の記述(5)だけでは不明であった点を補足する。すなわちなぜ〝大学〟という名称が獲得できたか、という理由についてである。当時大学（校）の名を冠していたのは、帝国大学と陸軍大学校（一八八二年十一月条例制定）及び海軍大学校（一八八八年七月官制公布）のほかに、成瀬仁蔵の創立した日本女子大学校（一九〇〇年十二月）であった。このうち女子大学校の存在が〝大学〟なる名称を得るうえに重要な契機となっていた。というのも、水野は岡田の談話として次のようなことを記している。

女子大学設立当時ハ文部省ニ別段ノ規定ナキヲ以テ特種ノ学校トシテ、其設立廃止等ハ府県知事ニ於テ認可セリ。故ニ東京府知事ガ許可セシナリ。是ニ於テ早稲田等モ大学トナサントノ運動ヲ起セリ。当時菊池男ノ大臣ニシテ岡田君次官ナリ。教科書事件ニテ菊池君辞任セリ。児玉大将大臣トナリテ、其許否ヲ大ニ考ヘシモ終ニ止ムヲ得ザルコトトシテ許可セリ。之レ私立大学ノ起ル初メナリ(6)。

早稲田大学は文部省の行政施策の不統一をついた結果、〝大学〟への道を拓いたのである。資格認定のための適用法令を除外すれば、両校とも諸学校通則に準拠した設置認可学校であった。

次に、官立専門学校の昇格についてはは東京高等商業学校（現一橋大学の前身）の場合に触れておく。高等商業の大学昇格運動（のちに商科大学問題とも呼称される）は、一九〇〇（明治三十三）年渋沢栄一が高等商業でひらかれた還暦祝賀会席上「帝国唯一の商業教育所として、常に社会の進歩に伴ひ来れる同校在来の歴史に省み、更に我国将来の商業の発展を鑑みて、漸次同校の組織を改善し、我国商業教育最高の機関たる実質を挙ぐるの希望を陳述した(7)」ことをもってその濫觴とされる。一九〇九（明治四十二）年、小松原文相による、東京帝国大学法科大学内に商業学科を設置し、高等商業専攻部は廃止するという決定により、いわゆる申酉事件（生徒の総退学）が起き大きな問題となった。これがひとつの節目を形成し、調査会時代に再燃した。調査会成立後すぐに人口に膾炙したらしく、水野は一九一三（大正二）年七月三日「高等商業ヲ大学トスルノ案ヲ第一ニ提出スルナラントノ説アリ。桑田（熊蔵、調査会会員――筆者注、以下同様）博士ヲ訪問。高等商業ヲ大学トスルノ件ニ付意見ヲ問フ」として、次のようなメモを記していた。

高等商業ヲ大学トスル付《ママ》テハ高商側ノ運動盛ニシテ実業家モ亦賛成ヲ表セリ、嘗テ商科大学設置ノトキニ已ニ其説アリ岡田良平君浜尾（新）総長ト相談シ大学内ニ商科ヲ設置セリ。若シ当時商科ヲ設置セザルトキハ大学外ニ商科大学出現スルノ恐アルヲ以テ止ムヲ得ス当時之ニ賛成セシモノナリ。然ルニ今ヤ文相モ商大説ニ賛成シ以テ私立大学制ノ前提トナサントトス。此説ニシテ通過センカ目下大学ノ経済科ハ非常ナル非境ニ陥ルヲ以テ本問題ヲ否決セント欲ス。商大事件ハ単独ニ議スベキモノニ非ズシテ大学問題ヲ第一ニ決定セザルベカラズ。(8)

桑田の発言から明確なように、小松原――岡田ラインのとった施策は形骸化が指摘されていた総合大学主義への固執、別言すれば帝国大学の法体制の温存を図るための弥縫策であったといえる。

最後に、上述に関連してもうひとつ指摘しておきたい。それは、政府・文部省による一時を糊塗する苟且策に対して、民間の学制改革諸案の簇生があったのだが、当時唯一の大学法令たる帝国大学令の改正問題が漸次俎上にのせられるようになった。すなわち、帝国大学（令）には手を触れず、別箇の大学法令の制定により大学昇格の要求を汲むという発想から、帝国大学令の形骸化を指摘するとともにその実態に沿って適用範囲の拡大を問題にする傾向が生じてきていた。たとえば、久保田譲が「六分科大学ヲ是非備ヘナケレバ大学デナイト云フ様ナ窮屈デナイ方ガ宜イ(9)」とのべていたことからもその一端を窺うことができる。第二六回帝国議会衆議院に藤沢元造外二名により提出された帝国大学令改正の建議及び第二七回貴族院における帝国大学特別会計法の改正に対する伊沢修二の質問などに明瞭にあらわれていた。

藤沢は帝国大学令が総合大学主義をとっているのを批判して「是れ学術の進運を防遏し教育の発達を阻害するの甚しきものなり依て速に之か改正を為し一科分立の大学も亦之を許し且官公私立を通して適用し得る様大学令を改正せられむことを望む」[(10)]とのべていた。また、伊沢は当時二分科大学しかなかった東北、九州両帝国大学にも帝国大学特別会計法を適用できるとした文部当局の見解をとらえ、それは「大学の構成如何と云ふことに付きまして、実は大問題を含んで居つた」[(11)]と問題の所在を明確にしていた。これまでの帝国大学（増）設置経緯にかかわり、その構成原理への疑義に対する答弁には、大学の総合制の理論的・学問的説明はみられず、文部省の大学行政全般の不安定さを露呈していた。

以上のべてきたように、調査会設置に至る過程において、大学の構成原理や既存の帝国大学法体制のあり方をめぐる改革課題が惹起されてきていたのである。

2　教育調査会の成立と審議概要

(1)　教育調査会の成立

本項では調査会の成立過程、組織、議事などをまず記し、のち学制改革案を除く文部大臣諮問事項の概要を分析することにする。

調査会は、大正政変の結果誕生した第一次山本権兵衛内閣（一九一三年二月十二日～）のもと文相奥田義人の手により設置された（一九一三年六月十五日・勅令第一七六号、廃止一九一七年九月二十一日）。この日山本内閣の政綱のひとつである行財政整理案も同時に発表される。この行財政整理につき、山本首相は「其の計画に基き、更に調査を遂げ、之が実行を期せむとす」[12]とのべ、その実現は政友会を基盤にした同内閣の大きな政治課題であった。当時奥田は伴食大臣の異名を持つ文部大臣として閣僚に名を連ねていたが、「山本内閣の智嚢」「近来出色の文相」[13]と評され、政友会の政務調査会会長にも推挙されていた。彼の官歴に照して、[14]文部行政の経験とともに行財政整理に対する該博さと能吏としての敏腕さに多大な期待がかけられていたのである。

奥田は就任後ただちに、施行期日が迫っていた高等中学校令を無期延期にするとともに、この枢密院の審議の過程で、教育政策審議機関の設置の構想をあきらかにしていた。[15]久保田譲も調査会設置に関して奥田の「就任ノ条件トシテ教育会議ヲ起スコトトセリ。貴族院ニ於ケル建議ニテモ、実ハ枢密院ノ議論ガ主タル原因ナリ」[16]とのべていた。貴族院の「教育調査機関の設置に関する建議案」（発議者・松平康民、山田春三、木場貞長、賛成者・正親町実正他一〇五名）の内容をみると、機関の性格、人選方法など調査会にいかされた部分も少なくないが、ただその所属、権限には大きな懸隔があった（後述）。これらを踏まえながら奥田は一九一三年四月五日、調査会官制案（文部省原案）を閣議に提出した。[17]帝国議会における木場等との論戦の約二週間あとである。法制局は一一か所の訂正、加除をおこない、五月閣議案は枢密院へ提出され、原案通り可決された。調査会官制は全一一条附則一から構成されていた。ところで、文部省原案と公布官制とは若干相違する。その点につき、二、三記しておく。第一、原案では調査会の所属を「文部大臣ノ管理」と表現しており文部大臣の指揮監督権を強く打ちだしていたが、公布官制には「管理」よりも指揮監督関係が弱くやや下級機関の独立性が強いと解釈される「監督」なる文字に修正された。第二、当初は関係各大臣に建議する権限が与えられていたが、文部大臣に制限された。これは行財政整理の折柄、新規事業の性格に鑑み各省に配慮したためであると同時に、調査会の地位を高いものとする意図も窺われる。第三、臨時会員の任命について原案は「総裁ノ承諾ヲ経テ」という文言が挿入されていたが、公布官制では削除された。また会議採決のとき「可否同数ナルトキハ総裁之ヲ決ス」も削除された。

以上から、文部省の構想（奥田の意図）の特徴を指摘すれば、調査会に対し指揮監督関係において密着したものを志向する一方、他方においてその内部には総裁の権限規定にみられたようにかなり独立性を付与しようとしていた、ということである。公布官制においても先行の高等教育会議規則と比較すれば、調査会は当時批判も多くあったが、その権限、機能等から充分に有力で永続性のある学制調査機関であった。(18) なお、同官制第九条により「教育調査会議事規則」（全一七条）が七月九日議定され、十一日文部大臣の認可を受けていた。

さて、調査会官制制定に付された設置理由書には「教育ノ事タル至重至大ニシテ、二三者ノ意見ヲ以テ輙リ之ヲ決定スヘキニアラス、之カ為ニ特殊ノ調査機関ヲ設ケ、学識経験世ノ信望ヲ繋クニ足ル者ヲ以テ之ヲ組織シ、教育ニ関スル重要ノ事項ニ付調査審議ヲ為サシム」と記され、調査会の性格、組織、目的等があきらかにされていた。

まず、審査会の「特殊ノ調査機関」としての性格に関連し奥田はさきの貴族院の建議に対して、一九一三年七月四日の文部大臣招待会の席上、反駁を加えていた。

1　前内閣（桂内閣）ノ時ニ枢密院ニ於テ教育問題ノ大改革ヲナサザル可カラザルノ説。

2　貴族院ニ於ケル建議。建議者ノ意見ハ大臣以上ノ力ヲ有スル機関トスルノ説ナレドモ反対ナリ。

a　参謀本部ハ天皇ノ兵馬ノ大権ニ附属スルカ為メナリ。

b　朝鮮其他ノ総督モ行政上ハ内閣大臣ノ指揮ノ下ニ在リ。只其中ノ兵権ノミニ付キ独立ス。

c　要スルニ行政権ノ問題トシテハ大臣カ責任ヲ有シ、大臣ノ監督ノ下ニ置ク以外ニ道ナシ。(19)

この他、奥田は組織、議事の方法、将来起こる問題などにつき開陳していた。調査会は総裁、副総裁各一名及び会員二五名（一九一四年六月三十日官制改正により三〇名となる）以内を以て構成され（官制第四条）、文部大臣の諮詢に応じて

「意見ヲ開申」し、かつ「建議スルコトヲ得」（官制第二、三条）と規定された。

会員は枢密院、貴族・衆議両院議員、実業家、教育家から選ばれ、のちの官制改正により帝国大学総長・直轄学校長も加えられた。調査会設置期間中の会員を分野別に以下に記しておく。

枢密院・加藤弘之（途中死去）、菊池大麓（同前）、九鬼隆一、蜂須賀茂韶

貴族院・江木千之、小松原英太郎（一九一六年一月枢密顧問官）、岡田良平（のち文部大臣）、水野直、高木兼寛、桑田熊蔵

衆議院・村野常右衛門（鵜沢総明）、改野耕三、三土忠造、関直彦、箕浦勝人（加藤彰廉）、花井卓蔵

実業家・渋沢栄一、豊川良平（荘田平五郎）、中野武営、早川千吉郎

教育家・鎌田栄吉、杉浦重剛（江原素六）、高田早苗（のち文部大臣、天野為之）、成瀬仁蔵、辻新次（途中死亡）、山根正次

直轄学校長・山川健次郎、手島精一、嘉納治五郎、北条時敬

軍　人・（陸軍）本郷房太郎（大島健一、菊池慎之助）、（海軍）山屋他人（名和又八郎、鈴木貫太郎）

（（　）内の人名は後任者を示す）

総裁及び会員選定については以下のようにのべていた。

1　総裁ハ学識名望共ニ高キ樺山伯ヲ仰ク。老体ノ故ヲ以テ辞退セラレシモ強テ承諾ヲ乞ヘリ。只之ヲ助クル為メニ副総裁ヲ設ケ大臣自身命ヲ拝セリ。

2　委員　文部省部内ノ者ガ互ニ意見ヲ戦ハスコト彼ノ高等教育会議ノ如キハ最モ不体裁ナリ。依テ全然之ヲ排斥シ、内部ニ於テハ十分ノ打合セヲナシ、社会上学識経験ニ卓越セル名士ヲ択ヒシナリ。(20)

当時「総裁には地位名望高き元勲を推戴せむ方針にて、先頃奥田文相より井上・松方・西園寺侯等に交渉を試みつゝありしが、又一説には菊池男に内定せりとの噂あるも、多分西園寺侯を推戴すべし」[21]と伝えられていた。当時、西園寺は政友会総裁であった。しかし、奥田はかつて第二次山県有朋内閣下の文相——次官の関係にあった樺山資紀（枢密顧問官）に就任を懇請した。[22]

議事に関して奥田は次のようにのべていた。

少数ノ会員ガ便宜ノ時ニ集会シテ議決ヲナスヲ以テ在京者ヲ選ビシナリ。且教育ノ事ハ多数決ニテノミ決定ス可キモノニ非ズ、互ニ十分打チ解ケ且胸襟ヲ開テ議シ度。円滑ノ進行ヲ尤モ欲スルモノナリ。[23]

江木の記すところからもこの方法は堅持され、[24]審議は「大学制度等ニ関スル建議案」（後述）の採択を除けば、概ね全会一致にて議決された。ところで調査会の審議形式は総会及び特別委員会に分けられる（議事規則第一条及び第一六条）。学制改革案に関る特別委員会は四つ設置されていた（表8参照）。

この構成から注目されるのは、菊池大麓と岡田良平とがすべての特別委員会に名をつらねている点である。ただ、岡田は一度も改革案の提出者、賛成者のどちらにもなっていない。

調査会は以上のような基本的性格のもとに活動を開始した。樺山総裁の副総裁に万事を依頼す、という消極的態度からも窺われるように、奥田の構想と周旋とにより順調な審議が期待されたが、海軍の贈賄事件（シーメンス事件）による山本内閣の総辞職を契機に彼は司法へ転出し、以降文部大臣の頻繁な交替にともない、総裁も変化した。それは表9の通りである。

この他、一木文相時代に特別の調査機関が付属せしめられた。これが「教育調査会調査部」であり、「教育調査会又ハ同会委員会ノ必要ト認メタル事項ノ調査ニ従事ス」（「教育調査会調査部内則」第二項、一九一四年六月二十九日文部次官報告）るものとされた。

(2) 審議概要

調査会諮問（答申）件名は表10に一覧化した。奥田は調査会の審議に先だち将来起こる問題として次の二点をのべていた。

1　大学ノ年限ノ短縮。

a法科ニ於テハ第四回ノ半年間ハ全ク卒業試験ノ為メニスル学問ナリ故ニ是ハ一ケ年ヲ減シ、又b高等学校ニ

表8　教育調査会学制改革に関する特別委員会委員構成

所属	氏名	特別委員会			
		1	2	3	4
枢密院	菊池大麓	●	○	●	●
	蜂須賀茂韶		●		
貴族院	江木千之	○	○		○
	岡田良平	○	○	○	○
	小松原英太郎		○		○
	高木兼寛				○
衆議院	鵜沢総明	○		○	○
	花井卓蔵			○	
	三土忠造		○	○	○
実業家	渋沢栄一				○
	早川千吉郎	○		○	
教育家	天野為之				○
	鎌田栄吉		○	○	○
	杉浦重剛	○			
	高田早苗	○			
	辻新次		○		
	成瀬仁蔵	○		○	○
直轄学校長	嘉納治五郎			○	○
	北条時敬				○
	山川健次郎		○		○
軍人	本郷房太郎	○			

〔註〕表中●（黒印）は委員長をあらわす。各特別委員会の名称，設置時期は以下の通りである。
1　諸建議案のための特別委員会（正式名称未詳），1913年11月14日設置。
2　大学校令等ニ関スル特別委員会。1915年10月7日設置。
3　大学令制定ノ件ニ関スル特別委員会。1915年10月1日設置。
4　帝国大学改正案等調査特別委員会。1916年6月12日設置。
なお，この他に会員全員を委員とする全会委員会（委員長小松原英太郎，1914年6月29日設置）が設けられていたが省いた。

表9　教育調査会総裁一覧

文部大臣	在任期間	総　裁（在任期間）
奥田義人	1913年2月～1914年3月	樺山　資紀（1913年6月～1914年5月）
一木喜徳郎	1914年4月～1915年8月	加藤　弘之（1914年5月～1916年2月）
高田早苗	1915年8月～1916年10月	
岡田良平	1916年10月～1918年9月	蜂須賀　茂韶（1916年7月～1917年9月）

〔註〕 奥田のあとの大岡育造は副総裁に就任していないため省いた。

表10　教育調査会諮問（答申）一覧

件　名	諮問年月日	答申年月日	備　考
教育基金令改正ニ関スル件	1913年7月4日	1913年9月29日	
帝国大学高等学校及官立専門学校学年開始期変更ニ関スル件	同　年11月26日	同　年12月17日	
帝国大学法科大学修業年限短縮ニ関スル件	同上	同上	
商業学校規程改正ニ関スル件	同　年12月10日	1914年2月23日	
地方学事通則改正ニ関スル件	1914年2月23日	同　左	
小学校令中改正ニ関スル件	同　年5月29日		議決延期
大学校令及学位ニ関スル規程制定ノ件	同　年6月20日		自然消滅
大学令制定ノ件（大学校令及学位ニ関スル規程制定ノ件）	1915年9月16日		修正決議の上議決延期
地方経済ト教育費トノ関係調査（大学令制定ノ件）	1916年度		

〔註〕 本表は文部省教育調査部編『学制に関する諸調査会の審議経過』（1937年），教育調査会編『学制問題ニ関スル議事経過』（1917年），同編『教育調査会経過概要』（1917年）および水野メモ，雑誌『教育時論』を参照して作成した。

商業学校規程改正ニ関スル件，大学校令及学位ニ関スル規定（一木喜徳郎文相諮問），大学令制定ノ件（高田早苗文相諮問いわゆる大学令要項）の諮問年月日を除くその他の諮問，答申年月日はそれぞれ総会における初回審議の日付（諮問），総会の議決の日付（答申）を記した。

なお「地方経済ト教育費トノ関係調査」は未詳。

於テモ半年ヲ減ス可キモノナリ、c又入学ノ学年短縮整理ニ依リテ半年ヲ利益シ得ルナリ。小学中学ヲ附属セシメ実地ノ演習ヲ必要トスルナラバ、大学ノ卒業生モ亦実地ノ演習ヲ必要トス。然ルニ、今ヤ大学卒業生及ヒ検定試験及第者ハ直チニ教員トナリ得ルナリ。両者ノ矛盾ヲ如何スヘキヤ。(25)

2　高等師範問題。

第一項は帝国大学法科大学の修業年限短縮と学年開始期変更に関する件である。第二項は西園寺内閣下計画された高等師範廃止問題(26)にかかわる、教員養成のあり方をめぐる問題であると考えられるが、調査会には提出されなかった。以下、学制改革諸案を除きそれぞれの諮問、答申にふれておこう。教育基金令改正の件は、一九一三（大正二）年七月九日の第一回総会に諮問され、特別委員会に附託されたのち同年九月二十九日の総会にて可決された。抑々、教育基金令は清国賠償金（約三億五〇〇〇万円）の償金特別会計資金のうち一〇〇〇万円を教育基金として普通教育の拡充にあてることを規定した教育基金特別会計法に基づき、その使途を定めたものであった（一八九九年十一月制定）。同令には、市町村立尋常小学校の校地校舎を設備する費用に充てるほか、文部大臣の認可を受け市町村立小学校教員の奨励その他普通教育に関する費用に使用することが規定されていた。しかし、日露戦争の勃発に伴い、政府は臨時事件費支弁により教育基金元資金一〇〇〇万円を消費してしまい、この時期に至るまで補塡されてこなかった。(27)今回の改正の旨趣は、基金使用の範囲を拡大し「（師範）学校長ノ俸給其他ニ用ヒテハ如何ト云フコトニシテ、乃チ基金支出ノ方法ヲ問フニ在リ」(28)と奥田はのべていた。調査会の可決を経たのち、経緯は判然としないが約一年後に至り漸く教育基金令は一九一四（大正三）年十二月十二日改正され、この結果教育基金は公立小学校の設備費の貸付又は補助、同教員の疾病療治料、同教員の奨励などの使途に用いられることとなった。また、教育基金の一部を文部大臣において普通教育の普及改善に関し必要と認むる費用に使用することができる道を開いた。(29)

次に商業学校規程改正に関する件について。改正案は一九一三年十二月十日に諮問され、翌年二月二十三日の総会において可決された。これは全国商業学校長会議における建議に基づき作成され、その内容は甲種商業学校を尋常小学校と直接に接続させ修業年限を五年とすること、本科の外に第二部を置き中学校卒業者に対し一か年程度の教授をほどこし商業の知識を与えることであった。第二部設置に関して江木は実際に必要があるのかどうかを質問し、文部省側はその設置の背景として中学卒業生が世間にあふれていることを挙げ、さらに「中学卒業生ハ普通学ニアレドモ、実際上ノ智識ヲ欠クガ為メ差当リ役ニ立タズ。故ニ一ケ年ノ教育ヲナサバ相当ノ者トナル。又今日ニ於テモ専修科ノ名儀ヲ以テ、商業学ヲ教授シ居ル学校沢山アリ[30]」と答弁していた。一九一四（大正三）年三月二十二日文部省令第七号を以て商業学校規程は改正され、改正案の第二項のみ、すなわち甲種商業学校第二部の設置が盛り込まれた[31]。

第三番目に地方学事通則改正に関する件について。本件は一九一四年二月二十三日の総会に提出され、その日に決定をみた。改正の要点は、(1)学区を廃する場合、府県をして財産を処分せしむる事、(2)市と町村との間における児童教育事務の委託関係を認むる事、(3)市町村制の改正に依って市町村学校組合の組織を認むる事の三点にあった。これらは、同年三月二十八日に改定された地方学事通則第四、五、七条において実現された[32]。

最後に小学校令中改正の件についてふれておく。同改正案は一木文相となって始めての総会（一九一四年五月二十九日）に提出され、その内容は小学校令第三二条を改定し「学年ノ始メヨリ三ケ月以内ニ満六歳ニ達ス可キ者ニシテ就学上心身ノ発育十分ナルトキハ特ニ当該学年ノ始メヨリ就学ヲ許可スルノ途ヲ開カントス[33]」というものであった。当時の就学始期には一九〇九（明治四十二）年四月小学校令施行規則の改正により、四月始期学年のほかに「九月一日ニ始リ翌年八月三十一日ニ終ル学年ヲ置クコトヲ得」（同令施行規則第二五条第二項）と規定された九月始期のふたつがあった。しかし、九月始期を採用した学校は極く少なく、ほとんど空文化しており、今回の改正は入学期を三か月繰り上げることにより、心身の発達度においてほとんど差がないにもかかわらず二〜三か月のちがいのため一学年の高低ができる不合理を解消し、学年始期の統一を企図したものと推測される。特別委員会の審議の結果、「小学校令中改正ノ件ハ妥当ト認ム、但満六歳未満ノ者ヲ入学《(ママ)》シムルハ当該市町村ノ尋常小学校ノ設備ニ於テ支障無キ場合ニ限リ、且ツ児童心身発達ノ認定ニ付テハ出来得ル限リ鄭重ノ方法ヲ採リ務メテ弊害ノ発生ヲ防止スルノ必要アリト認ム」(34)と総会に報告されたが、小学校令の根本を破るものであり、さらに実際上さきの特別委員会報告の付帯条件ではまったく施行不可能である、との強い抵抗の結果、決議は延期された。この件は再審議に付されず自然消滅したと思われる。(35)

なお、この他調査会には会員より九つの建議案が提出されていたが、今回はこれを省くことにする。(36)

3　大学制度改革諸案の相克と頓挫

さきに掲出した一覧（表10）からあきらかなように、調査会に諮問された大学制度改革案は一木喜徳郎文相による「大学校令及学位ニ関スル規定」（以下「大学校令案」と記す）と高田早苗文相の「大学令要項」との二つにすぎなかったが、それら文部省の二つの改革案に対する修正意見（案）、建議案、あるいは付託された特別委員会の学制案といった具合に実に数多くの改革案が提出されていた。いま大学校令案と大学令要項とに区分して、その主なものを掲げてみよう。(37)

大学校令及学位ニ関スル規定

1　学校系統ニ関スル建議案（提出者・高木、辻）　一九一四年七月十四日

2　学位令改正ノ方針ヲ決定スルノ議（提出者・江木）　一九一四年九月二十日提出

3　大学校令ニ関スル先決問題（提出者・三土）　一九一四年十一月二十日提出

4　大学校令ニ対スル修正意見大要（提出者・江木）　一九一四年十一月二十四日提出
5　大学校令修正案（提出者・小松原、三土）　一九一四年十一月二十六日提出
6　大学校令等ニ関スル特別委員会報告中大学校令修正ノ部　一九一五年六月十日議決

大学令要項

1　大学制度等ニ関スル建議案（提出者・菊池、渋沢、嘉納、鵜沢、成瀬、高田）　一九一五年六月二十二日提出
2　大学令制定ノ件ニ関スル特別委員会議決　一九一五年十一月三日議決

このような諸改革構想が錯綜するなかで調査会の審議は進行していった。

ところで、長年の懸案たる学制改革問題解決のため調査会の設置を積極的に推進した奥田であったが、彼は表10一覧中の学年開始期変更及び法科大学修業年限短縮の二件のみを可決しただけで「学制改革の問題に対して殆ど手を着くる所はなかつた」[38]とこれまで評価されてきた。しかしながら最近奥田文相から東京帝国大学へ諮問された帝国大学令改正案及び帝国大学官制改正案の存在が確認され、奥田文相の学制改革への取組みが再評価され始めている[39]。本研究ではこの改正案に直接論及することは避け、調査会に諮問された二件を中心にのべ、その分析に必要な範囲に限りにおいて言及するに止める。まず、注目されるのは奥田が確実に帝国大学に対して関係事項の諮問を調査会提出以前におこなっていた、という点である。学年開始期変更（帝国大学高等学校及専門学校の九月学年開始を小学・中学と同様に四月に繰り上げること）及び法科大学修業年限短縮（東京帝国大学は一八九九年以来、京都帝国大学では一九〇七年から医科を除く他分科大学よりも一か年延長され、四年の修業年限であったものを旧に復し三年に短縮すること）とも東京帝国大学に諮問され、同大学評議会は一九一三（大正二）年十一月十日前者を「異議ナク可決」し、後者も当該法科大学教授会の決定（十一月十四日）に基づき可決した。調査会にはこれ以降諮られていた。

学年開始期変更案の提出理由は以下のような説明がなされていた。

1　干係ナキ学校ニ準備ノ為メ入学スルノ弊、例ヘバ中学ヲ四月ニ卒業シ高等学校ノ入学カ九月ナル為メ其間予習科又ハ他ノ私立学校等ニ入リ試験ノ準備ヲナシ又ハ徴兵猶予ノ特権ヲ保留スルガ如キ特別ノ手続ヲ要ス。

2　小学校以来学校ニ在リテ秩序的生活ヲナセシ者ガ此ノ半年間何ノ規則ナキ為メ最モ不秩序ノ生活ヲナシ其間善良ナル習慣ヲ破リ悪弊ヲ生スルコト多シ。

3　此改正ニ依リ卒業ノ時期ヲ六ケ月間短縮ス。

4　小学中学ヨリ高等学校大学ニ対シ特別ノ連絡アル学校ノ為メニハ非常ナル便利ナリ(40)。

奥田はこの案の実行方法として二通りの具体策を示していたが(41)、高等学校の入学試験準備との関係、学問水準の低下などの点に批判が数多く提出された。たとえば、菊池大麓は「余ハ主義ニ於テ九月説ヲ可トス。夏休ヲ中途ニ置クハ、之レ年限ヲ夫レダケ延長セシムルコトトナル。又学年ノ第一学期ノ終リハ已ニ休業トナリテハ、学問ノ効果甚ダ少キ様ニ考フ。小学校ハ九月ニ授業ヲ開始シテモ差支ナシ。何故ニ九月始メノ学校ヲ起サヾルヤ(42)」とのべていた。法科大学の年限短縮についてはすでに教授会の可決をみていたためか、短縮それ自体はあまり問題にならず、修業年限短縮の原則の確定と学科課程の改正とを求める意見が多数を占めていた。同二件の審議を付託された特別委員会の報告を委員長菊池は次のようにのべて、一九一三（大正二）年十二月十七日の総会で可決された。

四月ノ開始期ハ最上ナルヤ否ヤ不明ナレドモ已ムヲ得ズ決定セリ。年限短縮ハ妥当ト認ム、但シ学生ノ負担ヲ軽クシ尚学力ニ付テモ十分注意ヲ要ス。両案共ニ年限短縮ノ前提トシテ可決ス故学制全部ヲ通シ年限短縮ノ方法ヲ速ニ実行セヨ(43)。

ちなみに法科大学修業年限短縮にともなう留意点の具体的内容として「卒業試験の廃止、授業科目の改正は、年限短縮と同時に之を実施せられ、亦勉めて必修すべき科目の数を減少すること、教授法及び試験法を改善すること、講座を整理すること、整備せる研究所〔研究室か〕を設くること」等が答申希望として盛り込まれていた。[44]この結果、まず法科大学年限短縮は翌一九一四年度から実施に移され、[45]学年開始期変更は「已ムヲ得ズ」という文言が影響したためか帝国大学、高等学校については大学令高等学校令公布後の一九二一（大正十）年に至り漸く施行された。

これ以降一木文相就任までに、帝国大学令改正案及び同官制改正案が東京帝国大学に諮問されるのであるが、奥田の改正案にこめた意図のひとつは帝国大学令改正案[46]第一条（「帝国大学ハ高等ナル学術技芸ヲ教授シ及其蘊奥ヲ攷究スルヲ以テ目的トス」）及び第四条（「分科大学ニ入学スルコトヲ得ル者ハ高等学校又ハ修業年限二箇年以上ノ帝国大学附属予科ヲ卒業シタル者若クハ之ト同等以上ト検定セラレタル者タルヘシ」）にあったと思われる。すなわち、まず帝国大学令第一条の「国家ノ須要ニ応スル」を削除することにより、ひとり帝国大学のみが国家目的に沿うものでないことを明示することで大学の平準化を試行しつつ、かつこれまで専門学校令による私立「大学」及び官立専門学校を大学令による認可学校としての道を開く前提にしようとした、と考えられる。というのも、専門学校令第一条は「高等ノ学術技芸ヲ教授スル学校ハ専門学校トス」とあり、帝国大学令の改正の結果、大学予科二年制の認可とともに分科大学と同等となりそのまま大学昇格の認可が与えられることになるのである。実際、官立専門学校をみると先述した東京高等商業学校（現一橋大学の前身）は二年の専攻部、大阪府立高等医学校（現大阪大学医学部の前身）は二年の予科を持っていた。

しかしながら奥田の改正案は帝国大学の審議に制肘され廃案となった。そして、公私立大学認可のための大学法令もまとめ得ぬうちに内閣の総辞職がおこなわれる。結局、奥田の学制改革構想は調査会に諮問されるまえに挫折してしまったのである。ただ、新大学令の制定の件は以下一木文相に引き継がれていくのである。

(1) 一木喜徳郎文相の大学校令案

奥田のあと調査会副総裁を襲った一木は、文相就任から約二か月後に大学校令案を諮問した（一九一四年六月二十日）。諮問に先だち一木は岡田、高木、江木、水野の貴族院選出の四会員に対し「単科大学案ヲ近日提出ス可キニ付賛成ス可キ旨交渉アリ、同案ニ依レバ私立官立ヲ問ハス単科大学トナシ学士号ハ勿論ノコト、博士号授与ノ件モ亦与フル事トセシトノ意見」(47)を漏らしていた。諮問の大学校令案は全二〇項から構成され、勅令案（全二四条）が参考として添付されていた。これらの審議経過は紆余曲折したが、その際大学改革に関する重要な問題点が提起された。

周知のように、大学校令案は文部当局がはじめて公私立大学の制度的認可を盛り込んだ大学法令案であった。同案の内容はまず第一項において「高等ノ学術技芸ヲ教授スル学校ハ本令ニ依リ之ヲ大学校ト為スコトヲ得ルコト」と規定し、第二項「大学校ハ官立公立私立ヲ通シテ之ヲ認ムルコト」として帝国大学以外の大学の設立主体を認めた。さらに、大学校の修業年限は三か年以上（但医学に限り四か年以上）とされ（第五項）、入学資格は「当該学校ノ予科ヲ修了シタル者又ハ文部大臣ニ於テ之ト同等以上ノ学力ヲ有スルモノト指定シタル者タルヘキコト」（第六項）と規定され、「大学校ニ於テハ予科ヲ設クヘキコト」（第七項）の必置原則とともに、予科（高等学校大学予科と同程度）が厳しく規定されていた。ちなみに全二〇項のうち第一五、一六項を除き第七項以下第二〇項までは大学予科（附属専門部）の規定で占められている。以上のような内容を持つ大学校令案の特徴をつぎに指摘しておく。第一に同案は専門学校令との関係を強く意識しつつ官公私立「大学」の昇格要件を明示したことである。同案の大学校の性格規定は専門学校令と同一であったが、その規定の仕方が強制から認許に変化していた。専門学校令の文言をそのまま援用して専門教授機関として大学（校）を位置づけ得た法的根拠は、帝国大学令第二条構成に関する規定中の「分科大学ハ学術技芸ノ理論及応用ヲ教授スル所トス」ではなかったか、と推測される。当時分科大学はひとつの独立した機関として実質上存在していた事情もその背景にあったと考えられる。[48]第二に昇格に際して最も関心が払われたのは大学予備教育の完備であった。第三には文部大臣の権限が大幅に認められていた。勅裁を経なければならない要件は一項もなかった。以上概括すれば、大学校令案は、奥田時代に修業年限短縮問題はある程度片が付いたものとして捉え、その上で官公私立大学の大学昇格要求を帝国大学と同程度の水準において認許しようとしたのであった。このような内容を持つ改革案に対し一木文相――大隈内閣の膝下の早稲田方面から「民間の輿論となり居る年限短縮問題も全く没却せられ、私立大学の特徴たる予科の短年限も全く没却せられ」かつ大隈「伯の面目をつぶすの不利なる案を立て而して私学の喜こぶ所とならずとすれば、これほど愚なることはあらず」[49]と厳しい批判が寄せられていた。

大学校令案に対する批判は私学側ばかりでなく官学側からも大学の性格をめぐって展開されていた。[50]しかしながら、調査会においても最も困難な課題として取り上げられたのは、大学校令案の適用範囲、法制的性格及び既存の帝国大学令との関係などにあった。当時専門学務局長の任にあった松浦はこの時期に至り「綜合大学に対する単科大学の問題、及び官立大学に対する公私立大学の問題」[51]に改革課題が移行していたと記していたが、その内容は昇格の是非、認可の基準、資産（金）といった事柄ばかりでなく、大学に関する法制構造のあり方にもかかわっていた。

一木文相は「単独に調査会の審議を経、兎に角当面の緊急問題として、急速に解決を要すべき公私立大学問題を決定せんとの希望」[52]を懐抱していたが、結局大学校令案は後述の菊池提出の「教育制度改正ニ関スル意見」及び江木提出の「中等教育制度改正ニ関スル意見」の審議をおこなっていた全会委員会に付託された（一九一四年七月九日）。全会委員会はひとつの議決もなすことなく廃止され、あらたに「大学校令等ニ関スル特別委員会」（以下「大学校令等特別委員会」と記す、委員名は表8参照）が設置され、以降総計三三回の会議のうち一一回が同案に費やされた。

さて、一九一四（大正三）年七月九日の総会における福原鐐二郎文部次官の趣旨説明を受けて、当日大学校令案の各項に数多く質問が発せられたが、そのうち主要なものを当局の答弁とあわせて紹介しておく。

大学タルノ標準如何。

大学ノ基礎ノ独立強固ナルコト。第四項ノ資産ニ干スル条件ヲ具備乃チ授業料以外ニ相当ノ財産ヲ有スルコトニシテ此ノ規定ハ私立中学、専門学校及ビ女子ノ学校ニ干シテモ同様ノ規定アリ。予科ノ設置。今日ノ専門学校ニ於テモ中学卒ニテハ不完全ナリトシテ凡ソ一年半ノ予科ヲ設ク可キ旨命ゼリ。帝国大学ト同一ノ特権ヲ得ルニハ今日ノ程度ノ予科ニテハ未タ不完全ナル故高等学校ト同一程度ノ予科ヲ置クコトニ規定セリ。

資金ノ標準如何。

嘗テ本案ヲ起草スルニ当リ経常費ノ1／3又ハ1／5トシテ規定セントノ意見モアリシガ何分多額ニナリ非常ニ設立ノ困難ヲ感ズルヲ以テ全ク当局ノ認定ニ任セリ。

〝校〟ナル文字ハ何故記入セシヤ帝国大学ニハナシ。

校ナル字ハ特別ノ意味ナシ。

第四項ノ資産。

一年ノ経費ノ1／10。

勅令案第二五条。

従来大学ノ名称ヲ有スルモノハ其名称ヲ廃セバ打撃トナル——已ニ大学ナル名称ヲ有セルモノハ其儘トナシ置ク考ナリ。(53)

これ以降特別委員会において大学校令案の審議が展開されるのであるが、そのひとつの大きな課題は江木の「新令は単科と綜合との何れにも適用するの意なりや」の質問にあった。文部当局の「単科、綜合何れにも適用する考へなり。其結果大学令上に於て別段抵触、又は矛盾する所なしと思惟す」[54]という答弁にもかかわらず、なおも繰り返し「新大学校令案は、文部当局者の説明に依れば、単科綜合両大学を含むものなり、然らば現在の帝国大学令は之を存置するのに要なし如何」と迫っていった。それに対し「一本の大学令たらしめんとせは、却て複雑を招致するが故に形式を棄て、寧ろ実行し得らるべき方法に出たるに外ならず」[55]あるいは「帝国大学令と新学校令《ママ》とは併立せしむるを便宜と認」[56]むとした文部当局には帝国大学と新たな大学とは同一に取り扱えず、かつその内容、設備などを適用できないという判断が働いていたのであろう。他方、江木らには新大学令の発布は近代日本の大学の法制構造をどのように再編成するか、という課題として捉えられており、それは取りも直さず帝国大学（令）の処遇問題であった。三土が提出した「大学校令ニ関スル先決問題」は紛糾を重ねていた大学校令の審議に共通の土俵をつくるために投げられた一石であった。三土の意見のもった大きな意味は、大学校令案の審議は現行帝国大学令の存在をさけておこない得ないこと、それと関連し帝国大学の現実にも手をふれざるを得ないことを認識させた点にあった。三土の整理した先決問題は以下のような内容（抄）である。

一、大学校令ト帝国大学令ト別箇ノ法令トスヘキカ、或ハ帝国大学令ヲ改正シテ大学校令ヲ其中ニ含マシムヘキカ

一、大学院ヲ大学ノ必要部ト為スヘキカ、或ハ之ヲ設置スルト否トハ各大学ニ一任スヘキカ

一、帝国大学ト各大学ト名称ヲ異ニスル必要アリヤ、或ハ大学トシテ平等ノ待遇ヲ与フル以上ハ、名称ヲ異ニスル必要ナキニアラサルカ

大学校令等特別委員会の議事は大学校令案の単独勅令構想を根底からくつがえす形勢に傾いていった。そしてついに、大学校令案を原案として審議するはずであった同特別委員会は「『新大学校令ト現行帝国大学令トハ別箇ノ法令

トスヘキヤ否ヤ』ニ就キ論議アリシカ結局本委員会ニ於テハ『其ノ如何ニ拘泥スル所ナク単ニ大学ノ制度ニ関スル一案ヲ定ムヘシ』トノ意見ニ一致シ爾後此ノ方針ニ基キ審議スルコト」(57)を決議するのであった。

ここにおいて実質的にも大学校令案は退けられてしまい、同特別委員会は帝国大学と新大学とに共通する根本的大学令案の作成に向かう。原案とされたのは小松原、三土の提出に係る「大学校令修正案」であり、大学校令等特別委員会はその間に名称問題を「大学とは法、医、文、理の四科より成る大学を以て常例となるべきも、其内一科若くは数科より成る大学校と雖も、均しく之を大学と称する事に略意見一致」(58)させ、中学校、高等学校改正案とともに「大学校令等ニ関スル特別委員会報告」をまとめた。

特別委員会報告の原案提出者の一人、小松原は「私立学校ハ早稲田慶応ノ両大ノ外ニ之ヲ一校ニ合併シテ政府ハ二十万以上五十万円ヲ年額補助シ其監督ヲ十分ニシ且特権ヲ与フヘシ」(59)という認識に止まり、私立大学の独自な存在理由に着眼するということはなかった。(60)

「大学校令等ニ関スル特別委員会報告」中「大学校令修正案ノ部（一九一五年六月十日議決）大学令ノ要項」（全三項）からその内容を摘記しておこう。あらかじめ指摘しておけば、同要項はのちの大学令のみごとな先蹤をなしていた、ということである。まず同要項は大学の目的として帝国大学令の文言をほぼそのまま採用して「大学ハ国家ニ須要ナル専門ノ学術ヲ教授シ及其ノ蘊奥ヲ攻究スル」（第一項）と規定した。第二項は「大学ノ分科ハ法科、医科、文科、理科、工科、農科、商科等トスルコト　大学ハ法科、医科、文科、理科ノ四分科ヲ具フルヲ常例トシ特別ノ場合ニ於テハ一分科若ハ数分科ヨリ成ル大学ノ設立ヲ認ムルコト」と大学の総合制原則を明示していた。また同項の理由書をみると、分合分科大学の設置も盛り込まれていたことがわかる。この他、同要項は修業年限を三か年以上（医科は四か年以上）、入学資格は高等学校卒業者（高等普通教育修了者）を原則とし認容事項として各種専門学校卒業者中成績優良者に限り入学を認めた。このように同要項は、大学校令案が帝国大学（令）に手を染めなかったのとは逆に、帝国大学（令）を大学の目的、構成などの画一的な原則として積極的に位置づけていた。(61)

ところで、大学校令案の蹉跌であった帝国大学令との関係について第一項理由書は明確な見解を打ち出した。

本項ハ大学ノ目的ヲ規定セリ帝国大学ニ於テハ大学院ハ学術技芸ノ蘊奥ヲ攻究シ分科大学ハ学芸技芸ノ理論及応用ヲ教授スル所ト区分シテ規定セルモ委員会ハ此区分ヲナサスシテ一分科ヨリ成ル大学ニテモ大学ノ性質上尚ホ学術ノ蘊奥ヲ攻究スルヲ要スルモノト認メ大学ノ目的中ニ之ヲ明記セルナリ。
又帝国大学令ト本令トノ関係ニツキテハ本令ハ大学全般ニ通スル規定トシ帝国大学令ハ官立綜合大学ニ適用サルル特別法ト看ルノ趣旨トス。(62)

ここに示されている一般通則と特別法という形式は臨時教育会議（総会）において再び論議されることなく踏襲されていった。近代日本の大学に関する法制構造が確定された、といっても過言ではあるまい。この結果、のちの大学令第四条（「大学ハ帝国大学其ノ他官立ノモノノ外本令ノ規定ニ依リ公立又ハ私立ト為スコトヲ得」）では大学の設置形態を列挙したが、あきらかに序列がつけられるとともに講座制、高等教育に関する事項の文部大臣への評議会の建議など帝国大学が保持してきた特殊な権益は温存され、官公私立大学に適用されることはなかった。

(2)　高田早苗文相の大学令要項

大学校令案及び大学校令等特別委員会作成の「大学令ノ要項」はともに修業年限短縮、帝国大学・高等学校の処分問題に手をふれることがなかったことはすでにのべたところであきらかである。殊に特別委員会は高等学校を存置するとともに、大学は帝国大学を模範とするなど画一化の方向をはっきりさせていた。

この大学校令等特別委員会が大学令案を一応まとめて仮議決をおこなった一九一五（大正四）年二月以降、菊池、渋沢栄一、成瀬、高田等は独自に会合を催し教育調査会の件を協議しており、同年六月八日には「日本クラブニ抵リ、教育調査会ノ事ニ付菊地《（ママ）》、高田、成瀬、嘉納（治五郎）、鵜沢（総明）、鎌田（栄吉）ノ六氏ト協議ス、当日一意見書ノ要旨ヲ議定シ本会ニ提出ノ手続ヲ決定[63]」する。これが一九一五年六月二十二日提出された「大学制度等ニ関スル建議案」（全八頁）である。これは以前菊池が提出した「教育制度改正ニ関スル意見」（一九一四年七月二日）いわゆる学芸大学案を基礎としたものであった。学芸大学案とは(1)中学校本科又は補修科（一年）より進入する学校はすべて大学校（College）とする、(2)高等学校は修業年限四ヶ年の学芸大学（校）とし各般の学科を教授する、(3)専門学校は専修（単科）大学又は学芸大学（校）とする、というアメリカのリベラル・アーツカレッジを参考に構想された大学の制度形態に対する「根本的な改革[64]」であった。さて、建議案の概要は以下の通りである。

一、中学校卒業生及ヒ同等以上ノ学力アル者ヲ収容シ四箇年以上ノ教育ヲ施ス学校ハ大学ト為スコトヲ得ルコト

二、大学ニ修養ヲ重キヲ置クモノト学術技芸ノ専攻ニ重キヲ置クモノトノ区別ヲ設ケ又其ノ二種ヲ兼ネシムルコトヲ得

〔三〜七略〕

八、現在ノ諸官立学校ヲ大要左ノ通処分スルコト

一、高等学校ハ之ヲ大学ニ改造スルコト

一、高等師範学校及ヒ重ナル専門学校実業専門学校ハ大学ニ改ムルコト

一、帝国大学ハ大学院ヲ本位トシテ専ラ研究ノ場所トシテ大学ヲ附設スルコト

学芸大学案と建議案との関係、およびその審議経緯は別に記したので省くが[65]、その趣旨は建議案前文に端的に示さ

れている。

客年六月大学令及ヒ学位令ノ特別委員ニ附託セラルルヤ委員諸氏熱心調査ノ結果一部ハ已ニ其ノ議決ヲ経ルニ至レリ今其ノ成案ヲ見ルニ従来ノ弊処ヲ矯正シタル点尠カラサルヲ認ム然レトモ余輩ノ最モ重要ナリト感スル点即チ画一主義ノ打破大学卒業年間《ママ》ノ短縮常識ノ涵養収容人員ノ増加等ニ於テ尚未タ十分ニ改善セラレサル所アルハ頗ル遺憾トスル所ナリ(66)

上掲の各項とあわせてみれば、建議案がさきの二案が忽諸に付した事項をあらためて真正面から議題に提出し、大学制度としては多種多様な形態を認めようとした内容であったことが判る。

提出者六名、賛成者一一名（内訳は枢密院二名、三土を除く衆議院議員全員、実業家全員、教育家全員、直轄学校長二名）を擁した建議案は提出時点ですでに調査会会員の過半数を越えていた。

大学校令等特別委員会の議決学制案が報告される七月七日の総会にむけて建議案は提出され、当日を含め四回の総会を経て先決事項とされた第一項が可決される、という事態が生じた。

ここで二度目の大転換がおこなわれた。大学校令等特別委員会の「大学令ノ要項」は廃案となったのである。文部当局はこの建議案第一項の決議に基づきあらたな大学令の立案を余儀なくされたが、一木文相は「過日調査会席上に於て菊池案〔建議案〕を以て実行不可能なりと言明せる如く誤解せられたるも、右は事実に非ず、当時余は単に実行困難に非ずやとの疑問を発せし迄也」(67)と当局者として立法化の困難さにとまどいを示していた。幸か、一木はまもなく内相へ転出し、新大学令の立案は建議案の積極的な推進者であった高田早苗文相にゆだねられた。高田文相諮問の「大学令要項」（一九一五年九月二十一日）は全一八項から構成されていた。以下、主要な項目を摘記しておく。

一、大学ハ高等ノ学識及品格ヲ備ヘ社会ノ指導者タルヘキ須要ノ人材ヲ養成シ及学術ノ蘊奥ヲ攻究スルヲ以テ目

的トスルコト
一、大学ノ修業年限ハ四箇年以上トスルコト
一、大学ニ入学スルコトヲ得ル者ハ中学校若ハ修業年限五箇年ノ高等女学校ヲ卒業シタル者又ハ文部大臣ニ於テ之ト同等以上ノ学力ヲ有スルモノト指定シタル者タルコト
一、官立大学ノ修業年限、学科、学科目及其ノ程度並研究科及別科ニ関スル規程ハ特別ノ規定アル場合ノ外文部大臣之ヲ定ムルコト

公私立大学の制度的認可は当然盛り込まれていたが、特に注目されるのは女子の大学入学を公的に認可した点である。ここに、建議案提出者の一人、成瀬の意向が働いたことはあきらかだが、女子大学の設置には触れていなかった。圧倒的多数の会員の賛成のもとに採択された建議案第一項を基本に立案された大学令要項であったため、高田文相はその総会議決に楽観的見通しを持っていた、と考えられる。しかし、同要項は三回の総会審議を経ても纏まることなく、早川千吉郎の動機により特別委員会に付託されてしまう。この要項には貴族院議員会員（岡田、小松原、江木など）の強硬な反対(68)と帝国大学側の同要項の不備を指摘する意見(69)などがあり、難産は予想されていた。ところが、より以上に困難な事態が惹起されていた。というのも、建議案賛成者が大学令要項を支持しなくなったのである。

問題の核心は帝国大学処分にかかわっていた。さきに摘記した同要項の第三項官立大学に関する規定中「特別ノ規定アル場合」の文言が問題であった。「特別ノ規定」とは帝国大学令にほかならず、これにより帝国大学はなんら現行を変更する必要がなくなっていた。高田文相の意向は大学修業年限規定（「四箇年以上」）のなかに高等学校の年限を大学年限に算入し、帝国大学を六ケ年大学として現状を維持しようとしていた、と思われる。たとえば、鎌田栄吉（慶応義塾長）はこの点に関し、「唯だ問題は政府は帝国大学及び、高等学校を如何に処分すべきかに在り、帝国大学が

現在の儘としては、其効果に乏しきのみならず〔中略〕仮令政府より発布するも、私立大学其他こそ四箇年となせ、帝国大学だけは依然六箇年となし置かんには、折角の年限短縮も一向意味をなさずとせさる可からず」(70)とのべていた。

高田文相は帝国大学令と同要項との関係にふれてつぎのような見解を示すのみで、具体案を提出することができなかった。

新大学令は根本的一般的のものにして、現在の帝国大学高等学校及専門学校其他私立大学等の処分を如何にするかは第二段の実際問題にて、新案にして教育調査会を通過し勅令案として公布された場合には、之れを処分せざる可らず、要するに今回の案は根本問題を処理せるに過ぎず(71)

大学令要項を付託された「大学令制定ノ件ニ関スル特別委員会」(以下、「大学令特別委員会」と記す、委員名は表8参照)は五回会合を重ね、同要項の逐条審議と関連事項の質疑をおこない、付帯決議案とともに「大学令制定ノ件ニ関スル特別委員会議決」(一九一五年十一月八日)を作成した。それはまず第一項大学の目的規定に帝国大学令第一条の文言をそのまま採用し、「特別ノ規定アル場合」を削除し「別ニ之ヲ定ムルコト」と修正し、付帯決議案として「帝国大学ニ付テハ相当改正ノ案ヲ定メ速ニ本会ニ諮詢セラレンコトヲ希望ス」を掲げた。以上の事項はすべて帝国大学(令)と新大学令との関係を明確にするためであると同時に、その処分を強く要求するものであった。

これらの要求をみたす処分法の立案が進行しなかったことから、大学令特別委員会の議決案は審議延期が申し合わされ、あらたに設置された「帝国大学改正案等調査特別委員会」(委員名は表8参照)において審議されることになった。しかしながら、以降改革案の審議はなされぬまま(72)、文相の交替となり建議案に批判的であった岡田良平が就任した。彼は着任早々調査会廃止に取り組み、小松原の全面協力のもとに臨時教育会議を発足させ調査会総会決議の建議案第一項という足枷をはずすことに成功した。ついに三度大学制度改革案が自然消滅させられた。

おわりに

以上、調査会の成立過程と審議概要及び各学制案の分析を一応おえる。まとめとして、各大学改革案の意味についてふれ、さいごに調査会の評価を試みてみたい。

まず一木文相の大学校令案はこれまで文部当局をしてはじめて公私立大学の制度的認可を取り入れた改革案としてのみ評価されてきたが、それ以上にその法的性格をめぐり展開された論議のなかから大学に関する法制構造をどのように確立するか、という問題を提供していた。いわば調査会の避けて通ることのできない大学改革に関する根本問題を惹起した点にその歴史的意義があったといえる。

大学校令等特別委員会の「大学令ノ要項」は上記の問題に解決を与えた。それは、戦前日本の大学の法制構造の嚆矢であった。それとともに、名称を統一し、大学の総合制原則をはっきりと打ちだしたのだが、この背景には帝国大学をして近代日本の大学の理念・構成の原則とする意思が働いていた。もっとも支配的な大学観を明示していたものであった。

大学令要項は大学制度の画一主義の打破、大学卒業年限の短縮を主眼に立案され、大学・高等教育制度の根本的改革を試行したものであった。しかしながら、その試行は帝国大学（観）の存在に止められてしまう。この限りでいえば同要項は近代日本の大学観をめぐる対立をあざやかに顕在化させた点に歴史的意味があった。

ところで、本研究の結果これまで相互脈絡なく記述、紹介されてきた大学改革諸案の変遷について審議経緯に密着してその内的連関性及び対立点などのかなりの部分をあきらかにできた、と考える。また、これまでほとんどふれられてこなかった学制改革案以外の諮問事項も、審議機関としての調査会の活動の重要な一部分と位置づけ分析した。

ただし今回は調査会内部の審議経緯に沿った改革諸案の分析に主眼を置いたため、当時数多く公表されていた批評、意見をあまり取り上げられなかった。それらは今回の基礎研究を踏まえ、かつ臨時教育会議の審議も射程に入れて論述したいと考えている。

さて、調査会は調査、審議機関としての性格は充分発揮したが、期待されていた政策決定諮問（答申）機関としては遂に機能できなかった。このことは広汎な社会的政治的背景を踏まえ諮問（答申）機関の指導性をどのように発揮させるか、という課題を生じさせていた。文部当局に与えた反省は深いものがあったと推測され、岡田は臨時教育会議の組織、運営等に周到な準備をおこない審議の指導性を確立していた。(73)

さいごに大学制度改革における調査会の歴史的意義についてふれて項をとじることにする。

公私立大学、単科大学の認可という現実的緊張的課題はそれまでの大学＝帝国大学という制度形態に修正をせまるものであった。第二項で粗描した大学昇格運動、帝国大学令改正問題がそれらの背景をなしていたことはいうまでもない。

ただ、そのような課題に対する明確な方針が文部当局には存在していなかったし、調査会会員の間にも共通の認識は形成されていなかった。このことが調査会の審議をして紛糾させた。しかし、それは単なる紛糾ではなくして、これまでみてきたように大学に関する法制構造をどのように設定するか、というひとつの重要な課題を前にした議論であった。課題は近代日本の大学（制度）の原則にかかわる内容であったため、大学の法制的平等の立案作業が進行するなかで帝国大学を特立しその特権を存続させようとする動向も顕在化していた。

このように、調査会の審議にはひとつの一貫した課題が存在していたのである。

大学の目的、性格についても、一木喜徳郎の大学校令案にみられたように高等専門教授機関をも大学とする認識が存在する一方、学芸大学案が主張され多数の支持を得ていた。小松原、江木らは「我国の大学制度を根本的に改革して、英米のカレッジ、システムに変改せんとする」[74]として強い危機意識を持つようになっていた。この点に関しても大きな対立点を顕在化させていた。

このほか、大学の名称、構成など大学改革の基本的事項がはじめて審議の対象となり、漸次定着をみるのであった。これらの調査、審議を経るなかで、近代日本の大学のあり方に関して認識は深化され、臨時教育会議の歴史的前提として調査会はその機能を果たしたのである。

註

(1) 筆者の管見に入った研究文献は以下二編である。谷口琢男「教育調査会と中等教育改革問題」(『茨城大学教育学部紀要』第二四号、一九七五年)、渡部宗助「教育調査会と高等学校問題」(『国立教育研究所紀要』第九五集――旧制高等学校に関する問題史的研究――、一九七八年)。

(2) 大学令・高等学校令については拙稿「大正期における大学令制定過程の研究」(『立教大学教育学科研究年報』第二二号、一九七八年、本書第二章「二」)及び佐藤秀夫「一九一八(大正七)年高等学校令の成立過程」(前掲『国立教育研究所紀要』第九五集)参照。

(3) 教育調査会に関する原史料は教育調査会編『学制問題ニ関スル議事経過』(一九一七年五月、以下『議事経過』と記す)と同会編『教育調査会経過概要』(一九一七年六月、以下『経過概要』と記す)の二冊を数えるのみである。調査会会議記録は東京大学総合図書館の「教育調査会速記録」(二冊、一九一四年)というカードと、北条時敬の伝記資料西田幾多郎編『廓堂片影』(教育研究会、一九三一年)中日本青年館への寄贈図書目録などとからその作成は確認されているが原本は未だ管見に入らない。

(4) 本資料は貴族院研究会派の領袖水野が私的に調査会会議を筆記したメモである。手帳の一頁目に「教育調査会事項」と記されている。詳細は拙稿「史料解題――水野直教育関係文書　教育調査会関係史料(一)」(『東京大学史紀要』第三号、一九八〇年)を参照してほしい。以下、単に「水野メモ」と記す。

(5) 岡田良平「中学校令並に専門学校令」国民教育奨励会編『教育五十年史』民友社、一九二二年、二一三～二一四頁。

(6) 水野メモ　一九一三年七月十五日の条。

(7) 浅野源吾『一橋風雲録』（二松堂書店、一九〇九年）四頁。
(8) 水野メモ　一九一三年七月三日の条。
(9) 久保田譲「教育制度改革論」『明治文化資料叢書』第八巻・教育編、風間書房、一九六一年、二七四頁。
(10) 安部磯雄編『帝国議会教育議事総覧』三、自第二十六議会至第三十九議会、厚生閣、一九三二年、三五〜三七頁。
(11) 同前安部磯雄『帝国議会教育議事総覧』三、一〇七頁。
(12) 山本権兵衛の内閣施政演舌（二月二十七日）の発言より摘録。三宅雪嶺『同時代史』第四巻、岩波書店、一九五二年、四一四頁。
(13) 鵜崎鷺城「山本内閣の智嚢」（『中央公論』第二八巻第六号、一九一三年六月、五九〜六一頁）、および大森兜山「近来出色の文相」（同前書、六四〜六七頁）を参照。
(14) 奥田の官歴については岡田朋治『嗚呼奥田博士』（因伯社、一九二二年）などを参照。なお彼の行財政整理案のひとつは国立公文書館所蔵『歴代内閣の行政整理案』中「二、明治三十五年（桂内閣）行政整理案（政務調査会分所謂奥田案）」として収録されている。なお、この奥田案は専門学校令の制定を含む菊池大麓文相の全一二頁に及ぶ諮問案の成立と深くかかわっていた。
(15) 枢密院審査委員会の審査報告に「特ニ内閣ニ於テ今般特別ノ調査機関ヲ設ケテ、教育制度ヲ根本的ニ攻究スヘキコトヲ決定シタリトノコト」という記述がある。同委員会の報告は三月八日。倉沢剛『学校令の研究』（講談社、一九七八年）一一四六頁より再引。
(16) 水野メモ　一九一三年七月五日の条。
(17) 「教育調査会官制ヲ定メ高等教育会議規則ヲ廃止ス」（公文類聚第三七巻　大正二年　巻三）。以下特別に記さない限り立法化の経過、官制（案）、修正などは同文書による。
(18) ただし沢柳政太郎は「而して之（高等教育会議――筆者註、以下同様）に代るものは、臨時的なる教育調査会であって、これが一時的存在の性質なることは、其の官制を見れば解ることである」と批判していた。「高等教育会議を再興せよ」（『沢柳政太郎全集』第三巻、国土社、一九七八年所収）二三〇頁。
(19) 水野メモ　一九一三年七月四日の条。
(20) 同前水野メモ。
(21) 『中外商業新報』一九一三年六月二十四日。
(22) 樺山――奥田文政については前掲註(14)岡田朋治『嗚呼奥田博士』、藤原喜代蔵『人物評論学界の賢人愚人』（文教社、一九一三年）及び横山達三『文部大臣を中心として評論せる日本教育之変遷』（中興館書店、一九一四年）などを参照。『教育時論』一〇一七号（一九一三年七月十五日）「時文一束」欄において樺山の総裁就任の輿論を多数掲載している。

(23) 水野メモ　一九一三年七月四日の条。

(24) 江木千之翁経歴談刊行会編・刊『江木千之翁経歴談』上巻（一九三三年）には奥田が「其在職中教育調査会の議を纏むるに多数決に依りたること一回も之あらず、会員の議論にして互に一致せざるものあるとき、又は自己の意見と合はざるものあるときは、幾回にても熟議を重ね、終に全会一致を以て議決する」（四三一頁）と記されている。

(25) 水野メモ　一九一三年七月四日の条。

(26) 前掲(14)『歴代内閣の行政整理案』中「三、大正元年（西園寺内閣）行政整理案（臨時制度整理局分）」には学制改革事項として次のようなものが予定されていた。

単科大学ノ制ヲ認メタリ、東北帝国大学各分科大学ヲ単科大学トシ附属専門部ヲ専門学校トセリ、東京及広島ノ男子高等師範学校ヲ廃シタリ、高等教育会《ママ》ノ廃止。

(27) 国立教育研究所編『日本近代教育百年史』（以下『百年史』と記す）第二巻（一九七四年、一〇一～一二五頁）、教育史編纂会『明治以降教育制度発達史』（以下『制度発達史』と記す）第四巻（一九六四年重版、二二一～三八頁）を参考にした。

(28) 水野メモ　一九一三年七月九日の条。

(29) 「基金使途決定す――教育調査会総会」（『東京日日新聞』一九一三年九月三十日）には次のように記されている。

「文部省の諮問案は教育基金利子に相当する五十万円中既定勅令の支出以外更に中学校長高等女学校長の増俸費並に師範学校長の俸給支弁及び増俸費、小学校教員肺結核患者退職費等に該基金より支弁せんとするにありしも〔中略〕委員会は高等女学校長中学校長の優遇法は別に講ぜしむるの条件を以て之ヲ削除し師範学校長俸給及び増俸費合計十四万円並に小学教員の肺結核退職費十万円を該基金より支弁せしむる事に決定せり」云々。なお『制度発達史』第五巻（八九頁）も参照。

(30) 水野メモ　一九一三年十二月十七日の条。

(31) 「教育調査会」（時事彙報）（『教育時論』一〇三四号、一九一四年一月十五日）および『制度発達史』第五巻（一〇七四頁）を参考にした。

(32) 「教育調査会」（時事彙報）（『教育時論』一〇四〇号、一九一四年三月五日）および『制度発達史』第五巻（八五～八七頁）を参考にした。

(33)　水野メモ　一九一三年五月二十九日の条。

(34)　同前　一九一三年六月十九日の条。

(35)　『教育時論』一一〇七号（一九一六年一月十五日、時事彙報）に「小学児童入学期繰上、其他は都合に依り無期延期となるべきに依り」（「調査会と新諮問」）とあり、この時期まで決定をみていないことが判る。

(36)　杉浦重剛「皇道ニヨリ国民精神ヲ帰一セシムルコト等ニ関スル建議案」（一九一三年七月）、渋沢栄一外三名「修業年限短縮ニ関スル建議案」（同年十月）、高田早苗外一名「立憲的及世界的精神ヲ国民教育ニ普及スル方法ニ関スル建議案」（同前）、花井卓蔵外三名「学制改革ニ関スル建議案」（同前）、成瀬仁蔵外一名「学風改善ニ関スル建議案」（同前）、成瀬仁蔵外二名「女子高等教育ニ関スル建議案」（同前）、九鬼隆一「言語文字ニ関スル建議案」（一九一四年七月）、成瀬仁蔵外一名「国語文字改善ニ関スル建議案」（同年十月）、江木千之外二名「学生衛生状態ニ関スル建議案」（同年十二月）の九つである（『経過概要』より摘録）。

(37)　以下特別にことわらない限り、文部大臣諮問案及び会員あるいは特別委員会の学制案は『議事経過』より引用した。会議の日付、回数などは一木喜徳郎文相以降に限り『議事経過』によった。

(38)　『制度発達史』第五巻、一一八二頁。

(39)　舘昭「大正三年の帝国大学令改正案と東京帝国大学」（東京大学百年史編集室編『東京大学史紀要』第一号、一九七八年）。

(40)　水野メモ　一九一三年十一月二十六日の条。

(41)　同前　一九一三年十一月十五日の条。

(a)現在ノ学生ノ卒業及ビ進級トモ三ケ月短縮ス
　此改正ノ長所ハ一斉ニ四月制ヲ取リ得ル事
　此改正ノ短所ハ学習期間三ケ月減ズル事

(b)各学年ヲ毎年一ケ月ヅヽ短縮シ、卒業ヲ一ケ月早クナシ入学モ亦一ケ月ヅヽ后ル、様ニナスベシ。
　此制度ニ依レバ卒業者ハ一ケ月短縮、二年級者ハ二ケ月短縮、三年級者ハ三ケ月短縮
　三ケ年間ヲ要スル故、急激ノ変化ナキモ複雑ナリ

(42)　同前　一九一三年十二月十一日の条。

(43) 同前　一九一三年十二月十七日の条。
(44) 「教育調査会々議」(時事彙報)『教育時論』一〇三五号、一九一四年一月五日)。
(45) 東京帝国大学、京都帝国大学両法科大学とも卒業試験(試問)を廃止し、前者は科目制度の学年制度への転換、後者は政治学科の政治経済学科への改称などをおこなった。
(46) 前掲註(39)舘昭「大正三年の帝国大学令改正案と東京帝国大学」より引用。
(47) 水野メモ　一九一四年六月十五日の条。
(48) 後年大学令制定にともない分科大学制が学部制にあらためられるが、その理由のひとつとして分科大学の群雄割拠の弊が指摘されていた。前掲註(2)拙稿参照。
(49) 市島春城「雙魚堂日載」第二三巻、一九一四年六月十八日の条(『市島春城関係資料』早稲田大学図書館特別閲覧室所蔵)。市島の早稲田大学との関係は創設以来あり、図書館長、幹事、理事と大学の経営に尽力をつくした。
(50) たとえば『教育時論』一〇五三号(一九一四年七月十五日)を参照。
(51) 松浦鎮次郎「最後の学制改革」(前掲註(5)『教育五十年史』所収)、三〇五頁。
(52) 「大学案と調査会」(時事彙報)『教育時論』一〇五四号、一九一四年七月二十五日。
(53) 水野メモ　一九一四年七月九日の条。
(54) 「大学校令の審議」(時事彙報)『教育時論』一〇五六号、一九一四年八月十五日。
(55) 「同上其二」(時事彙報)『教育時論』一〇六二号、一九一四年十月十五日。
(56) 「大学令案の審議」(時事彙報)『教育時論』一〇六七号、一九一四年十二月五日。
(57) 『議事経過』八～九頁。
(58) 「大学の定義」(時事彙報)『教育時論』一〇七三号、一九一五年二月五日。
(59) 水野メモ　一九一三年六月三十日。
(60) なおこの発想はすぐに払拭されず、臨時教育会議諮問第三号(大学及び専門学校)答申小委員会案(「答申案綱領」)中「私立法律専門学校改善ニ関スル希望」において「現在ノ私立法律専門学校ハ事情ノ許ス限リ之ヲ合併シテ完備セル大学タラシメムコトヲ期シ之カ為必要ナル資金ハ国庫ヨリ之ヲ支給セムコトヲ望ム」と記されているのに通底していた(文部省『資料臨時教育会議』第一集、一九七九年、二〇五頁)。

(61) 大学校令等特別委員会の大学案において帝国大学の構成を大きく修正したものとして大学院規定の削除があった。その理由は「現制ノ大学院ハ其名其実ニ伴ハサルノ嫌アルヲ以テ之ヲ廃止」するとした(『議事経過』一四九頁)。本文中の第一条の改正と相俟って同特別委員会案は分科大学(学部)中心主義への萌芽を示していた。

(62) 『議事経過』一四七～一四八頁。

(63) 渋沢青淵記念財団竜門社編『渋沢栄一伝記資料』別巻第二・日記(二)他、一九六六年、三八頁。

(64) 菊池大麓「大学及高等学校に関する余の提案」『東洋学芸雑誌』第三一巻第三九六号、一九一四年九月五日、七頁。

(65) 拙稿「教育調査会における大学制度改革に関する一考察」『大学史研究』第三号、一九八三年(本章の「二」として収録)。

(66) 『議事経過』一五二頁。

(67) 「学制改革案決定」『万朝報』一九一五年七月二十日。

(68) たとえば江木千之は「転地療養余事」なる小冊子を発表し「教育調査会なるものゝ無能に了ることを吹聴」するなど強硬な姿勢を示していた。また高田文相は非公式に意見調整のため懇談会を三回開催したがそれに対する江木らの反発は「岡田良平関係文書」(『社会科学研究』第二一巻第五・六合併号、一九七〇年)所収の書簡に詳しい。

(69) 舘昭「帝国大学制度調査委員会に関する一考察」(『東京大学史紀要』第二号、一九七九年)を参照。

(70) 「新学令と鎌田氏」(彙報)『教育時論』一〇九七号、一九一五年十月五日。

(71) 「新大学令説明」『中外商業新報』一九一五年九月二十三日。

(72) 帝国大学改正案等特別委員会は『議事経過』によれば「審議ノ参考トシテ現在内外教育制度ヲ統計的ニ調査スルコトノ申合ヲナシ右様式ヲ定ムル為」(一七頁)小委員を設けたが、その小委員会がどのような調査事項を文部省に依頼したかはっきりしない。たとえば一九一七(大正六)年三月東京帝国大学は教育調査会の要求に依る「一東京帝国大学分科大学優等卒業者ノ成績及出身高等学校名等調、一大学ニ於テ卒業者ノ大学在学ノ年数調査、一東京帝国大学農科大学実科ニ於ケル入学志願者入学成績出席者等ノ調」の結果を専門学務局長宛に送付しているが、これは調査事項の一部分と思われる(東京大学庶務部所蔵「文部省往復　一九一七・一八年」)。

(73) 臨時教育会議に設けられた主査委員会は一一あったが、そのうち六つに小松原が四つに一木喜徳郎がのこりに江木が委員長に就任していた(前掲註(60)『資料臨時教育会議』第一集七二～七三頁)。

(74)「小松原氏学制意見」(時事彙報)『教育時論』一〇九二号、一九一五年八月十五日。

二　菊池大麓の大学改革案

はじめに

第一次世界大戦の勃発をはさみ設置されたふたつの教育政策審議機関。教育調査会と臨時教育会議。この二つの機関はともに当時焦眉の急を告げていた大学・高等教育制度改革問題の解決に真正面から取り組んだ。しかしながら、これまでは直接的に大学制度の大幅な改革構想を答申した臨時教育会議に専ら関心が払われ、教育調査会(以下「調査会」と記す)は約四か年の間「なんらの実を結ばないまま時を送っていた」(1)と評価され、また「調査審議」機関たる性格すら曖昧模糊とされてきた。

では実際はどうであっただろうか。

調査会に提出された大学改革諸案は実に多岐に亙っていた。たとえば、公私立大学の制度的認可の方法、基準、内容などにつき議論を引き起こした一木喜徳郎文相諮問の「大学校令及学位ニ関スル規定」(以下「大学校令案」と略す)、大学の法制構造の再編成を意図した江木千之提出の大学法制改革案(「大学校令ニ関スル修正意見大要」)、大学の構成原理及び既存の大学法令(帝国大学令)と新大学令との関係を定立しようとした小松原英太郎、三土忠造提出の大学校令修正案、さらに大正大学令の原型ともいうべき「大学校令等ニ関スル特別委員会」(後述)の「大学令ノ要項」などがあった。このように調査会には大学の理念、構成、法制などのあり方、換言すれば大学そのもののあり方をめぐる深い段階の改革問題が惹起されていた。改革諸案の簇生においても、またその審議の活発さにおいても臨時教育会議のそれに比して劣らぬ内容と展開をもっていた、といえるのである。

本項ではこれら改革諸案のひとつである菊池大麓の提出した大学改革案を取り上げる。当時枢密顧問官で学界、教育界の重鎮であった菊池のいわゆる学芸大学案（とくにことわらない限り後述の「大学制度等ニ関スル建議案」を含める）は大きな波紋を呼び、学制改革に関して調査会会員相互の意見（立場）の対立を明確にしていた。本研究はこの改革案を中心にして、調査会の審議がどのように展開され、なにが問題とされ、審議の結果大学（制度）改革をめぐるいかなる対立（問題）点が顕在化されたかをあきらかにすることに課題を限定する。

ところでこの学芸大学案の評価として次の二つを掲げることができる。そのひとつは、山田昇の「よく欧米の大学教育の認識にたって、日本の高等教育に付着した狭隘な専門教育の意識を克服しようとする鮮明な問題意識をうかがうことができる[2]」という評価である。これは戦後教育改革のなかでうみだされた学芸大学の理念形成に際して当時注目されたもののひとつとして、教員養成制度の理念との関連で取り上げられたものである。いまひとつは近代日本の大学論の文脈から位置づけた寺崎昌男の「ユニヴァーシティ＝綜合大学＝帝国大学、カレッジ＝単科大学＝専門学校という枠で大学の形態を発想し、前者を『高級』なるもの、後者を『低級』なるものとしてみていた当時の日本の大学人の理解水準を抜く知見であった。〔中略〕右の大学論は一八七〇年代のダヴィッド・モルレー以来はじめて明治期の日本にもたらされた稀なるアメリカ的大学論の紹介であるといってよい[3]」という評価である。

本項は以上の評価を念頭におきながら、調査会の審議経緯に即して学芸大学案の評価にもふれてみたい。

1 菊池大麓と学制改革問題

菊池の改革案の検討に先だち、まず彼の略歴を以下に摘記し、調査会以前の学制改革とのかかわりをのべておく。あらかじめ記せば、調査会は二つの中心をもって審議が展開された。そのひとつの中心が菊池大麓と渋沢栄一、成瀬仁蔵らであり、これに対するもうひとつの中心には小松原、岡田良平、江木らがいた。このように調査会内部の諸集団の存在という点からも、彼の略歴を踏まえる必要が生じる。

表11の略歴を若干補足すると、菊池の一八七〇（明治三）年英国留学は矢田部良吉とともに「理科関係の在外研究員の嚆矢」[4]であり、帰国後、一八七七年に創設された東京大学理学部数学教室の唯一の邦人教師となり、講座制試行後は幾何学方面を担当し、一八九〇年まで解析方面の藤沢利喜太郎（一八八七年教授就任）とともに創業時代を築いた。彼は学術上において「大学部内に於てのみならず、広く我国の数学教育上に西欧の数学を同化摂取して、今日の本邦数学の基礎を開拓した」[5]人物として評価されている。なお、一八八九（明治二十二）年東京学士会院（帝国学士院の前身）の会員となり、一九〇九（明治四十二）年七月から死去するまで帝国学士院院長の職にあった。

本項の主題に即してみれば、菊池の教育行政・制度改革とのかかわりは、略年譜から窺われるようにかなり深いというよりも、その渦中にあったとみられる。

菊池は、文相就任の翌年暮に起こった教科書疑獄事件に対する衆議院の問責決議案により辞任を余儀なくされたが、その在任中高等教育会議を舞台にして専門学校令（一九〇三年三月、勅令第六十一号）の制定、公布をはじめ各種の学制改革案の諮問をおこなった。

同令制定理由書には「近来文運ノ進歩ト共ニ専門ノ教育大ニ膨張シ私立ノ専門学校ニシテ程度ノ高キモノ漸次多キ

表11　菊池大麓年譜

年次	年　齢	事　　項
安政 2 (1855)		3月17日　箕作秋坪の次男として江戸津山藩邸に生まる。 幼名大六。
文久元 (1861)	6歳	正月　蕃書調所入学。英学を修む。
慶応 2 (1866)	11	11月　英国へ留学（明治元年5月帰朝）。
明治 2 (1869)	14	正月　開成学校入学。仏学を修む。
明治 3	15	9月　大学出仕（明治6年7月まで）。 10月　命英国留学（明治7年3月まで，明治10年5月帰朝）。
明治 6	18	9月　英国ケンブリッジ大学入学（数学・物理を修め，明治10年同大学卒業，バチェロル・オブ・アーツ学位取得）。
明治10	22	6月　東京大学理学部四等教授。 8月　東京大学理学部教授。
明治14	26	7月　任東京大学教授，理学部勤務。東京大学理学部長兼任（同年8月諮詢会会員に選挙さる）。
明治16	27	2月　学位試問規則取調委員。
明治17	28	2月　学芸志林改良方法取調委員（3月同編輯事務委員），同月医学部試業規則取調委員。
明治18	30	12月　東京大学工芸学部長心得。
明治19	31	3月　帝国大学令公布。同日理科大学教授に任命。理科大学学長兼任。工科大学学長心得（5月まで）。同月帝国大学評議官。同月本初子午線ならびに計時法審査委員。
明治23	35	9月　貴族院議員（明治45年依願免）。
明治26	38	3月　視学委員として第三高等中学校および山口高等中学校へ出張。 4月　教科用図書審査委員。 9月　理科大学学長退官。数学第一講座担任，応用数学講座兼担（明治29年9月まで）。
明治30	42	4月　帝国図書館新築設計委員。 8月　文部省専門学務局長兼任。 10月　文部省官制改正に付廃官（文部省専門学務局長）。兼任文部省高等学務局長。 11月　文部次官に任命。兼任東京帝国大学理科大学教授，数学第一講座分担。臨時政務調査委員。
明治31	43	5月　東京帝国大学総長。
明治34	46	5月　東京帝国大学名誉教授（大正2年6月京都帝国大学名誉教授）。 6月　文部大臣（明治36年7月依願免，総長を退職）。
明治37	49	8月　学習院長（明治38年10月依願免）。
明治41	53	9月　京都帝国大学総長。
明治42	54	10月　アメリカへ出張。
明治45	57	5月　任枢密顧問官。
大正 2 (1913)	58	6月　教育調査会会員被仰付。 12月　震災予防調査会会長被仰付。
大正 5	60	1月　学習院評議会会員。
大正 6	62	8月20日　薨去。叙従二位。

(註)　東京大学史史料目録8『歴代総長年譜　第一部』東京大学百年史編集室，1981年，より作成。

ヲ加フルノミナラス此等各種専門学校ニ就テハ私立学校令ノ外ハ徴兵令第十三条ニ依ル認定上二三ノ制限ヲ存スルノミニシテ其他ニ於テハ遵拠セシムヘキ法令ノ規定備ハラス監督上不都合少カラス」（『公文類聚』第二十七編巻十四　学事門）と記されている。この専門学校令の制定経緯、目的、内容、果たした役割などについては紙数の都合上省かざるを得ないため、行論上関係する点につき若干指摘するに止める。

まず第一に菊池が専門学校令の制定により意図したひとつには、種々の特権と名誉を求めて帝国大学へ蝟集する青年たちの進学要求を、専門学校に吸収することにあった。つまり、これまで統一的に規定されてこなかった専門学校の制度的位置づけを明確にしかつ特権を付与することにより、高等学校――帝国大学という正統ルートから排除し分散する目的を有していた。そこには、国家及び産業界の需要に応ずる実用的人物の安定供給を恒常化すると同時に帝国大学の地位を保全する意識が働いていた、と考えられる。

第二に注目されるのは同令を含む菊池の改革案が、政務調査会（一九〇二年一月設置）の行政整理案と密接に関連した点である。彼は第七回高等教育会議開催の劈頭「学制ノ問題ハ独リ教育家ノミノ問題デナク地方ノ経済ニモ国庫ノ経済ニモ関係ガアル其他種々ノ方面ニ関係ガアリマスカラ他ノ政務ト共ニ調査ヲシナケレバ充分ナコトハ出来ナイト云フノデ政務調査即チ行政財政ト共ニ同一ノ委員ガ学制ノ事モ合セテ調査スルト云フコトニナリマシテ、調査ノ末一ノ案ガ成リ立ツタノデアリマス」(6)とのべていた。このときの政務調査会の委員長には奥田義人が就任していた。のちに調査会を設置する奥田と菊池とのつながりは、同会設置に先だつ一〇年前にあったのである。

最後に専門学校令はその強制規定（第一条「高等ノ学術技芸ヲ教授スル学校ハ専門学校トス（以下略）」）と廃校事項（第一五条「既設ノ公立又ハ私立ノ学校ニシテ本令ニ依ルヘキモノハ本令施行ノ日ヨリ一箇年以内ニ四条ニ準シ認可ヲ申請スヘシ／前項ノ手続ヲ為ササルモノハ前項ノ期間ノ満了ト共ニ廃校シタルモノト見做ス（以下略）」）という性格により、当時簇生していた専門学校をふるいにかけ、ある一部分のものに大学のひとつの機能である「学術技芸ノ教授」を認めた。しかし、それは大学昇格を要求していた専門諸教育機関を「専門学校という制度的範疇に跼蹐させる結果となったのであり、『大学』の栄称を独占的に帝国大学だけのもの(7)」としたのであり、第一にのべた目的も達せられなかった。のち、調査会時代に至り、菊池は回顧して「其失敗の一原因は大学たる名称を与へずして、専門学校にして置きたるが策が宜しきを得ざりしものなり(8)」と記すのであるが、当時の彼の大学観は以下のようなものであった。

ソレカラ又或ル説ニ拠ルト云フト大学ノ低イ程度ノ大学ト云フモノヲ置イテ今ノ帝国大学ト云フモノハ其マンマニシテ置イテ蘊奥ヲ研究スル所ニスルト云フ説ガアリマスガ、是ハ即チ大学ノ性質ヲ知ラヌカラ起ルノデアリマス、大学ニ於テハ研究ト云フコトト事業ト云フコトヲ分ケテ行レルノデアルカナイカト云フコトガ分ラナイ、ソレヲ一緒ニヤル位ノ程度デナケレバ大学トハ言レマセヌ、斯ウ云フコトハ決シテ出来ナイ、研究ヲシナイ大学ト云フモノハアルコトハ出来ナイモノデアリマス(9)

これは当時帝国議会において議論が喧しかった修業年限短縮、大学の程度低下を求めた学制改革論に対する、菊池の堂々たる反駁であった。しかし、彼は一九〇九（明治四十二）年の米国出張において米国大学を通観し、それまでの大学観を転回させるのであるが、この点はのちに触れる。

2　教育調査会と菊池大麓

教育調査会は第一次山本権兵衛内閣のもと奥田文相の手により一九一三年六月十五日に設置され、一九一七年六月十五日臨時教育会議の設置にともない廃止された。(10)調査会の成立、審議概要、及び評価はすでに記したので、本項では菊池の役割を中心にのべることにする。調査会の特徴のひとつはその組織にあった。調査会官制によれば総裁及副総裁（文相就任）各一名、会員二五名をもって構成（のち三〇名に改定）される。その内訳は当初枢密院三名、貴族院議員六名、衆議院議員六名、実業家四名、教育家四名、軍人二名と分類される[11]（のち帝国大学総長及び直轄学校長を加える）。会員は在京者を中心に任命され、教育家ばかりでなく政財界の勢力均衡を考慮した人選であった。もうひとつの特徴は総裁、副総裁の頻繁な交替である。総裁は樺山資紀、加藤弘之、蜂須賀茂韶、副総裁（文相、ただし大岡育造は除く）は奥田、一木喜徳郎、高田早苗、岡田良平と変化した。政権の交替がこの背景にあったのだが、調査会の審議に少なくない影響をおよぼした。審議の指導権の帰趨が不安定なため、継続性を欠くようになった。

ところで奥田と菊池との関係が、専門学校令制定当時にあったことは先述したが、調査会総裁として菊池はその候補のひとりにあげられていた。たとえば次のような新聞記事も散見できる。「総裁には地位名望高き元勲を推戴せむ方針にて、先頃奥田文相より井上・松方・西園寺侯等に交渉を試みつつありしが、又一説には菊池男に内定せりとの噂あるも、多分西園寺侯を推戴すべし[12]」。初代総裁には第二次山県有朋内閣下において大臣――次官（奥田）の関係にあった樺山が就任したが、菊池は、調査会の審議の実質的な中心人物としての役割を果たしていた。というのも、彼は学制改革に関する四つの特別委員会のうち三つの委員長の重責を担っていたのである。特別委員会の委員長は委員の互選を以て置かれることになっていた（「教育調査会議事規則」第一六条）。奥田が菊池に対してどのような役割を期待したかを徴す史料は管見に入っていないが、菊池は全期間を通じて審議の動向に注意を払い、調査会設置の目的の完遂に多大な関心を有していた。

そのひとつとして、菊池、渋沢らの私的会合をあげることができる。彼らは一九一五年以降定期的ともみえる会合を開催し、ひとつの建議を立案した。その内容は後述するとして、以下に開催状況を摘記しておく。

一九一五年

二月九日　成瀬仁蔵氏来リ教育調査会ノ件ヲ談ス、〔中略〕四時日本倶楽部ニ抵リ、菊地《ママ》、高田、成瀬ノ諸氏ト教育調査会ノ事ヲ協議ス
三月六日　成瀬仁蔵氏来リ教育調査会ノ事ヲ談ス
三月九日　日本倶楽部ニ抵リ菊地《ママ》、高田、嘉納、鎌田、成瀬、鵜沢諸氏ト教育調査会ノ事ニ関シ協議ス
五月三十一日　四時過高田早苗、成瀬氏等来リ教育調査会ノ事ヲ協議ス
六月八日　日本クラブニ抵リ、教育調査会ノ事ニ付菊地《ママ》、高田、成瀬、嘉納、鵜沢、鎌田ノ六氏ト協議ス、当日一意見書ノ要旨ヲ議定シ本会ニ提出ノ手続ヲ決定ス
六月二十二日　一木文相ヲ永田町官舎ニ訪フテ教育調査会ノ事ニ付意見ヲ述フ、菊地《ママ》男爵、高田早苗氏同伴ス、後、三人相共ニ文部省ニ抵リ福原次官ト会話ス
〔七月七日　教育調査会総会。大学校令等特別委員会の議決案説明。菊池建議案に付説明〕
七月十四日　早稲田大学大隈伯ヲ訪へ《ママ》、高田、成瀬二氏ト共ニ教育調査会ニ関スル意見ヲ陳述ス(13)

もうひとつ指摘すれば、岡田が文相に就任し調査会改造の動きを示しているとき、菊池は岡田に対し次のような書簡をしたためていた。

扨其節御話之調査会改造之件に付ては、文部省所属を内閣直属とする事、普通教育の内容、教員之改善を主とする等大体に於ては至極結構と存候へ共、調査会設置当初の大目的は大学に関係したる事なりしは疑ふ可からず、而して所謂菊池案第一条は已決のものなるを、改造に依りて滅却せしめんとするは勿論、するが如き観有りては甚面白からずと存候。此辺は篤と御考有之度候。且設置当時枢密院有志者より当時之内閣へ談したる歴史も有之候次第、此辺御考無之時は後に至り枢密院と衝突も生ずる虞有之候間、其辺之手続宜敷御参酌有之可然と存候。(14)

菊池はこのとき「新調査会」（同前書簡中の文言）への推薦を留保するよう岡田に申し入れていた。

このように、菊池は調査会における学制改革問題の解決に期待を寄せるとともに、自らも積極的にそこに参画していった。菊池大麓の大学・高等教育改革に関する最後の活動が調査会であった。

3　菊池の大学改革案

菊池は調査会に二つの学制改革案を提出していた。第一は一九一四年七月二日、単独に提出した「教育制度改正ニ関スル意見」いわゆる学芸大学案であり、第二は翌一九一五年七月七日、提出者菊池他五名賛成者一一名連名の「大学制度等ニ関スル建議案」である。この両案ともはっきりと対案として提出されていた。まず、第一の学芸大学案は江木千之提出「中等教育制度改正ニ関スル意見」中の「一、現在ノ高等学校ハ之ヲ全廃シ当分ノ間其上級（一ヶ級）ハ大学ニ移シテ予科ト為シ其下級（二ヶ級）ハ中学校ノ上級トナシ而シテ国運ノ進歩ニ伴ヒ右大学ノ予科ハ更ニ中学校ニ移シテ中学校ノ最上級ト為サントスルノ制ニ改メントスルノ意見アリ其当否如何（以下略）」[15]という高等学校の廃止問題にかかわる修正案であり、他方後者は一木文相諮問の大学校令案を審議附託された特別委員会が原案と骨子のまったく異なる、独自にまとめた改革案に対抗するために提出された。

以下、学芸大学案をまず取り上げ、その審議内容を分析していこう。同案の骨子は次のようなものである。

一、中学校本科又ハ補修科（一か年）ヨリ進入スル学校ハ総ヘテ大学校（College）ト称シ其ノ卒業生ニハ学士ノ称号ヲ許可スルコト

一、現在ノ高等学校ハ之ヲ修業年限四箇年ノ大学校トシ各般ノ学科ヲ教授スル所トスルコト（仮ニ之ヲ学芸大学校ト命名ス）各学芸大学校ノ学科ハ必スシモ同一ナラサルモ差支ナキコト

一、現在ノ各専門学校ハ夫々法科、医科、工科、商科、農科或ハ学芸大学校等トナルコト

これを学制改革問題に即して概括すれば、菊池は米国の大学制度を参照し、かつ専門学校令の失敗に鑑み、多種多様な大学の制度形態を認可することにより年限短縮、一般教養の増進、国民の大学進学要求に答えようとしたのであった。それら大学校の卒業生は「専門の知識は今日の分科大学卒業生よりは低しと雖社会に出て活動するには充分である、余の考では実地今日の社会業務に就くには最も適当なるものが出来る」[16]とものべていた。「実地今日の社会業務に就く」ものとして大学卒業者が捉えられており、この点奥田文相の帝国大学令改正案の第一条[17]とも通ずるものである。大学を国家との関係よりも、経済社会のひろがりのなかに位置づけようとする姿勢が明確にある。

この大胆な改革論の背景には、米国における大学体験があり、菊池は次のような大学観を持っていた。

一体、大学には二通りある。即ちユニヴァーシテーと云ふものとコレッヂと称するものと二通りある、それでユニヴァーシテーは近頃流行の語で言ふ綜合大学である。然らばコレッヂは単科大学かと云ふと決してさうではないのであります、ユニヴァーシテーと云ふ方に於ては先ず教育の程度が稍々高いのであると言はなければならぬ。即ちユニヴァーシテーにもコレッヂ科《コールス》と云ふものがありまして、此コレッヂ科と云ふのは高等普通科とも謂ふべきもので何れも四年であります。又コレッヂと称する方の大学に於ても矢張普通学科の外に、法科医科工科等を置いたのもありますから、必ずしも単科大学ではない〔後略〕[18]

この案に対し発せられた質問には、「学芸大学ニハ如何ナル分科ヲ設クルヤ」「学芸部ハ大学ノ予備校ノ性質トナルヤ」「研究部ガ大学ノ Proper ノモノナリヤ又ハ学芸部ガ大学ノ本質ナリヤ」などがあり、一木文相は次の疑問を提出していた。

学芸大学ノ存在ノ理由如何。尚卒業後ノ処世ノ道ヲ如何ニス可キヤ、華族富豪ノ如キガ一般的ノ智識ヲ得ルニハ可ナレドモ専門ノ職業ヲ以テ世ニ処スルニハ何カ特色ナカル可カラズ、学芸大学ニハ特色ナシ。例ヘバ今日ノ高等学校ヲ卒業シタル様ナモノナリ、故ニ秀才ハ此大学ニ入学スル事ヲ欲セザルナリ如何。（水野直　教育調査会会議メモ「教育調査会事項」(19)一九一四年七月七日の条）

これに対し菊池は、

今日実業界ノ様子ヲ見ルニ大学ニテ修業セシ専門ハ少シモ用ヲ為サズ又普通ノ手紙ノ如キハ全ク記載シ得ズ誠ニ実用的ナラザルモノナリ。故ニ此ノ欠点ヲ補ヒ最モ常識ニ発達シ専門ニ干スル基礎ヲ知リ居ル者ヲ作ラント欲ス。乃チ本大学ガ実ニ今日ノ時勢ノ要求ニ応ジテ生レシモノナリ。（同上）

と回答していた。

当日会議に出席していた、貴族院議員として研究会から選出された水野直は学芸大学案の本旨を以下のように捉えていた。

菊池ガ本案ヲ提出セルハ全ク今日ノ時勢ニ対シテ考慮セシモノニシテ、今日ノ高等学校ノ入学者ハ少数ニシテ他ハ其道ヲ得ル能ハズ、却テ高等ノ遊民ヲ作ルコトトナル。故ニ大学ノ数ヲ広ケ多数トシ社会カ要求スル人物ヲ作リ、其以上ニ特ニ研究ヲ欲スル者ハ帝国大学ノ研究部ニ入学シテ専門ノ学術ヲ講ス可キモノトス。（同上）

以上みてきたように、学芸大学案をめぐる審議には菊池の目指した大学像の再編に対する注意はこの時点ではあまり払われぬまま、こののち特別委員会に持ち越され棚上にされた。同案の賛否の分岐点は、結局のところ大学の捉え方に帰することができる。一木文相の大学校令案もまた「時勢ノ要求」に沿い大学・高等教育機関の拡充を試行していたが、それはあくまでも帝国大学レベルの専門教育と予備教育を前提としたものであり、大学昇格認可の結果、低下が危惧される学問と教育との水準をいかに維持するか、という緊急的課題に答えようとしていた。

すなわち、この限りにおいては、「時勢ノ要求」を踏まえ大学・高等教育制度の「根本的な改革」[20]を構想した菊池とは、平行線をたどらざるを得なかったのである。

大学校令等特別委員会[21]が大学校令案の審議を一応まとめ、仮議決をおこなった一九一五（大正四）年二月以降、さきに記したように菊池・渋沢・成瀬・高田等は独自に会合を催し、同特別委員会の改革案[22]に対抗した「大学制度等ニ関スル建議案」を提出した（一九一五年六月二十二日）。

建議案は全八項から成り、次のような内容であった。

一、中学校卒業生及ヒ同等以上ノ学力アル者ヲ収容シ四箇年以上ノ教育ヲ施ス学校ハ大学ト為スコトヲ得ルコト
二、大学ニ修養ニ重キヲ置クモノト学術技芸ノ専攻ニ重キヲ置クモノトノ区別ヲ設ケ又其ノ二種ヲ兼ネシムルコトヲ得
〔三、四、五、六、七略〕
八、現在ノ諸官立学校ヲ大要左ノ通処分スルコト
一、高等学校ハ之ヲ大学ニ改造スルコト
一、高等師範学校及ヒ重ナル専門学校実業専門学校ハ大学ニ改ムルコト
一、帝国大学ハ大学院ヲ本位トシテ専ラ研究ノ場所トシテ大学ヲ附設スルコト

この案の提出に際し、建議者は第一項（大学入学条件）を先決事項とするとともに、大学制度の画一主義の打破、大学卒業年限の短縮、常識の涵養及び収容人員の増加を目指していた。再言するまでもなく、建議案は菊池の学芸大学案を基調とし、「修養ニ重キヲ置ク」大学がそれに該当していた。[23]

七月七日、大学校令等特別委員会の改革案と建議案とが真正面から衝突し、以降四回の総会が継続して開催され、建議案に審議が集中した。当日、文部当局は建議案の説明にあたった菊池に対し以下の反駁を加えていた（水野メモより）。

1、菊池男ハ第一項ト第八項ハ干係セザル様ニ説明スレドモ然ラズ両項ハ干連スルモノナリ、年限短縮ト其効果トノ干係ナリ。現行専門学校ヲ如何ニ処分スルカガ問題ナリ。

1、本案カ果シテ年限短縮ノ案トナルヤ否ヤ疑問ナリ。

1、大学ノ中ニ高等ノモノト普通ノモノトアル理ナク。

1、今日帝国大学ニ向フモノハ矢張リ普通大学ニ向ハス高キ大学ニ向フモノナリ。

1、専門学校ニ対スル名称ノ変更ノミ、大学ノ名称ナキ為メ専門学校ニ入学者ナケレバ変更スル必要モアル可ケレドモ今日ノ専門学校ニ於テ十分ニ入学志願者アリ何ヲ苦シテ大学ナル名称ヲ与フルヤ。〔略〕例ヘハ高等工業ハ予科ナシ大学トスレバ必ズ一ケ年ノ予科ヲ必要トス然ラバ三年ニシテ社会ノ要ヲ為ス者ガ四年ニ延長スル理ナリ、

高等学校ヲ大学トセバ是高等普通教育所トナルハ当然ニシテ乃チ〔大学校令等特別〕委員会ノ案トナル、多数ノ学生ハ学士ノ名称ヲ得ル為メニ学問スルニ非スシテ学術ノ研究ヲ目的トス且ハ職業ヲ求ムル為メノ学問ナリ故ニ普通大学ニテ満足スルノ理由ナシ、

然ラバトテ凡テノ学校ヲ専門〔学校〕程度ノ低キ大学トスルコトハ学問ノ低下ニシテ到底ナシ得ル所ニ非ルナリ、学問ノ研究ニハ先ツ外国語ノ書物ヲ読ム力ナカル可カラズ、

大学ノ卒業生ハ実ニ社会ノ指導者ナリ、故ニ外国語其他高等ノ智識ヲ有スルモノナラザル可カラズ、

又専門学ト共ニ普通学外国語等ヲ併セテ研究スルコトハ困難ニシテ出来得サル所ナリ、

四回の総会席上、各会員から賛否両論が提出された。ここで少しその論議の対象となった大学卒業年限短縮の効果と学問の低下の二点について、概要を記しておこう。第一の年限短縮は、まずどこで短縮をおこなうかが問題とされた。建議案賛成者は中学校長会議の決議を踏まえ、中学校での短縮を不可とするのに対し、批判者は学科課程の整理統合により短縮できる、と主張した。この短縮方法の基本的対立を底流に持ちながら、批判者は専門学校をそのまま昇格させるならば一年の年限延長となり、また専門学校程度の大学では満足せずより高度の大学へ入学を希望するようになり、さらに高等普通教育を授ける機関を大学としても、青年は大学に高等専門教育を求めてくるのであるから結局帝国大学を改組した大学院に集中する、とのべていた。第二については、要するに専門学校を大学としたのでは基礎教育（外国語）が不充分であり、高等普通教育を受けて始めて人物、常識の涵養も完成しその上に学問の基礎が形成される、と主張した。これらの批判に対するひとつの有力な反論として渋沢の発言を記しておこう。

社会ノ現況ヲヨク判断ス可シ、社会ハ早ク卒業ヲ要求ス。

実業界ノ様子ハ学問ノ低キヨリモ年限カ永シト云フナリ、年限サヘ永クセハ学問ノ程度高クナルトハ信セズ。

（水野メモ、一九一五年七月九日の条）

会議は難行を重ねたらしく、たとえば山川健次郎（東京帝国大学総長）と菊池との次のようなやり取りを引用しておこう。

山川総長

1、年限短縮ハ可——学問ノ低下ハ不可。

2、専門学校ニ大学ノ名ヲ附スルハ可。

3、理化学研究ヲ如何ニスルヤ。
4、菊池男ハ同志ヲ集ムル為メ第二条以下ヲ説明セズ、説明セハ賛成ヲ失フ為メナラン。
5、帝国大学ヲ如何ニ処分スルヤ不明ノ間ハ賛成セズ。
菊池男之ニ対シ、教育調査会ハ参事会ノ如キ細目ヲ議スルモノニ非ズ大体ノ方針、山川博士ヨリ政略的ノ攻撃ヲ受クルハ遺感《ママ》。

（水野メモ、七月十五日の条）

建議案は、提出者六名、賛成者一一名をもって提出され、提出時点で議決定数の過半数（「教育調査会議事規則」第一二条）をすでに越えていた。さらに、審議の進行中に貴族院選出の水野直の賛成その他を取りつけ、その間一木文相の懇談会の提唱、撤回、加藤総裁による突然の散会宣言を挟みながらも、先決事項第一項は賛成多数にて決議された。(24)建議案第一項の総会決議に基づき、一木文相に代わり文相に就任した高田早苗は「大学令要項」を調査会に諮問した。学芸大学案、「大学制度等ニ関スル建議案」を経て、漸く菊池の大学改革構想が実現するはずであったが、同要項が自然廃案(25)となったことと、菊池自身の死により制度化の契機は失われてしまった。

おわりに

以上、調査会における菊池の改革構想をめぐる審議経過と対立とを詳述してきたが、それは果たして近代日本の大学制度史のどのような問題を顕在化させたのか。さいごにこの点にふれて本試論の結びとしたい。

まず第一点は大学、高等教育制度改革問題の端緒のひとつである大学卒業までの修業年限短縮をめぐる基本的対立を明確にしたことである。それは菊池の年限短縮方法が小学・中学校段階は存置しそれ以上の上級学校においておこなわれるのに対し、他方は大学予備教育機関とともに人格養成の完成機関としての高等学校を存置し、それ以下の学校における学科課程の統廃合によりおこなわれる、という二つの方向を示していた。この年限短縮をめぐる基本的対立は、かつて伊沢修二が指摘した日本の学校系統発達上の二つの中心[26]（西洋の学術を主とした帝国大学と日本の学問を本とした小学校）に起因すると考えられる。これは以降、歴史過程に繰り返し登場してくる。

第二は、大学制度の画一性についての対立である。菊池は高等学校以上には多様な制度形態を認め、「大学院大学」的な構想を示したが、たとえば以下の江木に代表される画一主義を採用する勢力も根強く存在し続けていた。

凡そ教育の制度には劃一にすべきものあり、又劃一にすべからざるものあるは論を俟たず……（中略）……小学制度中学制度の劃一を許さゞるべきも、而も高等職業的教育を授け、併せて学理の蘊奥を究むるを以て本旨とすべき大学に至ては、其程度等を彼此の間に異にせしむべき要を見ず。須く劃一の制に則らしむべきなり。……〔中略〕……殊に本邦の如く行政官、司法官、弁護士、医師等の職に就く者に対し、一定の国家試験を行ふ国に於ては、大学教育の程度は務めて一様ならしめざるべからざるなり。乃ち我国と大に国情を異にせる米国等の例を見て、俄に之に模倣せんとするが如きは実に謂れなき事にして、究竟妄挙たるを免れざるなり。[27]

もう一点は、大学論の対立である。別言すれば大学の捉え方の対立といえる。

菊池の改革意図は、帝国大学を雛型とした画一的制度を柔軟化して、多様な制度形態を創設することにより社会の要求に応じようとした。

一般教養を中心に学科編成される学芸大学、専門の学術、技術を教授する大学といったように、経済、社会のなかに存在する大学に対して、つきつけられ始めた多種多様な要求に答えようとした。大学＝帝国大学＝総合大学という図式に真正面から対立し、「学術技芸ヲ教授シ及其蘊奥ヲ攷究スル」（帝国大学令第一条）に拘泥することなく、大学論を展開した。

これに対したとえば小松原は、菊池の学芸大学をして「一面修業年限短縮にあると同時に、一面我国の大学制度を根本的に改革して、英米のカレッジ、システムに変改せんとする在り、実に教育上国家重大の問題なり」(28)と捉え慎重審議を要求していた。江木もまた「本邦の大学は法、理、医、文等の高等職業的教育を授くると同時に、学理の蘊奥を究むるを以て本旨とするものにして、彼の文明諸国の模範とする所の大学制度を有する欧洲大陸諸国と略ぼ其揆を同うし、且能く国法学上の原理に適へり」(29)とのべ、続けて次のように記していた。

本邦の大学は、高等職業的教育及学理の研究に任ずるを本旨とし、彼の人格養成の事の如きは、専ら未丁年者を教養する高等学校、中学校、小学校等の掌る所なり、乃ち大陸風に発達せる我大学制度と、英国大学制度とは全く趣を異にし、到底両立すべからざるものなれば、今我制度を英国風に変更せんとするは、畢竟之を破壊し了るの結果を免れざるものなり。

我大学制度を、英国風に変更すべき至当の理由ありて之を断行するは、固より不可なることなし。然れども英国風に心酔するの余に出でたるの企図なりと読むべき外、何等の根拠なくして之を変更するに至ては、退歩乎、要するに、無謀の甚しきものなりと謂ふべし。(30)

以上の江木等の指摘からあきらかなように、大学論の対立の根底には、日本近代大学のモデル論が大きく介在していたのである。軍配がどちらに上がったかは、のちの大学令により明確であるが、これ以降この対立は表面化することはなかった。この時期に一応の整序がついたといえるだろう。

菊池の改革構想は、以上のような制度改革の持つ困難さと対立とを顕在化させて終わったが、決して孤立したものではなかった。当時新進気鋭の工学博士であった大河内正敏は「菊池案と高等工業教育」において、菊池の改革案を

「現在我国の教育制度を根本より改定せんとするものである。久しく現制度に倦怠し、其痼疾に病める社会が、大旱に雲霓を望むが如く、迎合せんとするは自然の勢である」とのべ、高等工業学校の大学昇格に伴い既存の（工科）大学を「学者を養成し、工業に関する各方面の学術的根本研究を為し得る人を養成する処」にすべし、と菊池が帝国大学を学術研究の「本位」としたのと同様の見解を披瀝していた。[31] たとえば、この帝国大学処遇問題を取ってみると、井上毅文相の大学改革構想に通底する側面を持っていた。大学＝帝国大学という制度概念に修正を迫った点では、新渡戸稲造他帝国大学教授一五名の連署された『大学制度改正私見』とも共通性がみいだされる。[32] 後年、教育研究会（のちに教育改革同志会と改称）が公表した『教育制度改革案』（一九三一年）の学校系統改革との連関も指摘できるものであった。

註

（1）中野光「I　臨時教育会議と支配層の危機意識」『近代教育史』（教育学全集第三巻）小学館、一九六八年、一一四〜一一五頁。
（2）山田昇「学芸大学の理念について」『和歌山大学教育学部紀要』第一九号、一九六九年、一一一頁。
（3）寺崎昌男「高等教育の拡充」国立教育研究所編『日本近代教育百年史』第四巻、一九七四年、一二三〇頁。
（4）渡辺実『近代日本海外留学生史　上』一九七七年、二三三頁。
（5）『東京帝国大学学術大観　理学部・東京天文台・地震研究所』一九四二年、一六頁。
（6）『高等教育会議議事速記録』第七回　一九〇二年、三六〜三九頁。
（7）前掲寺崎「高等教育の拡充」『日本近代教育百年史』第四巻、一二一七頁。
（8）「大学及高等学校に関する余の提案」『東洋学芸雑誌』第三一巻第三九六号、一九一四年九月、三九六頁。
（9）教育史編纂会編『明治以降教育制度発達史』第四巻、一九六四年、六三九頁。
（10）拙稿「教育調査会の成立と大学制度改革に関する基礎的研究」（『立教大学教育学科研究年報』第二五号、一九八二年、本章「一」として収録）を参考にしてほしい。

(11) 会員は以下の通り。枢密院・加藤弘之、菊池、九鬼隆一(のち蜂須賀茂韶)。貴族院・江木(茶話会)、小松原(同前)、岡田良平(研究会)、水野直(同前)、高木兼寛(無所属派)、桑田熊蔵(土曜会)、衆議院は村野常右衛門(のち鵜沢総明)(政友会)、改野耕三(同前)、三土忠造(同前)、関直彦(国民党)、花井卓蔵(同前)、箕浦勝人(のち加藤彰廉)(同志会)。実業家・渋沢、豊川良平(三菱)(のち荘田平五郎)、中野武営(東京商工会議所)、早川千吉郎(三井)。教育家・鎌田栄吉(慶応義塾)、杉浦重剛(国学院学監)(のち江原素六)、高田早苗(早稲田大学)(のち天野為之)、成瀬(日本女子大学校)。のちに辻新次(帝国教育会)、山根正次(日本医学校)を加える。軍人・(陸軍)本郷房太郎(陸軍次官)(のち大島健一、菊池慎之助)、(海軍)山屋他人(人事局長)(のち名和又八郎、鈴木貫太郎)。学校長・山川健次郎(東京帝国大学)、手島精一(東京高等工業学校)、嘉納治五郎(東京高等師範学校)、北条時敬(東北帝国大学)。

(12) 「中外商業新報」一九一三年六月二十四日。

(13) 以上渋沢青淵記念財団竜門社編・刊『渋沢栄一伝記資料 別巻第二・日記(二)他』一九六六年。

(14) 一九一七年二月十四日付書簡、伊藤隆他編「岡田良平関係文書」『社会科学研究』第二一巻五、六合併号、一九七〇年。

(15) 教育調査会編『学制問題ニ関スル議事経過』一九一七年五月、一九頁。以下特別に記さない限り改革諸案は本書から引用。

(16) 菊池大麓「大学及高等学校に関する余の提案」『東洋学芸雑誌』第三一巻第三九六号、一九一四年九月五日。

(17) 「帝国大学ハ高等ナル学術技芸ヲ教授シ及其蘊奥ヲ攷究スルヲ以テ目的トス」(舘昭「大正三年の帝国大学令改正案と東京帝国大学」『東京大学史紀要』第一号、一九七八年、五一頁)。

(18) 菊池大麓『日米教育時言』弘道館、一九一三年、二三〇~二三一頁。

(19) この水野の会議メモに関しては拙稿「史料解題――水野直教育関係文書 教育調査会関係史料(一)」(『東京大学史紀要 第三号』一九八〇年)を参照。以下、水野メモと記す。

(20) 前掲菊池「大学及高等学校に関する余の提案」。

(21) 正式名称は「大学校令等ニ関スル特別委員会」。委員長蜂須賀茂韶、委員は菊池、江木、岡田、小松原、三土、鎌田、辻、山川の八名であり、総裁指名に依る。一九一四年十月七日設置された。審議対象は、文相諮問案、江木提出意見、菊池提出意見及び高木・辻両名提出建議案(「学校系統ニ関スル建議案」――いわゆる帝国教育会案と呼称されていた)である。全三三回の委員会が開催された。

(22) 大学校令等特別委員会の「大学令ノ要項」は大学の目的、構成、入学資格など一九一八年の大学令のみごとな先蹤をなしており、同要項の分析は重要である。この点については別稿を用意したい。

(23)　菊池は学芸大学案から建議案への修正理由を次のように記していた。「中学校の補修科は地方の経済、教員の供給等より考へて面白からざるを以て之を廃し、大学の修業年限最小限に一ケ年を加へ四ケ年とし而して最長年限には制限を設けざることとせり。又『学芸大学』の名称兎角耳障と成るの嫌ひ有るを以て其名を避け『修養ニ重キヲ置クモノ』と為し置けり」(『東洋学芸雑誌』第三二巻四〇七号、一九一五年八月、四七四頁)。

(24)　建議案提出者は菊池、渋沢、嘉納、鵜沢、成瀬、高田、賛成者は花井、早川、豊川、改野、辻、中野、九鬼、江原、手島、箕浦、関であった。これからあきらかなように、当初貴族院からは一名も名前があがっていなかった。そして、採決のおこなわれた当日、貴族院の水野、高木両名、及び鎌田が賛成した。

(25)　高田の大学令要項が廃案となった原因は、まず、帝国大学の処分案を遂に纏め得なかった文相自身の性急さにあり、この結果、建議案賛成者の離反を招いた。つぎに貴族院議員の態度の硬化があった。第三七回帝国議会(一九一五年十一月二十九日〜一九一六年二月二十八日)貴族院において調査会の調査改善意見が附帯決議された。なお、小松原が一九一六年一月枢密顧問官に任命されたことも少なからぬ影響があったと考えられる。さらに、帝国大学の反応も大きく作用していた。

(26)　一八九一(明治二十四)年八月国家教育社における「国家教育ノ形態」の講演。なお、この講演に関しては大久保利謙『日本の大学』(創元社、一九四三年、三五四〜三五八頁)、内田糺『明治期学制改革の研究』(中央公論事業出版、一九六八年、四九〜六八頁)、寺崎昌男『日本における大学自治制度の成立』(評論社、一九七九年、二四三〜二四五頁)にそれぞれ分析がおこなわれているので参照してほしい。

(27)　「転地療養余事」『江木千之翁経歴談上巻』所収、一九三三年、四二四頁。

(28)　「小松原氏学制意見」『教育時論』一九一五年八月十五日、一〇九二号、彙報。

(29)　前掲江木「転地療養余事」四二三頁。

(30)　同前書、四二七〜四二八頁。

(31)　『東洋学芸雑誌』第三二巻第四〇九号、一九一五年十月。

(32)　拙稿「大正期における大学改革研究試論」『大学史研究』第一号、一九七九年、本書第二部第二章「一」として収録。

第二章　大学令の制定過程

一　『大学制度改正私見』と臨時教育会議

はじめに

これまで筆者は大正期における大学史の研究を主におこなってきた。大正期の前半は、周知のように、一八九〇年代に始まる学制改革問題がその間紆余曲折しながらも、大学制度改革をめぐって活発化していた時期である。すなわち高等教育会議、教育調査会を経て臨時教育会議が設置され、その大学制度に関する答申に沿い一九一八（大正七）年十二月大学令が制定公布され、軸を一にした高等学校令とともに、戦前期の高等教育制度が完成された時期であった。それ故、筆者の研究も多分にこの制度改革論議、ことに臨時教育会議の審議・答申を中心に進め、ある意味でその枠に捉われていたといえる。というのは、当時の制度改革の課題が、大学は絶対に総合制をとるべきか単科制（単一学部）の大学は認容されるか、地方公共団体や私人の大学設立は認容されるか認容されるのならその方法如何、大学における徳育方法如何の三点のみにあると考え、それらを軸にして大学令の制定過程の研究をおこなってきたのである。しかし、臨時教育会議の審議・答申から大学令制定に至る制度改革の決着は、選択されたひとつの解決にすぎないのではないか、あるいは、それら改革課題は政策主体者側から捉えられたものではないか、という疑問が生じたのである。それは本研究ノートで紹介する『大学制度改正私見』に触れて、気づかされたことであった。

三つの課題のほかにどのような改革の課題があり、構想が示されていたのか、それらは大学の現状をどのように批判し、いかなる内容と展望をもって提出されていたのか、それに対し政策主体側はどのように対処し、民間はいかなる反応を示したか、の関心を漸次持ちはじめた。

以下最近管見にはいった文書を紹介しつつ、大正期に提出されていた多様な改革課題の一斑をあきらかにするとともに、筆者にとってこれまでの大学制度改革の枠内では捉えることのできなかった、ある意味では現代的な課題である、学術研究体制と大学改革との問題が当時すでに存在していたことを指摘してみたい。

1　大学制度改革の構想――『大学制度改正私見』の構想

以下、紹介するのは新渡戸稲造他一五名に及ぶ帝国大学教授の連署された大学制度改革試案である。『大学制度改正私見』(1)（以下『私見』と記す）と題された活版印刷菊判洋紙全一五頁の小冊子であり、序文に一九一八（大正七）年二月の日付がある。

『私見』のまず注目される点は、配布の時期である。『私見』が公表された翌月三月東京帝国大学に帝国大学制度調査委員会が設置される。他方、臨時教育会議の審議も小学教育、高等普通教育と漸次進行し、『私見』の二か月後五月に政府は同会議に対し諮問第三号「大学教育及専門教育ニ関スル件」を発している。このような経過からうかがえるのは、『私見』の発表が大学内部の改革論議と同会議の審議を強く意識していることである。それら二つの審議機関に先だち私案を公表し、意見を問うていた、と考えられる。

第二点目は、東京帝大の教授を含む、署名者の構成と年齢である。署名者は、新渡戸以下、小川郷太郎、吉野作造、中田薫、立作太郎、上杉慎吉、大河内正敏、松岡均平、松本烝治、牧野英一、姉崎正治、雉本朗造、箕作元八、美濃部達吉、三潴信三、杉山直治郎（署名順）である。発案は法科教授らしいが、文科二名、工科一名と当時の新興学問でありのち学部に独立する経済学教授三名をも含む構成である。ある程度の支持基盤が大学内にあった、といえる要件である。年齢については、まず新渡戸、箕作の二名を除くと、生誕は一八七二（明治五）年以降であり、四〇代で構成されている。さらに教授就任時期は、美濃部（一八九九年就任）を先頭に、一九〇八（明治四十一）年前後から一九一六（大正五）年のおよそ一〇年間に集中していた。新進気鋭の「少壮教授連の蹶起」(2)として『私見』の行動が称呼された由であった。

この二点をまず指摘しておき、次に『私見』の内容の分析にはいろう。『私見』は、大学制度改正私見と大学制度改革案の二つから構成されている。前半には改革私案の趣旨及びその理由が展開され、後半は簡単な綱領と説明書がある。

それでは最初に前半「大学制度改正私見」をみてみよう。帝国大学が創立以来政治社会学問の各方面に有為の人材を輩出し、国家社会の須要を充たしてきたのを評価しながらも、現時点では創立の目的にそわなくなっている、という基本的な見解をのべ、続けてその背景を次のように指摘している。

晩近十数年間内外に於ける急激なる学術の発達と社会の進歩との致す所ならずんばあらず蓋し社会の急速なる発達は今日の如き三四年程度の大学をして専門実務教育を施すの外余力無きに至らしめ学理の長足なる進歩は現在大学の如き小規模の設備を以てしては到底学術の蘊奥を攻究して其進捗を図ること能はざる

社会の進歩と学術の発達に、なぜ帝国大学が適合できないのか。その原因を帝国大学令の目的規定そのものに求める。すなわち「国家の須要に応ずる専門の学芸を教授し且其蘊奥を攻究するの両目的を併有すること」（圏点―引用者）にあるとのべているのである。学術研究と教育との二つの目的を総合するというのが、それまでに一般化した大学観であり、かつ大学と高等専門学校とを制度的に区別するものであったにもかかわらず、『私見』はその既存の制度的理念に相反する構想を打ちだした。『私見』の示す制度改革は以下の文言に要約される。

大学の本体を以て国家社会の須要に応ずる専門の学芸を教授するの学府たるに止め現在の帝国大学各分科大学各種専門学校（私立大学をも含む）を適宜改造して全国に多数の大学を設立し以て社会の需要に応せしめ別に学術の蘊奥を攻究するの設備として学術研究所を創立し以て世界文運の進歩発達に副はしめんとするに在り

大学各分科大学をして専門実務教授の機関とし、別に大学院を制度的組織的に原型としたと思われる学問研究を専らにする機関を設置するというこの制度改革は、帝国大学令第二条の規定に沿って、その各機関を分離独立させそれぞれの特質を発揮させようとする構想であった。

ところでこのような改革構想を公表するに至った背景を、『私見』は三点にわたってのべている。まず第一点は帝国大学各分科大学と大学院の現状と学生の入学動機の変化、つぎに社会の要求する人材の変化、第三点目が学術研究の進歩に伴う研究体制の再編・拡充の必要性である。

第一の帝国大学各分科大学と大学院の現状と学生の入学動機の変化では、分科大学の教授内容が学生一般の希望にそぐわないばかりでなく、かえって負担を過重にし修業年限の延長をもたらし、かつ大学院は研究施設が甚だしく不備であり研究業績もあがっていない、と指摘し所期の目的を果たさなくなっている現状を語っている。第二点では、国家発展の基礎となるべき社会各方面の中堅専門家が多数要求されており、大学をしてそのような専門家を養成することが一大要件である、とのべている。

最後の第三点目が『私見』の最大の眼目といえる。

冒頭まず「其等以為らく大学を以て最高の学府と看做せる時代は已に過ぎ去らんとす」とのべ、欧米諸国に陸続と設置された専門研究所に専門学術研究の中心が移りつつある、と指摘する。そして続けてその原因をつぎのようにのべている。

現時世界に於ける学術の顕著なる進歩は研究微に入り細に及び一事の蘊奥を攻究するも亦当に学者の一生と巨多の財力とを費すべし此の如きは現在大学の如き雑駁にして規模挟《ママ》少なる設備の能く企及する所にあらず

単に欧米諸国の趨勢ばかりでなく、日本における専門研究の動向にも触れている。たとえば、大学における科学研究がほとんど名目的なものにとどまっていた時期に出現し、日本での科学研究の本格化にきわめて重要な役割を果した、(3)といわれる理化学研究所の設置、また一九一六(大正五)年に東京帝大に附置された伝染病研究所の存在とをもって例証している。そして、これら自然科学諸分野における専門学術研究所の設置を強く意識しつつ、さらに人文・社会科学諸分野のそれも要求しているのが、またひとつの『私見』の特徴といえるだろう。

惟ふに今次欧州大戦乱平定の後に必然到来すべき思想界の変動及び経済界の革命は各国を通じて理工医農等の自然的物質的諸学科と共に哲学宗教文芸歴史政治経済法律等社会的諸学科の深遠なる研究を益々必要とするに至るべきが故に我国に於ても此等諸学科の為めに大規模の研究所を創立して以て世界の大勢と文明の進歩とに後れざるの覚悟なかる可らず

さてつぎに『私見』の具体的な綱領をさきにあげた後半部分「大学制度改革案」からみてみよう。「第一大学」「第二学術研究所」に分けて箇条書きにされ、簡単な説明書も付されている。

大学制度は以下のように改革される。大学の目的は、繰り返しになるが、国家の須要に応ずる専門の学術技芸を教授し、現在の帝国大学各分科大学専門学校（私立大学を含む）を適宜改造して大学にする、組織は総合制又は単科制でも可、設置主体は官立公立又は私立とする、修業年限三か年又は四か年、入学資格は中等教育七か年の卒業、卒業者には学士の称号を授与する。

学術研究所の概要は次のとおりである。学術の蘊奥を攻究するを目的とし、組織は総合制又は単科制でも可、入学資格は出身大学の別なく卒業者中学力の優秀なる者を原則とし、研究所の課程研究方法等は各分科自ら制定施行する。専任の教授を置き各専門学術の研究に従事するの傍講義演習実験等の方法により学生の研究を指導する任務を負う。学生はそれぞれ特殊の学科もしくは問題について教授の指導を受け研究に従事する。在学年限を定めたり卒業試験を課する等の拘束は加えないが、国家が学術奨励のために定めた学位試験を受験する者のためには在学年限その他の条件を設ける。

この綱領からも判るように、学術研究所の内容のほうがかなり詳しく輪郭も相当はっきりしている。大学の入学資格を中等教育七か年としているのは、臨時教育会議の「高等普通教育ニ関スル件」の答申を採用しており、菊池大麓の学芸大学校案あるいは高田早苗の大学令要項とは大きくちがっていた。予備教育段階の修業年限を短縮するのではなく、大学自体の目的修正と量的拡大により、年限短縮問題の解決を図っているようである。これまでの大学制度改革案と『私見』との相違点は、入学資格規定からもその一端はうかがわれるが、重要なのは学術研究体制の方途を大学制度改革の課題に取り上げたことだろう。学部の教育義務から解放された教官を制度化した附置研究所とは性質を異にする学術研究所の提唱は、現役の少壮教授集団によって認識された、大学における研究重視のあらわれとして注目される。

このような改革構想が、当時どのように受け取られ、あるいはなにが批判されたのかについて、つぎにみてみよう。

2 『私見』の構想をめぐって

当時の報道については、拙稿（註（1）参照）にその一部を紹介しておいた。ここでは新たに蒐集した資料をもとに、『私見』の評価をみることにする。

はじめに資料の全体を概括して指摘できるのは、多くのものが紹介の域をでるものではないということ。つぎには、制度改革の要旨に対する不徹底な批判であり、大学院の改良問題に限定した受容である。この二点に『私見』の批判と受容が集約されるようだ。

まず大学における学術研究と教育とを分離独立させる制度改革案に対する批判からみてみる。

雑誌『太陽』（第二四巻第五号、一九一八年五月号）の「教育時言」欄に「奇怪なる提案」と題した文章が掲載されている。その提案とは、もちろん、『私見』をさしている。まず冒頭の部分を引用しておこう。

学界の一方から奇怪な事が提案された、曰く、大学を二つに分ち、研究場と教授場と別にしたらよからうと。これが学問に最も関係深い大学教授から提案された。吾輩はかゝる提案を見て、何と批評してよいか理解に苦しむのである。

最初に素直な感想を記しているが、この数行においてすでに学界の一部の意見であるという枠をはめていることがわかるとともに、大学を二つに分けるという理解に、著者の大学観をある程度推測させる。つぎに具体的な批判の内容は少し長くなるが以下のように展開されている。

大学教授が学術を教授するに当っては常に最新研究の結果によらねばならぬことは言を俟たぬ。即ち研究を離れては講義は出来ぬ筈である。大学を二に分って研究場と授業場とするとは、教授場の方の教授は別に研究せずたゞ世上ありふれた学理を印刷物的に学生に口授し、研究場の教授は自ら研究に没頭すべしとの意か。研究に従事せず、たゞ教授のみを専門として居る教授の講義に何の権威があり、誰れがそれを尊重すべきか。抑も研究を離れては、如何なる方法で講義の材料を得ようとするか、講義がその権威を保つには、教授は絶えず研究に従事せねばならぬ。その研究の余滴が溢れて講義となって現れて来ねばならぬ。研究場と教授場と分たうとは、学術の性質をも亦講義の性質をも両ながら理解せぬものであるまいか。

これは、大学における学術研究と教授との関係を理念的に捉えたところの批判である。あるいは、当時の支配的な大学観から演繹された批判の典型であるかもしれない。しかし、署名者の一人がのべているように[4]、それは性急な判断であり「誤解」であった。問題の核心は、社会的存在としての大学の現実を分析し、専門研究と教授との今後のあり方をどのように展望できるか、というところにあり、批判は『私見』が直面した課題の重要性を認識することから始めねばならなかったはずである。これらを欠いたところで以下のような断言は、『私見』の構想に対する批判としても不徹底であるのはまぬがれぬようだ。

名は何とでもつけ得られようが、真の大学の必要資格は研究設備の有無にある。〔中略〕官立私立を問はず研究設備なき者は決して専門学校以上に出でることは出来ぬ。かく論じ来ると、この度の提案は、帝国大学をして大学たるべき地位を失はしめたいとの帝国大学教授の意思発表と見ねばならぬ。

さて『私見』の改革課題に対するもうひとつの批判は、制度はそのままにして機関の機能を改良充実することで解決が図れる、というものである。大学院改良問題に限定して受容する立場からの意見である。

この問題にかかわらせて意見を展開したのは京都帝大法科大学教授神戸正雄（一八七七〜一九五九）である。神戸は一九〇七（明治四十）年教授に就任し『私見』の署名者たちと同世代である。とともに、京都帝大においては署名者の一人小川郷太郎とともに貨幣論、銀行論などを講義していた。

東西両帝大における制度改革の動向を意識して書かれた「大学制度の改革[5]」の中で、彼は今回の制度改革の中とくに重要な問題は大学院の改良と学位令の改正であると指摘している。まず神戸は、従来の大学院は活動が鈍く、大学教授もその方の指導を怠ったきらいがある、とのべて大学院改良の必要性は多分に認めている。しかし、「東西大学の十六博士組の人々は大学の外に研究所を作ろうという案であるが、現在の大学にても大学院を改造すれば此人達のいう研究所の実は挙る」としている。彼の具体的な方策とは、大学教授が一層勉強して常に特別研究をし、その結果を大学院にて報告的に講義する形態をとる、というものである。これはまったく、教授個人の研鑽により充実を図るものであり、教授方法の改良にしかすぎず、制度改革論としても不充分な提起であった。

「故に何よりも、大切なるは大学院を全く今とは別物として真の具体的な設備を設け、教授学生共に研究に没頭し切瑳琢磨して好成績を挙げしむることが、我国の真の向上の為めに最必要であると思う[6]」と箕作元八ものべているように、大学院改良問題として受け取ったのは正鵠を得ていたといえる。にもかかわらず、それを制度改革の課題として、神戸もまた他の『私見』関係論文とともに廃止論まで徹底させられなかったのである。

この他にも『私見』にふれた論文（記事）は多くあったが、この二つに限定してやや詳しくその受け取り方を分析してきた。最初にものべたように、断片的な意見でしかないが、ひとまず指摘できる点だけをのべておこう。

まず第一には、『私見』の改革構想が大学の一般的な理念、または制度原理に反するものとして受け取られた点である。第二点目は、それとの関連から、大学の研究機能にどのような制度的な保障を与えるかといった問題が、大学院の存廃論をもまき込むかたちで生じたことである。

それでは次に臨時教育会議における大学制度改革の審議を簡単にみてみよう。

3　臨時教育会議の審議

臨時教育会議（以下「会議」と記す）は一九一七（大正六）年九月二十一日に設置され、翌年五月三日に諮問第三号「大学教育及専門教育ニ関スル件」が提出されるまでに、小学校教育及び男子の高等普通教育の改善についての答申と、兵式体操の振興に関する建議とをおこない、活発な審議を継続してきた。諮問第三号につき会議は同年六月二十二日に答申をしている。およそ一か月半の間に三回の総会と一〇回に及ぶ主査委員会が開かれており、集中的に審議が進行させられていった(7)。

本項では諮問第三号の全般的審議を分析している余裕がないため、初会にあたる第一六回総会の審議項目を一覧化し、項目を限定して審議内容を検討していきたい。

第一六回総会審議項目一覧中、大学制度に関する発言が多いのは当然であろう。各々の委員は、会議における重要な課題である大学の総合制及び単科制について意見をのべている。それに関連した私立大学の認可に触れる発言もみられる。本項の主題ではないが、教育課程の発言が多いのも注目される。成瀬の場合、教育調査会に提出した小冊子『大学教育法改善案』(8)を再度取り上げて学年試験の廃止、選択制度の導入等大学教育の改善について意見をのべている。山川、真野、荒木は東京・九州・京都各帝国大学の総長であり、学内の改革論議を踏まえ科目制度の採用、学生の転学の自由の問題などにつき開陳している。

ところで、研究体制・大学院の項目ではどのような意見があっただろうか。この項目の発言者は北条時敬（学習院長）、高木兼寛（貴族院議員、東京慈恵会医院医学専門学校長）、平沼淑郎（早稲田大学維持員、同理事）の三名のみであった。高木が総会席上『私見』の改革案について文部当局に意見を求める発言をしたことは、すでにふれてあるので(9)省略する。

北条時敬は大学の品質の向上と教育機関の拡張の二点について意見をのべている。第一点では、大学は国内における国家の学問の水準をたかめるとともに、外国世界の学会に認められることにより陸海軍の武力と相並んで国家の武力として貢献する必要がある、とのべ、第二点目は単科大学及び公私立大学認可を内容とする意見である。大学院については、入学の門戸を広く開き、学問上の研究を盛んにしなければならない、とのべ、続けて、

研究トイフコトハ研究者ノ頭数——人数ト云フモノガ多イ所カラシテ又良イ研究モ陸続ト出テ来ルト云フコトヲ誘致スルコトモ出来ルノデアリマスカラ、大学院ニ這入ルトイフコト、大学院ノ制度ト云フコトニ関シテモ是モ併セテ考究シタイモノデアル

と要求している。北条の大学院改良意見は大学の品質の向上という文脈から発想し、第二点目のコロラリーとしての、量的拡充であり、大学における大学院の現状分析を背景にしたものとは考えられない。

平沼は、高木の発言に続いて、大学の性質、総長及び学長の互選問題、教育内容の改善の三点にわたって意見をのべている。彼は、多分に自校を誇示しながら、大学の性質の要件をつぎのように指摘している。

大学令ニ依リマスルト「国家ニ須要ナル学術ヲ授ケ」云々トアルノデアリマス、此解釈ヲ広ク致シマスルノト、狭ク致シマスルノトデハイロイロ見解ハ違フデアラウト考ヘマスルケレドモ、是ハ暫ク措キマシテ、欧米ノ大学ノ組織ヲ調査イタシテ見ルト、何レモ大学ノ第一ノ特質ト致シマシテハ研究機関ノ完備ト云フコトガ第一デアラウト考ヘテ居リマスノデゴザイマス、苟モ大学ト称セラル、所ノモノデアッテ研究ノ機関ガ備ハラヌト云フモノデアッタナラバ、是ハ先刻北条委員ノ仰セラレマシタ如ク大学ノ品質ノ上ニ於テ頗ル遺憾ナ次第デ、是ハ常々考ヘテ居リマスル

表12　臨時教育会議　第16回総会審議項目一覧（1918年5月3日開催）

委員名（発言順）＼項目	大学制度	設立主体	修業年限	教育過程	研究体制・大学院	総長学長の互選	教授停年制	学位制度	その他
江木千之	○					○	○	○	○
成瀬仁蔵				○					
小山健三	○	○							
嘉納治五郎	○	○							
山川健次郎	○			○					
古市公威	○								
沢柳政太郎								○	
小松原英太郎	○			○					
鎌田栄吉	○								
関直彦									○
北条時敬	○				○				
高木兼寛					○				
平沼淑郎				○	○	○			
真野文二	○			○					
荒木寅三郎	○			○					

（註）　1　岡田文相の諮問案説明。教育調査会における決議事項の実施状況の質疑および政府側の回答，あるいは調査資料の配布希望の発言等は省いた。
2　項目の○印は回数を示さない。
3　委員名は初回のみ記した。
4　多項目にわたる場合には，中心的項目を取り上げた。『資料　臨時教育会議』第四集（註7参照）より作成。

平沼が、大学の第一番の特質を研究機関の完備にあるとのべている点は、『私見』の研究重視の認識とかなり近いといえるだろう。平沼は『私見』を、高木が総会席上説明する以前より知っていたと考えられ、この発言は、より正確に表現すれば近いというよりも、『私見』の改革構想をサポートするものである、といったほうが適切かもしれない。

結局、平沼のこの意見を引き継ぐ委員はなく、会議の総会においては第一六回の北条、高木、平沼の三委員のみが、研究体制・大学院の問題に触れる発言をしたのにとどまった。大学制度の論議は活発であったが、学術研究体制との関連はまったくなかったといえる。

そして、大学の制度原理をめぐる審議結果は『私見』の分離独立案とは逆の「分科大学ハ国家ニ須要ナル学術ヲ教授シ及其ノ蘊奥ヲ攻究スルヲ以テ目的トスルコト」（会議議諮問第三号答申三）に落ち着いてしまった。さらに、会議は答申全二一項第十〜十二項の三項にわたり「分科大学卒業者ヲシテ引続キ研究ニ従事スルヲ得シメ」(同前答申十)る研究科の規定をおこなっていたが、大学令の立法過程から窺われるように、設備や財政の制度的保障はほとんどつかなかったのである。

おわりに

以上これまでのべてきてあきらかのように、『私見』の構想は個別の事項を除くと、大学令による制度改革に対して影響を与えることはなかった。大学令による新しい大学の制度原理は学部中心主義であり、学部を基礎とした研究と教育との総合を原則とした。

さらに、『私見』の最大の眼目である学術研究所の設置はまったく取り上げられなかった。学術研究所の設置構想は、結局のところ、少壮教授連が大学において教授よりも研究を重視し始めたあらわれとして捉える程度が妥当であろう。実際にその課題を担うものとしては大学院を考えていただろうが、それを原理とする学術研究所の設置にどれほど具体的な計画を持っていたのだろうか。筆者はかなり否定的な判断を持つのだが。そして制度としての大学院は、大学令により各学部に必置される研究科間の連絡、協調を期する為に設けられるという、帝国大学令第二条に比べ後退した規定となった。大学院長、事務官等を別に置くわけでもなく、ある意味で、総合的仕組みにしかすぎなくなったのである。研究科についても、具体的規定はみられず、特別の研究室、設備を設ける計画もなかったようである。(10)

このように『私見』の提起した学問研究体制の整備、拡充の問題は、制度改革論議のなかではあまり重要視されなかったのである。

しかし、別の文脈から研究重視の要求がだされ、実現していった。それが附置研究所の設置である。『私見』においても取り上げられていた伝染病研究所を嚆矢として、航空研究所(東京帝大)、東京天文台(東京帝大)、金属研究所(東北帝大)等が設置されていく。それらは理工、医学系に集中し、『私見』の要求していた人文・社会科学系では大阪商科大学に設けられた経済研究所が一九二八(昭和三)年であり、一九四三年までに一一か所しか設置されなかった。附置研の設置は、制度改革論議とほとんど関連なくおこなわれていた。研究教育機関としての大学の教育についてはかなり活発な議論が交わされたが、他方研究の論議が深化しないうちに附置研が設置された。しかし、その登場は、大学の目的、制度に密接にかかわる問題であり、言葉をかえていえば、大学における研究の意味と機能とのからみで困難な問題を生じさせたともいえる。

附置研の背景と同じように、『私見』の署名者たちが踏まえていた切実な課題は、大学における研究の向上であっただろう。その意味で、『私見』の内容は、附置研の設置をも視角に入れるような、また明治期の学制改革論議よりもより広汎な学問・社会・政治的背景のもつところの、学術研究体制と大学改革の問題が生じていたことを示す画期的な改革意見である、といえるだろう。そして、研究課題としては、その問題を歴史的構造としてトータルに捉えることが要求されるだろう。

註

(1)　『大学制度改正私見』はすでに簡単な解説を付し全文復刻してあるので参考にしてほしい。拙稿「史料解説：新渡戸稲造他『大学制度改正私見』」『東京大学史紀要』、第二号、一九七九年。

(2)　『教育時論』一九一八年四月二十五日、一八一九号、短評欄。

(3)　広重徹『科学の社会史』中央公論社、一九七三年、九六頁。

(4)　箕作元八は『私見』が大学と研究所の区別を明らかにしたため大いに誤解を招いたとして次のようにのべている。「大学の方には研究を全く無視した様に解する人があつて困る。勿論大学は世間の需要を充す教育を授けるが主であるが、其教育の方法に研究を除外することは出来ないのである。帝国大学令に大学院は学術の蘊奥を極むる所とあつて、大学の方に研究の文学は一つも見えない。然し夫れで実際は研究を為て居るではないか。教授する為めに研究は勿論（ママ）無くてはならぬのである」（「大学制度改革問題」『東亜の光』第一三巻第六号、一九一八年六月）。

（5）『日本及日本人』第七三二号、一九一八年五月十五日。

（6）註（4）論文。

（7）臨時教育会議の設置、審議経過及び発言は文部省編『資料　臨時教育会議』（全五集、一九七九年）、国立教育研究所編『臨時教育会議関係文書目録』（教育史料目録2）を参考にした。以下特別に記さない限り、引用はすべて両書による。

（8）本冊子の内容については寺崎昌男「高等教育の拡充」（国立教育研究所編『日本近代教育百年史』第四巻、一九七四年）一二三二〜三頁を参照。

（9）註（1）の拙稿。

（10）大学令の立法過程の最後の審査機関である枢密院本会議（一九一八年十一月二十七日）席上、金子堅太郎顧問官からだされた大学院の現在の組織及び将来の組織に関する質疑に答えて松浦鎮次郎（専門学務局長）はつぎのようにのべている。「現状ニ於テハ大学院ハ帝国大学ノ構成要素ナルモ大学院ト云ヒテ分科大学ヨリ離レタル教室研究室アルニ非ス各分科大学ノ設備ヲ利用シ其ノ教授ノ指導ノ下ニ研究ニ従事スルノミ今後ニ於テモ学部ノ研究科ハ当該学部ノ機関ヲ利用スルノ外ナカルヘシ」（傍点、引用者）（国立公文書館所蔵「枢密院会議筆記・一　大学令・一　高等学校令・大正七年十一月二十七日」）。

二　大学令制定の過程——枢密院関係文書の史料分析から

はじめに

戦前日本の大学制度史において、一九一八（大正七）年に制定公布された大学令（勅令三八八号）はひとつの重要な時代を画している。(1) それ以前、大学は帝国大学に限られ、基本法規はこれらを規定していた一八八六（明治十九）年公布の帝国大学令のみであった。それに対して、大学令は、大学すなわち帝国大学という制度概念をあらためるものであった。

周知のように大学令の特色は、大学の総合制（二学部以上で構成される）を原則としつつも単科制（一学部で構成される）を例外的規定として認容したこと、公立大学および私立大学という新しい設置主体を持つ大学を認容したこと、あわせて大学予科という制度的類型を認容したこと、にあった。さらにつけ加えるならば、大学令は、大学が学術の教授と研究を本旨とすることを明確にし、あわせて「国家思想ノ涵養」という徳育の重視を強調した。

このように、大学令は、大学の根本法規として同年公布された高等学校令とともに、戦前期の高等教育制度を完成させたのであった。

ちなみに、本項の主題ではないが、帝国大学令は大学令の公布により官立総合大学、すなわちいわゆる旧制七帝大のみに適用される通則となり、大学令の下位法令に位置づけられるようになった。

この制度的整備を前提として、文部省は一九一九（大正八）年度から高等教育機関拡張計画(2)を実施した。それは、明治・大正・昭和戦前期を通じての最大規模の拡張であり、第二次世界大戦後の新制大学成立への重要な歴史的前提となった、(3) といわれている。他方、同省は一九一九（大正八）年から公私立大学の設置を認可し始めた。

大学令は、このように重要な性格を持つ法令であった。しかし、その成立過程の研究は史料の制約もあり、ほとんどなされていなかった。成立過程にふれたわずかな研究(4)は、これまで松浦鎮次郎による『明治以降教育制度発達史』第五巻の記述に依拠してきた。しかし、同書は、枢密院における改定、追加、削除等の箇所を知るには参考となるが、最終段階における枢密院の立法過程をみることができないため不充分なものであった。そのために、成立過程の諸研究は、臨時教育会議の答申と大学令の条文とを対置して、その異同を指摘するにとどまっていた。しかしこれだけでは、同会議の答申の性格と大学令のそれとは同じであるのか、あるいはちがうのか、という問題、特にその背景のことになると、不明な点が多い。

さらにまた、大学令による学部制度の採用の背景や私立大学設置の認可方法などの個別的な課題が、あきらかにできないで残ってしまう。

本論文は、以上のような問題を踏まえながら、大学令による大学の目的・組織・設立規定の三点に関して、とくに枢密院における立法過程にしぼり、枢密院関係文書の分析を通じて、考察をおこなうものである。

1　大学令成立の経緯

本項では臨時教育会議の答申から大学令公布までの経緯（表13参照）をのべ、あわせて文部省及び閣議において作成された両大学令案の特徴を簡単に記す（なお末尾には、「表15　大学令案の修正過程」として文部省議決定案、閣議決定案、枢密院修正決議案＝公式正文＝を一覧化し参考資料とした）。

文部省議決定案（以下「省議案」と記す）は閣議に七月四日付で提出されている。臨時教育会議が主査委員会（同会議から諮問第三号の答申案の起草を付託された委員会。委員一五名で構成され委員長は小松原英太郎）の答申案を第一八回総会で可決し、政府に答申を提出した六月二十二日から一二日間あまりのうちに、文部省の大学令案は作成されたことになる。[5]はなはだ短期間に作成されている。省議案は全二一条附則一から構成され、同会議の答申の趣旨に基づいて成文化された。[6]大学の目的規定をはじめ分科大学の種類、在学年限、予科の設置、教育課程、修業年限、定員の規定などは、成文化のための整序や字句の修正を除けば、同会議の答申とほとんど同じである。しかしながら、相違点を指摘すれ

表13　大学令公布までの経緯

1918年	
6月22日	臨時教育会議諮問第三号に答申。
7月4日	文部省大学令原案（文部省議決定案）を閣議に提出。文部大臣岡田良平発内閣総理大臣寺内正毅宛。
9月12日	閣議省議案を審査修正修了。
13日	政府天皇へ上奏。
14日	天皇枢密院へ御諮詢。
16日	枢密院審査委員を指定。
23日	枢密院審査委員会大学令案高等学校令案の審査を開始。
9月29日	原敬内閣成立。文部大臣中橋徳五郎。
11月22日	同委員会前二件の審査終了「大学令及高等学校令審査報告書」（枢密院議長山県有朋宛）を提出。
11月27日	枢密院会議開催。同委員会修正決議案を議決。天皇へ上奏。内閣へ通牒。
12月2日	閣議枢密官の議決の通決定。奏請。
6日	大学令公布（勅令第388号）。高等学校令公布（勅令第389号）。
1919年	
2月6日	帝国大学令改正（勅令第12号）。
3月29日	高等学校規程公布（文部省令第8号）。大学規程公布（文部省令第11号）。

ば第一には、分科大学の入学順序について省議案は当該大学予科を第一位においているのに対して、同会議の答申は高等学校を常例としている点である。第二点は、大学の設立に関してである。同会議は、大学は国家が設立すべきであるという原則を確認しながらも、資産を提供し大学を維持し経営するにたる確実な基盤があれば、私立大学たりとも等しく認められるべきである、として「大学ハ官立及財団法人ノ設立トスルコト」[7]と答申している。これに対して、省議案は第五条「大学ハ官立トス」とまず官立原則を宣明したのちに、次条において私立大学の設立を認容事項として規定している。この規定の表現のちがいは、立案化のための整序というよりも、同会議の答申と省議案との性格のちがいがあらわれているものとして注目される（2―(2)参照）。

閣議では省議案に追加、補正、修正を八〇余箇所ほどこしている。審査を九月二十一日終了し、大学令案を決定している。

閣議決定案（以下「閣議案」と記す）は全二二条附則三から構成されている。閣議案は第四条と第一〇条が特徴的である。第四条「大学ハ官立公立又ハ私立トス」は大学の設立をまったく単純に並列的に規定している。省議案に比べて同案においては大学の国家設置原則の規定が後退しているのである（2―⑵）。そして第一〇条において省議案に欠落していた研究科の入学要件を追記した。しかし同会議の答申一〇の二項「一分科大学ノ研究科ニ入ルタル者ハ他ノ分科大学ニ就キ研究スルヲ得シムルコト」は盛り込まれなかった。

閣議決定案は九月十三日に上奏され、翌々十四日には枢密院におくられた。枢密院では大学令、高等学校令、中学校令中改正ノ件、小学校令中改正ノ件の四件[8]を一括審議するため審査委員会をもうけ、顧問官より委員九名を指名した。同委員会の委員長には末松謙澄が座り、委員は浜尾新、小松原英太郎、穂積陳重、安広伴一郎、岡部長職、一木喜徳郎、久保田譲、富井政章である。審査委員会は九月二十三日から十一月二十二日までにのべ三七回もの審議をおこなった[9]。審査委員会は大学令及び高等学校令の審議を終了した十一月二十二日付で枢密院議長山県有朋宛に審査報告書を提出した。同月二十七日には内閣の意向もあり、他三件が議了していないにもかかわらず大学令及び高等学校令の二件の全体審議のために、枢密院会議が開催された。同会議は午前一〇時半に始まり昼すぎには終了するというまったく簡略的なものであった。会議席上、審査報告に立った末松謙澄は、「普通ノ場合ニハ一々答申書ニ就キテ陳述スル例ナルモ斯クテハ頗ル長時間ニ亙ルノ虞アリ又単ニ形式的順序ニ従ヒテ開列スルニ於テハ却テ精神ノ存スル所ヲ捕捉シ難キノ嫌ナキニ非ス仍テ審査委員各位ノ同意ヲ得テ異例ナカラ要旨ヲ摘シテ陳述スルコトトセリ[10]」とものべている。

同会議は審査委員会の修正決議案を原案通り可決し、枢密院は同日付で内閣に通牒した。閣議は同院の議決通り決定し、十二月二日に奏請している。そして十二月六日勅令三八八号として、戦前期の高等教育体制を確定した大学令が公布された。

このように二か月半にわたり枢密院、とくに審査委員会において審議がおこなわれていた。大学令の立法過程において、その中心的な役割を果たしたのは、以上の経緯からもわかるように、枢密院審査委員会であった。

2　立法過程の史料分析

(1)　枢密院における審議の経過と方法

枢密院審査委員会における大学令案の審議状況は表14に示した。ここでは大学令案の審議経過を中心に、枢密院文書前掲「枢密院委員会録・大正七年」と同「大学令委員会参考書」[11]を参照しつつ、まずのべておこう。

審査委員会は九月二十三日から十二月十八日までの間にのべ三七回の審議をおこなった。そのうちの二一回は大学令案の審議にあてられていた。同委員会は、第一、二回を文部省側との質疑応答にあて、第三回から第一二回までを委員同士の意見の交換を図る懇談会としていた。表14をみると懇談会の席上、とくに委員の意見を調整する必要があったのは、私立大学の設置と大学と高等学校との連絡に関する問題であった。

委員間の懇談をおえた後、同委員会は第一八回から大学令案の逐条審議を開始した。逐条審議は、委員の意見がまとまらず、採決を必要とする事態が生じるなど、スムーズな進行ではなかった。しかし同委員会は、第二九回に第二・四・六条をまとめ、その逐条審議にはいった。修正整理案（審査委員会修正第一回案）では第二・四・六条などが修正され、さらに修正案（同委員会修正第二案）が作成された。審議のすえ、二、三の字句の修正を経て第三二回に審査委員会修正決議案が確定された。同日同委員会は、審査報告案の審議を開始、修正をほどこして翌日議了した。

審議の際、各委員より参考案がいくつか提出されていた。ここでは、末松委員長が第一三回に提出した、各学校令中第一条の修正に関する参考案と第一八回配布の浜尾委員の大学令第一条参考案を「大学令委員会参考書」から紹介してみよう。[12]

末松委員長の大学令第一条参考案は各学校令中に徳育重視を盛り込んだ修正案のひとつである。

参考案　　末松顧問官提出

大学令第一条

大学ハ国家ニ須要ナル学術ヲ教授シ及其ノ蘊奥ヲ攻究スルヲ以テ目的トシ兼テ人格ノ陶冶及国家思想ノ涵養ニ留意スヘキモノトス

末松案については高等学校令の逐条審議の冒頭に配布されたためか、すぐに議題として取り上げられた形跡がみあたらない。同案は大学令案の逐条審議まで持ち越された、と思われる。つぎに浜尾委員の参考案は、大学令案の逐条審議の冒頭に配布された。

参考案　　浜尾顧問官提出

大学令第一条

大学ハ国家ニ須要ナル学術ヲ教授シ及其ノ蘊奥ヲ攷究スルヲ目的トシ理論及応用ノ学修ヲ具備シ兼テ国民道徳ノ涵養ニ留意スヘキモノトス

浜尾案は「具備」に代わる文言として「具足」「充成」「具成」をあげている。

審査委員会は、これを受けて第一条の趣旨につき修正決議し、字句の決定はしばらく留保するという処置をとった。すなわちここの段階で第一条に、末松・浜尾の両案に共通した「兼テ」以下の、徳育的教育の規定を盛り込むことが決議され、「人格ノ陶冶及国家思想」か、あるいは「国民道徳」かの字句の決定が保留されたのである。そして最終的に、大学令第一条の規定には、臨時教育会議の答申の文言を大幅に取り入れた末松の参考案が採用された、といえる。

表14　枢密院審査委員会審議経過

開催日付	回　数	審　議　内　容
9月23日	第1回	寺内毅首相大学令案及高等学校令案提案の経過陳述，岡田文相同案の趣旨および梗概を演述。浜尾，穂積，富井，末松，清浦副議長から各案の趣旨ならびに徳育問題などにつき質問が提出され，岡田文相答弁し田所美治文部次官補足する。高等学校令に関する質問未了のまま散会。
9月26日	第2回	末松，浜尾，穂積，富井ら高等学校令につき質問，他の諸令の質問とともに岡田文相答弁し質問終了。
9月30日	第3回	審査委員間の懇談会，大学令および高等学校令ならびにその関連事項につき意見の交換。
10月3日	第4回	懇談会，大学令ことにその設立者の問題につき意見の交換。
10月4日	第5回	懇談会，私立大学の設立者の問題につき意見を交換。
10月8日	第6回	懇談会，私立大学の設立者の問題，一大学内における分科大学の設置廃止に関する手続き，大学の基本財産額の問題，宗教大学が国家に須要なる教授攷究するものなるか否の問題，大学における徳育の問題などにつき意見を交換。
10月9日	第7回	懇談会，大学と高等学校との連絡問題につき意見を交換。
10月10日	第8回	懇談会，私立大学の基本財産額および設立者の問題，大学の機関（総長，学長，評議会，教授会等）および教員の職名に関する問題，専任教員の員数に関する問題，地方費負担の大学を国立とするの問題などにつき意見の交換。
10月11日	第9回	懇談会，高等学校令関係意見交換。
10月14日	第10回	懇談会，高等学校令関係，私立大学または高等学校において他の贈遺を受ける場合の問題などにつき意見交換。
10月15日	第11回	懇談会，高等学校令関係の意見交換。
10月18日	第12回	懇談会，高等学校令関係の意見交換。大学令，高等学校および中学校令改正の件の3件につき大体議了。
10月19日	第13回	高等学校令案逐条審議。
10月21日	第14回	同上。
10月22日	第15回	同上。
10月24日	第16回	同上。
10月25日	第17回	同上。第17条を再議に附し大学令に関連して審査することとする。
10月28日	第18回	大学令案逐条審議，第1条審議未了。浜尾提出の大学令第1条参考案を配布。
10月29日	第19回	同上。第1条の趣旨につき修正決議し字句の決定はしばらく留保することとする。 第2条審議未了。
10月30日	第20回	同上。第2条審議未了。
11月1日	第21回	同上。第2条第2項を議了。
11月2日	第22回	同上。第3～5条を議了，第6条未了。
11月4日	第23回	同上。第6～7条議了，第8条は後廻しにし，第9条議了，第10条未了。末松提出の考察を配布。
11月5日	第24回	同上。第10～13条議了，第14条を後廻しにし，第15条を大体議了。富井提出の参考案を配布。

11月6日	第25回	大学令案逐条審議，第16・18～20・22条及び附則第1項を議了，第17条附則第2項は削除，第21条は私立学校令に関連する条項として整理することにする。第2条議了。
11月8日	第26回	同上，第2条以下数条における「分科大学」の呼称を議題とするが未了。第2条第8項（追加修正案）を再議に附し先議を変更しないことで議了。末松より「一定ノ年限大学院ニ在学シ相当ノ方法ニ依リ銓衡ヲ経タル者ニ一定ノ呼称ヲ許スコトノ当局右呼称ノ案トシテハ「秀士」「選士」「俊士」「成士」ノ諸語アリ」の問題が提出され審議未了。
11月11日	第27回	同上，後廻しにした第8・11条を議了，第4・22条を再議に附し議了。末松の分科大学の名称に関する意見書および高等学校令修正参考案を配布。
11月12日	第28回	「分科大学の名称に関する件」採決の結果学部に改めることを修正決議する。
11月14日	第29回	大学令修正整理案の逐条審議，第1～3・5条議了，第4条に関連して「官立大学ノ中ニ帝国大学ト其ノ他トノ区別ヲ認ムルカ否カノ点」が議題となり採決結果区別を認べしとなり議了。第6条未了。
11月15日	第30回	修正整理案の逐条審議，第9条第1項の学部を大学に改める件につき採決の結果可となり，全部議了。高等学校令修正整理案の逐条審議。
11月16日	第31回	中学校令中改正，小学校令中改正の件審議。
11月21日	第32回	大学令および高等学校令修正案をさらに審議し，2，3の修正を経て確定する。審査報告案につき審議未了。
11月22日	第33回	審査報告案を議了。
11月25日	第34回	帝国大学令改正を議題とし大体につき質問をなし，意見を変換。
11月26日	第35回	同令改正につき第1～4条を議了，末松，一木，富井および一部顧問官の協議になる，参考案を配布。第1条修正案につき「帝国大学カ官立大学ナルノ義ヲ明ニスヘキ字句ヲ加フルノ可否」が議題となり採決の結果否決となる。
11月28日	第36回	同令改正につき第5～11条を議了，「本令ニ官立単科大学ニ関スル規定ヲ追加スヘシ」の議題が提出されたが可とする者少数にして成立に至らず，附則を議了。
12月18日	第37回	中学校令中改正，私立学校令中改正の件を原案通り可決。小学校令中改正の件は修正案通り可決する。帝国大学令改正の件は第4条に関する修正意見を修正可決し議了する。4件の審査報告案を原案通り可決する。

（註）「大正七年一月　委員録」より作成。

このような審議を経て、大学令は成文化されていくのだが、ここで少し審査委員会が同会議の答申、省議案、閣議案をどうみていたのか、さらに審議の方法をどのようにしていたのか、の点についてのべておこう。同委員会は、諮詢された勅令案は「概ネ臨時教育会議ノ答申ヲ裁酌シ文部当局ニ於テ立案シタル所(13)」に係るものとのべ、同会議の答申が強調され、関係に言及されている。それをもう少し詳細に展開して次のようにのべている。すなわち「臨時教育会議ノ答申ハ大体ノ趣旨ニ止マル規定ノ細目ニ亙ラス文部当局ニ於テ其ノ大体ノ趣旨ヲ採納シテ規定ヲ編成セラレタルモノナリ(14)」。

同会議答申の性格を包括的なものと捉え、当局の立案はそれを基礎にして成文化したものである、と押えている。そして全体の審議の進行と方針はその後段において「本官等之カ調査ヲ為スニ当リ先ツ各員期セスシテ同一ノ見地ニ立チタルコトハ各案ノ根本義ヲ究メテ自由ニ討論スルニ於テハ各員其ノ見ル所ヲ異ニシ若テ成案ノ解決ヲ得サルニ至ルノ虞ナシトセサルカ故ニ既ニ臨時教育会議ノ決議ヲ経且政府当局ノ採納シタル根本ノ組立ハ其ノ儘トシ実行上不備ナルモノハ補ヒ余分ナルモノハ削ルノ方針ニテ本案ヲ審議スヘシト為スノ点ニシテ自然此ノ諒解ノ下ニ進行シタルモノナリ」とのべている。審査委員会は審議の出発点にあたって、あらかじめ各委員の意見の調整のための懇談会を開くなど、原理論には深入りせず同会議答申の骨子を支持し、原案の実際的技術的修正にとどまるとのべている。しかし、結果的には、同委員会において骨子にかかわる大きな修正がほどこされることになる。

(2)　審議の分析

①目的規定——第一条を中心にして

審査委員会の審議の経過と方法をふまえて、次に枢密院文書「審査報告大正六年同七年」に記された修正理由を参照し、立法過程の分析にはいろう。

省議案第一条は大学の目的を「大学ハ国家ニ須要ナル学術ヲ教授シ及其ノ蘊奥ヲ攻究スルヲ以テ目的トス」と規定している。この条文は臨時教育会議の答申（三）の分科大学を大学に修正しただけである。同条は閣議では修正をうけず、審査委員会において大幅な修正をほどこされる。すなわち第一条「大学ハ国家ニ須要ナル学術ノ理論及応用ヲ教授シ並其ノ蘊奥ヲ攻究スルヲ以テ目的トシ兼テ人格ノ陶冶及国家思想ノ涵養ニ留意スヘキモノトス」となる。審査委員会での修正は、「学術ヲ教授シ」を「学術ノ理論及応用ヲ教授」に修正して理論と応用の総合的教授をしめし、「兼テ」以下留意事項を追加して大学における徳育重視を打ちだしている。徳育に関する事項について末松委員長は枢密院会議の席上次のような説明をしている。

臨時教育会議ノ答申書中ニモ此ノ点ニ付テハ頗ル力ヲ込メテ剴切ニ論セラレタルヲ見ル文部当局ニ於テモ之ニ付同感ヲ表セラレタルコト明白ナリ唯之ヲ法文ニ掲クルニ躊躇シタルモノノ如キモ現下ノ情勢ヲ察スルニ之ヲ法令ノ正文中ニ掲記スルヲ可トス(15)

米騒動やシベリア出兵などの内憂外患の政治社会状況のそのなかにあって、審査委員会は同会議の希望事項(1)「大学ニ於テハ人格ノ陶冶及国家思想ノ涵養ニ一層意ヲ致サムコトヲ望ム」に全面的な賛意をあらわし、採用したのであった。そして留意事項として規定した理由については「大学ニ在リテハ一般ニ言ヘハ既ニ高等普通教育ヲ完成シタル学生ヲ収容シ而シテ学術ノ理論応用及蘊奥ヲ考究セシムル所ナルヲ以テ之ヲ主タル目的トセサルヘカラス随テ人格ノ陶冶及国家思想ノ涵養ハ已ムヲ得ス之ヲ留意事項ニ止メサルヲ得ス乃チ留意事項ナリト雖モ其ノ事ノ重要ナルハ多言ヲ要セサルナリ」と記され、高等学校令の改正との関係を強く意識しつつ譲歩した立場からのものである。(16) そして同会議答申の観点の踏襲でないことは、「審査報告」書の最後に政府当局に対して列挙している希望事項をみると、一層明確になる。たとえば「第二　徳育ノ方法ニ改善ヲ加フルコト」の件では次のようにのべている。

大学ニ在リテハ荘厳ナル会同館ヲ設ケ紀津《（ママ）》厳粛ノ間ニ於テ教員学生ノ集合ニ便ニシ以テ徳教上ノ自然ノ感化ヲ受クルノ機会ヲ与フルカ如キ又寄宿ノ寮舎ニ学生ヲ収容シ其ノ他学生平素ニ対シ誘掖ノ方法ヲ拡充シテ放縦ニ流ルノ弊ヲ防クカ如キ施設其ノ宜シキヲ得ハ必ス其ノ効果アルヘキヲ信ス

同会議答申においては、希望事項(2)以下の要請からも判るように、慎重な態度と論議をもって物的条件的整備による間接的方法に留まるべきものとしている。にもかかわらず審査委員会の観点は、形式的には同じであっても、学生の監督、徳教の感化といったことがもっぱら強調されるようになっている。

この第一条の規定は前述のように末松委員長提出の参考案が大幅に採用された。

審査委員会は、以上のように、臨時教育会議の答申趣旨を強く意識しつつも、学術的教育から徳育的教育へと比重をかえて大学令第一条を修正決議した。しかし法文上では、高等学校令の高等普通教育の完成を目指した、完成論の強調という改定に制約されて留意事項としてしか規定できなかったのである。

②組織規定――学部制の採用を中心にして

大学の組織として一八八六年以来約三〇年間運用されてきた分科大学制を廃止し、学部制を採用したことは、審査委員会における大きな修正のひとつである。臨時教育会議の答申、省議案、閣議案を通じて修正の動向は少しも窺われなかった事柄である。省議案は大学の組織について同会議答申の内容と配列をそのまま踏襲している。すなわち第二条「大学ノ分科ハ文科理科法科医科工科農科商科等トス」で分科大学の種類を規定し、第三条「大学ハ数分科ヲ置クヲ常例トス　但シ一分科ノミヲ置クコトヲ得」では大学の総合制を原則とし、認容事項として単科制を規定した。閣議案は前二条を一条にまとめて、第二条第一項「大学ニハ数分科大学ヲ置クヲ常例トス　但シ一分科大学ノミヲ置クコトヲ得」において大学の制度組織を規定し、第二項「分科大学ハ文科、理科、法科、医科、農科等トス」で分科の種類を掲げる形式をとっている。

審査委員会は、第二条を「大学ハ数個ノ学部ヲ置クヲ常例トス　但シ特別ノ必要アル場合ニ於テハ単ニ一個ノ学部ヲ置クモノヲ以テ一大学ト為スコトヲ得」に修正し、大学の基本的構成単位として学部制度を採用した。そして単科制についてはより強い例外的規定にした。単科大学の制度化が不可避な情勢にあるなかで、このような規定に修正する意図には、総合制への強い固執こそが読み取れる。第二条第二項「学部ハ法学、医学、工学、文学、理学、農学、経済学及商学ノ各部トス」で学部の種類を限定し、その記載順序を旧令（帝国大学令）に戻した。第三項「特別ノ必要アル場合ニ於テ実質及規模一学部ヲ構成スルニ適スルトキハ前項ノ学部ヲ分合シテ学部ヲ設クルコトヲ得」は、例外的認容規定として分合学部の設置を認めている。

大学令案第二条は、以上のように、数多くの改定と修正がほどこされた。以下、学部制度の採用の理由とその背景をみてみよう。

学部制度の採用に重要な位置を占めているのは審査委員長末松謙澄であった。前述「大学令外五件委員会参考書」には末松提出の「分科大学ノ名称ヲ廃スヘキ理由」書がある。その理由書を手懸りにのべていくことにする。冒頭、末松は「帝国大学ノ各分科ニ大学ノ名称ヲ附スルハ種々ノ瑕瑾アリ」とのべ、以下四点にわたってその具体的な欠陥を指摘している。

其一　分科大学ノ意義ニ於ケル大学ト綜合大学ノ意義ニ於ケル大学ト同名称ニシテ其ノ意義ヲ異ニセリ

其二　部分ト全体ト其名ヲ同クシ論理ニ違ヘリ

其三　邦文ニテハ両者トモ同文字ナルモ之ヲ欧州語ニ翻訳スルニハ両者別語ヲ用フルノ窮策ニ出デザルヲ得ザ

ルノ事実アリ

其四　分科大学ノ名称ニ於ケル大学ノ意義不明確ナリ之ガ為学者各々其見解ヲ異ニセリ随テ之ヲ欧州語ニ訳スルモ互ニ相一致セザル名称ヲ以テシ事実ノ紛雑ヲ来セリ現ニ東京帝国大学ノ分科中ニモ或ハコレージト称シ或ハファカルチート称ス而モ大学ノ公文中ニ此事アリ不体裁ヲ極ム

このうち其一は、カレッジとユニバーシティーの相違を強調し、大学という名称のもつ意味内容にふれる問題を提起している。また其四は、具体的な事柄として三〇年来帝国大学の構成単位として使用されてきた分科大学における大学という名称の内容をはっきりさせなければならない、という背景があったと考えられる。つまり、分科大学はカレッジであるのか、あるいはファカルティーなのかを問題にしたのである。審査委員会ではこの点について分科大学はファカルティーの性質をもつものである、という意見に一致していた模様である。そして現実的課題である単科大学の制度化という事態において、その名称と分科大学の名称との関係の問題もそこに介在していた。すなわち「単科大学ハ仮令小ナリトモ仍完全ナル一人格ヲ備」えており、分科大学における大学という名称とはまったく意義を異にし、「単科大学カ仮令小ナリトモ綜合大学ノ意義ノ大学ト同格」である、現在単科制を認容するにおいては、分科大学の名称を変更しない限り「理義一貫セス」、と末松はのべている。

このような参考案が配布され、審査委員会はこの件に関して審議を数回おこなったが、結局は大学令案の逐条審議の最後に残る問題となった。同委員会は、委員間の意見の一致をはかれず、採決をとらざるを得なかった。分科大学制廃止に反対したのは、わずかに穂積、小松原、一木の三名の委員でしかなかったため、多数により廃止に修正決議された。その修正理由はつぎのように記されている。

総合大学ヲ構成スル部門ノ単位ヲ分科大学ト称スルコトハ帝国大学令年来ノ成規ニシテ本令亦因襲スル所ニ係ル

今俄ニ之ヲ変改スルハ多年ノ歴史ニ顧ミ外間影響ノ何如ヲ慮リ懸念スヘキ余地ナキニアラスト雖モ其ノ名称必スシモ妥当ナラサルニ似タリ蓋シ大学ノ中更ニ数個ノ大学アリト為スハ異物同名ノ奇態ヲ呈スルノミナラス之ヲ帝国大学ノ実情ニ照ラスニ分科大学ト文科大学ト同音ナルカ為庶務ノ便宜ヲ欠クコト少カラス又動モスレハ各部門割拠ノ弊ヲ誘致シ惹テ綜合大学ノ本義ヲ徹底スルニ於テ遺憾ナシトセス其ノ利害得失ヲ周密考査シタル結果遂ニ今ニ於テ之ヲ改ムルヲ勝レリトスルノ結論ニ帰著シタリ

このように、分科大学制度の廃止にともなう大学の組織制度に関する論議はみられぬまま、学部制度の採用には、単科大学の制度化という現実的課題に対処するところでの、大学の総合制原則への固執が、大きな要因となっていたのである。

③設立規定——私立大学の設立認可を中心にして

私立大学の設立認可規定の考察のまえに、まず大学の設立規定についてみておこう。省議案第五条、閣議案第四条の規定は、すでに「1　大学令成立の経緯」において触れてあるので、審査委員会の規定からはいる。同委員会の修正を経て大学は「帝国大学其ノ他官立ノモノノ外本令ノ規定ニ依ル公立又ハ私立ト為スコトヲ得」(第四条)と規定された。この規定は、同委員会の最初の整理案では「大学ハ帝国大学其ノ他官立ノモノノ外公立又ハ私立トス」となっていた。再修正の結果、「本令ノ規定ニ依ル」が挿入されることによって公私立大学の設立に係る法規がより以上に限定された。

審査委員会の第四条修正理由は次のように記されている。

原案(閣議案——引用者注)ハ大学ヲ官立、公立又ハ私立トシテ平等駢記スト雖大学ノ設立ハ其ノ設備及維持ニ照ラシ固ヨリ容易ノ業ニ非サルカ故ニ宜シク国家自ラ之カ責務ヲ担任スヘシ蓋シ本邦従前大学ヲ官立ニ限リタルハ此

ノ理義ニ因由ス然レトモ随時必要ニ稽ヘテ公立私立ノ大学ヲ認ムルコト亦必ズシモ不可ナリト為サス

臨時教育会議以来の、大学とは国家が設置すべきであるという原則が貫かれている。

この第四条の規定で注目されるのは、同委員会において「帝国大学」という文言が明記された点である。これは大きな追加修正である。

「委員録」をみると、第二九回審査において「官立大学ノ中ニ帝国大学ト其ノ他トノ区別ヲ認ムルカ否カ」が議題にのぼっていた（表14参照）。議論がどのように交わされたかは不明である。意見の一致が得られず、決着には採決を必要とした。区別を設けるべきである、と主張した委員（浜尾、小松原、穂積、安広、一木、富井）が多数をしめて、追加修正が決定された。この結果、前記のように、官立大学のなかから帝国大学は取り出され、あらたに、ひとつの制度概念として特記されるようになった。官立のなかに帝国大学と今後設置される官立単科大学とに区別が設けられたのは、大学は帝国大学であるというこれまでの伝統的な通念が審査委員会において支配的であり、それが許容されたことを示すものと考えられる。

この第四条の規定を前提として、次の私立大学の認可規定をみてみよう。

省議案第六条第二項「私人ニシテ大学ヲ設立セムトスルトキハ民法ニ依リテ財団法人ヲ設立スヘシ」が私立大学設立の要件として財団法人の設立を強制事項としたのに対して、閣議案第六条「私立大学ハ財団法人ニ限リ之ヲ設立スルコトヲ得」は設立主体を財団法人に限定する規定になる。閣議案の規定では、財団法人が即学校である場合と、財団法人がその事業として学校を経営する場合との二通りの方法が可能になる。この点について審査委員会は第六条「私立大学ハ財団法人タルコトヲ要ス　但シ特別ノ必要ニ因リ学校経営ノミヲ目的トスル財団法人カ其ノ事業トシテ之ヲ設立スル場合ハ此ノ限ニ在ラス」に修正した。その修正理由は次のようにのべられている。

原案〔閣議案――引用者注〕ノ字句ニ依レバ別ニ法人アリテ其ノ法人カ学校ヲ設立スルモノノ如シ是レ学校ノ基礎ヲ鞏固ナラシムルノ趣旨ニ反シ少クトモ之ヲ以テ原則ト為スハ非ナリ原則トシテハ学校自ラ法人タルモノト為サザルヘカラス(17)

二通りの方法が統一され、学校即財団法人であることに原則がたてられ、学校経営の重視が読み取れる。この他にも、同委員会の修正決議案では、文部大臣に於いて勅裁を請うべき認可範囲が、大学から学部段階まで拡大され、あわせて設立のみでなく廃止事項までがふくまれるようになった（省議案第七条、閣議案同条、枢密修正決議案第八条参照）。

私立大学の大学昇格にとって、大きな問題のひとつは、基本財産の額であった。この件は二回ほど、審査委員会の議題になったが、その内容はあきらかでない。基本財産額は、結局、一校一学部につき五〇万円以上一学部増すごとに一〇万円以上を託することにきまった(18)。この供託金の納入方法は、三つの時期に分けられ、六か年分割、四か年分割、一括納入というような変化をしめす(19)。この他、専任教員の確保、施設設備の充実等、私立大学の昇格には多くの難関があった。大学とは国家が設置すべきであるという原則が確認されることによってその例外規定として認容された私立大学は、文部大臣の直接監督下のもと慢性的な財政難にあえいでいかなければならなかった。

このように、私立大学の昇格に対して政策主体者側には、設立認可に関する行政的責任を形式的に規定するという発想が強く、教育内容の充実等に展望や配慮があまりみられなかった。

おわりに

以上のべてきたように、枢密院審査委員会での周到な論議と修正を経て、大学令は公布された。同委員会は審議へ臨むに際して「実行上不備ナルモノハ補ヒ余分ナルモノハ削ル」という技術的修正に留める方針である、とのべていたが、実際には相当な修正を施したことは以上からあきらかである。臨時教育会議の答申を受けて構想された大学令案の性格は、同委員会の修正を経ることで重要な変更がおこなわれた、と考えられる。それは同会議の答申の内容が新しい時代の情勢を意識しつつも大学教育の特殊性に一定程度の配慮をしたものであったにもかかわらず、同委員会の修正決議案ではその観点は、ほとんどといっていいほどなくなっていたからである。繰り返しになるが、強い危機意識にささえられた同委員会の観点は、留意事項として規定された第一条第二項の附加説明にもみられたように、学術的教育から徳育的教育への比重の変化にあり、また大学教育機関をして帝国大学、官立大学、公私立大学と重層的規定をもって序列化した点に示されていた。さらに単科制大学の制度化という現実的緊急的課題を媒介にして採用された学部制度については、深い段階での大学の組織についての論議に決着をもたらしたものではなく、既定の大学の総合制理念への固執によることが強かった。

これらの観点のちがいをもたらした要因はなにか、と考えると、大きくふたつほどあげられる。第一点は同会議と同委員会の構成メンバーのちがい、第二点はデモクラシーに対する態度のちがいにあった、と考えられる。

さいごに今後の課題を少しのべておきたい。大学令中に規定され、今回触れられなかった事項に関しての研究は当然として、とくに研究科（大学院）の設置は、大正期の大学改革を考察するうえで重要な位置を占めており、大きな課題となるであろう。また、大正の初期に簇生した数多くの大学令案や諸機関、諸団体の改革案と大学令との思想的、内的連関をあきらかにする作業がある。そしてさらに、審査委員会において大学令のあと継続審議された帝国大学令との関係を、大正期に構想された大学制度の構造の全体をどうとらえるかという問題として、追究する必要があるだろう。

（本論文は、筆者の修士論文「大正期における大学令制定の研究」をもとに、第二一回教育史学会でおこなった口頭発表をまとめたものである。）

表15 大学令案の修正過程

（○は条文にまったく変化のないことを示す）

文部省議決定案 全二二条附則 一九一八年七月四日付	閣議決定案 全二二条附則三 一九一八年九月十三日付	枢密院修正決議案 第二一条附則三 （＝公布文） 一九一八年十一月二十七日付
第一条 大学ハ国家ニ須要ナル学術ヲ教授シ及其ノ蘊奥ヲ攻究スルヲ以テ目的トス	→○	第一条 大学ハ国家ニ須要ナル学術ノ理論及応用ヲ教授シ並其ノ蘊奥ヲ攻究スルヲ以テ目的トシ兼テ人格ノ陶冶及国家思想ノ涵養ニ留意スヘキモノトス
第二条 大学ノ分科ハ文科、理科、法科、医科、工科、農科、商科等トス	第二条 大学ニハ数分科大学ヲ置クヲ常例トス 但シ一分科大学ノミヲ置クコトヲ得 分科大学ハ文科、理科、法科、医科、工科、農科等	第二条 大学ニハ数個ノ学部ヲ置クヲ常例トス 但シ特別ノ必要アル場合ニ於テハ単ニ一個ノ学部ヲ置クモノヲ以テ一大学ト為スコトヲ得 学部ハ法学、医学、工学、文学、理学、農学、経済学及商学ノ各部トス 特別ノ必要アル場合ニ於テ実質及規模一学部ヲ構成スルニ適スルトキハ前項ノ学部ヲ分合シテ学部ヲ設クルコトヲ得
第三条 大学ハ数分科ヲ置クヲ常例トス 但シ一分科ノミヲ置クコトヲ得		
第四条 大学ノ各分科ニハ研究科ヲ置クヘシ 数分科置キタル大学ノ研究科ハ相合シテ大学院ヲ構成ス	第三条 分科大学ニハ研究科ヲ置クヘシ 数分科大学ヲ置キタル大学ノ研究科ヲ綜合シテ大学院トス	第三条 学部ニハ研究科ヲ置クヘシ 数個ノ学部ヲ置キタル大学ニ於テハ研究科間ノ連絡協調ヲ期スル為之ヲ綜合シテ大学院ヲ置クルコトヲ得
第五条 大学ハ官立トス但シ北海道及府県ハ特別ノ必要アル場合ニ限リ大学ヲ設立スルコトヲ得	第四条 大学ハ官立、公立又ハ私立トス 第五条 公立大学ハ特別ノ必要アル場合ニ於テ北海道及府県ニ限リ之ヲ設立スルコトヲ得	第四条 大学ハ帝国大学其ノ他官立ノモノノ外本令ノ規定ニ依リ公立又ハ私立ト為スコトヲ得 第五条 →○
第六条 私人ハ大学ヲ設立スルコトヲ得 私人ニシテ大学ヲ設立セムトスルトキハ民法ニ依リ財団法人ヲ設立スヘシ	第六条 私立大学ハ財団法人ニ限リ之ヲ設立スルコトヲ得	第六条 私立大学ハ財団法人タルコトヲ要ス 但シ特別ノ必要ニ因リ学校経営ノミヲ目的トスル財団法人カ其ノ事業トシテ之ヲ設立スル場合ハ此ノ限ニ在ラス

前項ノ財団法人ハ大学ニ必要ナル設備又ハ之ニ要スル資金及大学ヲ維持スルニ足ルヘキ収入ヲ生スル基本金ヲ所有スルコトヲ要ス 前項ノ基本金ハ現金又ハ国債証券トシ之ヲ政府ニ供託スヘシ	前項ノ財団法人ハ大学ニ必要ナル設備又ハ之ニ要スル資金及大学ヲ維持スルニ足ルヘキ収入ヲ生スル基本財産ヲ有スルコトヲ要ス 前項ノ基本財産ハ現金又ハ国債証券トシ之ヲ政府ニ供託スヘシ	第七条　〔「前項」を「前条」に修正し、「資金及」のあとに「少クモト」を挿入したほか同文〕 基本財産中前項ニ該当スルモノハ現金又ハ国債証券ノ他文部大臣ノ定ムル有価証券トシ之ヲ供託スヘシ
第七条　公立及私立ノ大学ノ設立廃止ハ文部大臣ノ認可ヲ受クヘシ 前項ノ設立ノ認可ハ文部大臣ニ於テ勅裁ヲ請フヘシ	→○	第八条　公立及私立ノ大学ノ設立廃止ハ文部大臣ノ認可ヲ受クヘシ 学部ノ設置廃止亦同シ 前項ノ認可ハ文部大臣ニ於テ勅裁ヲ請フヘシ
第八条　大学ノ文科、法科、商科等ニ入学スルコトヲ得ル者ハ当該大学予科ヲ修了シタル者、高等学校文科ヲ卒業シタル者又ハ文部大臣ノ定ムル所ニ依リ之ト同等ト認メラレタル者タルヘシ 大学ノ理科、医科、工科、農科等ニ入学スルコトヲ得ル者ハ当該大学予科ヲ修了シタル者、高等学校理科ヲ卒業シタル者又ハ文部大臣ノ定ムル所ニ依リ之ト同等ト認メラレタル者タルヘシ	第八条　文科大学、法科大学其ノ他之ニ準スヘキ分科大学ニ入学スルコトヲ得ル者ハ当該大学予科ヲ修了シタル者、高等学校文科ヲ卒業シタル者又ハ文部大臣ノ定ムル所ニ依リ之ト同等以上ノ学力アリト認メラレタル者トス 理科大学、医科大学、工科大学、農科大学其ノ他之ニ準スヘキ分科大学ニ入学スルコトヲ得ル者ハ当該大学予科ヲ修了シタル者、高等学校理科ヲ卒業シタル者又ハ文部大臣ノ定ムル所ニ依リ之ト同等以上ノ学力アリト認メラレタル者トス	第九条　学部ニ入学スルコトヲ得ル者ハ当該大学予科ヲ修了シタル者、高等学校高等科ヲ卒リタル者又ハ文部大臣ノ定ムル所ニ依リ之ト同等以上ノ学力アリト認メラレタル者トス 入学ノ順位ニ関スル規定ハ文部大臣之ヲ定ム
第九条　大学ニ三年以上在学シ一定ノ試験ヲ受ケ之ニ合格シタル者ハ学士ト称スルコトヲ得 前項ノ在学年限ハ医学ヲ修ムル者ニ在リテハ四年以上トス	→〔「大学」を「分科大学」に修正したほかは同文〕	第十条　〔「分科大学」を「学部」に修正したほかは同文〕
	第十条　分科大学研究科ニ入ルコトヲ得ル者ハ医学ヲ修ムル者ニ在リテハ四年以上其ノ他ノ	第十一条　研究科ニ入ルコトヲ得ル者ハ医学ヲ修ムル者ニ在リテハ四年以上其ノ他ノ者ニ在リテ

	者ニ在リテハ三年以上当該分科ニ在学シタル者又ハ当該分科大学ニ於テ適当ト認メタルモノトス	ハ三年以上当該学部ニ在学シ其ノ他相当ノ学力ヲ具ヘタル者ニシテ当該学部ニ於テ適当ト認メタルモノトス
第十条　大学ニハ特別ノ必要アル場合ニ於テ予科ヲ置クコトヲ得 第十一条　予科ニ於テハ高等学校ノ程度ニ依リ高等普通教育ヲ為スヘシ	第十一条　大学ニハ特別ノ必要アル場合ニ於テ予科ヲ置クコトヲ得 大学予科ニ於テハ高等学校高等科ノ程度ニ依リ高等普通教育ヲ為スヘシ	第十二条　──→○
第十二条　予科ノ修業年限ハ三年又ハ二年トス 修業年限三年ノ予科ニ入学スルコトヲ得ル者ハ中学校第四学年ヲ修了シタル者又ハ文部大臣ノ定ムル所ニ依リ之ト同等ト認メラレタル者タルヘシ 修業年限二年ノ予科ニ入学スルコトヲ得ル者ハ中学校ヲ卒業シタル者又ハ文部大臣ノ定ムル所ニ依リ之ト同等ト認メラレタル者タルヘシ	第十二条　〔「予科」を「大学予科」に、「同等」を「同等以上ノ学力アリ」に、各文末「タルヘシ」を「トス」に修正したほか、同文〕	第十三条　──→○
第十三条　予科ノ学級編成、教員及教科書ニ関シテハ高等学校高等科ニ関スル規定ヲ準用ス	第十三条　大学予科ハ其ノ設備、編制、教員及教科書ニ関シテハ之ヲ高等学校高等科ニ準シ高等学校ニ関スル規定ヲ準用ス	第十四条　大学予科ノ設備、編制、教員及教科書ニ付テハ高等学校高等科ニ関スル規定ヲ準用ス
第十四条　予科ノ定員ハ予科修了者ノ員数カ毎年当該大学ニ収容シ得ル員数ヲ超過セサルヲ標準トシテ之ヲ定ムヘシ	第十四条　大学予科ノ生徒定数ハ毎年ノ予科修了者ノ員数カ其ノ年当該大学ニ収容シ得ル員数ヲ超過セサル程度ニ於テ之ヲ定ムヘシ	第十五条　──→○
第十五条　大学ノ分科、研究科、大学院及予科ニ関スル規程ハ別段ノ規定アル場合ヲ除クノ外官立大学ニ在リテハ学校ヲ統理スル者、公立大学ニ在リテハ管理者、私立大学ニ在リテハ設立者ニ於テ文部大臣ノ認可ヲ経テ之ヲ定ムヘシ	第十五条　大学及大学予科ノ学則ハ官立大学ニ在リテハ統轄者、公立大学ニ在リテハ管理者、私立大学ニ在リテハ設立者之ヲ定メ文部大臣ノ認可ヲ受クヘシ	第十六条　大学及大学予科ノ学則ハ法令ノ範囲内ニ於テ当該大学之ヲ定メ文部大臣ノ認可ヲ受クヘシ

第十六条　大学ニ於テハ相当数ノ専任教員ヲ置クヘシ	第十六条　公立及私立ノ大学ニハ相当員数ノ専任教員置クヘシ	第十七条　→○
第十七条　公立大学職員ノ旅費其ノ他諸給与ニ関スル規程ハ別段ノ規定アル場合ヲ除クノ外地方長官之ヲ定ム	第十七条　公立大学職員ノ旅費其ノ他ノ給与ニ関スル規程ハ文部大臣ノ認可ヲ経テ地方長官之ヲ定ム	〔全面削除〕
第十八条　公立及私立ノ大学ハ文部大臣ノ監督ニ属ス	→○	第十九条　→○
第十九条　私立大学ノ教員ノ採用ハ設立者ニ於テ文部大臣ノ認可ヲ受クヘシ 文部大臣ハ私立大学ノ教員ニシテ不適当ナリト認メタルトキハ其ノ与ヘタル認可ヲ取消スコトヲ得	第十九条　私立大学ノ教員ノ採用ハ設立者ニ於テ文部大臣ノ認可ヲ受クヘシ 公立大学ノ教員ニシテ官吏ノ待遇ヲ受ケサル者ニ付亦同シ	第十八条　〔「設立者ニ於テ」を削除したほかは同文〕
第二十条　文部大臣ハ私立大学ニ対シ報告ヲ徴シ検閲ヲ行ヒ其ノ他監督上必要アル命令ヲ発スルコトヲ得	第二十条　文部大臣ハ公立及私立ノ大学ニ対シ報告ヲ徴シ検閲ヲ行ヒ其ノ他監督上必要ナル命令ヲ為スコトヲ得	→○
第二十一条　私立大学ノ設立者ハ毎学年又ハ毎事業年度ノ開始前収支予算ヲ定メ毎学年又ハ毎事業年度ノ終了後収支決算ヲ為シ之ヲ文部大臣ニ届出ツヘシ 文部大臣ハ必要ト認ムルトキハ収支予算ノ変更ヲ命スルコトヲ得	→○	〔全面削除〕
第二十二条　本令ニ依ラサル学校ハ新ニ大学又ハ大学校ト称スルコトヲ得ス	第二十二条　本令ニ依ラサル学校ハ大学ト称シ又ハ其ノ名称ニ大学タルコトヲ示スヘキ文字ヲ用ウルコトヲ得ス	第二十一条　本令ニ依ラサル学校ハ勅定規程ニ別段ノ定アル場合ヲ除クノ外大学ト称シ又ハ其ノ名称ニ大学タルコトヲ示スヘキ文字ヲ用ウルコトヲ得ス
附則 本令ハ大正八年九月一日ヨリ之ヲ施行ス	附則 本令ハ大正八年四月一日ヨリ之ヲ施行ス 帝国大学及帝国大学予科ハ之ヲ本令ニ依ル大学	附則 →○ 〔全面削除〕

及大学予科トス 本令施行ノ際現ニ大学ト称シ又ハ其ノ名称ニ大学タルコトヲ示スヘキ文字ヲ用ウル学校ニハ当分ノ内第二十二条ノ規定ヲ適用セス	〔「第二十二条」を「第二十一条」と修正したほかは同文〕	

註

（1） たとえば、仲新「日本の大学の歴史――明治以降――」（大河内一男著者代表『日本の大学』一九六八年）の時代区分によれば、大学令の公布をもって第五期（第二次大戦の終わりまで）を画している。また国立教育研究所編『日本近代教育百年史』第五巻（一九七四年）では展開期としている。

（2） 高等教育機関拡張計画は原――中橋文政のもと第四一帝国議会（一九一八年十二月二十七日開会、一九年三月二十六日閉会）に上呈された。計画の概要は、一九一九（大正八）年度から一九二四（大正十三）年度までの六年間に、官立高等学校一〇、高等工業学校六、高等農業学校四、高等商業学校七、外国語学校一、薬学専門学校一、帝国大学学部四の増設と、医科大学五、商科大学一の昇格、実業専門学校二、帝国大学学部六の拡張等をおこなうというものである。経費はおよそ四四五〇万円を必要とされ、そのうち一〇〇〇万円は皇室からの御内帑金でまかなわれた（寺崎昌男「高等教育の発展」前掲『日本近代教育百年史』第五巻、三二三～三二五頁を参照）。

（3） 前掲『日本近代教育百年史』第五巻、三〇七頁。

（4） 最近の研究として阿部彰「国家体制の再編・強化と教育政策」（前掲『日本近代教育百年史』第一巻がある。「公文類聚」を使用し、後述閣議案と枢密院審査委員会修正決議案＝公布文＝とを主な修正条項について対応させ一覧化してある（三三六～三三七頁）。なお前掲註（1）の他には次のような研究がある。『東京帝国大学五十年史』下冊（一九三二年）、大久保利謙『日本の大学』（創元社、一九四三年）、中島太郎『近代日本教育制度史』（岩崎書店、一九六六年）など。

（5） 文部省の大学令案の作成者については、枢密院会議席上、文相中橋徳五郎が「原案ノ起草者ニシテ且先日来終始当院審査委員会ニ列席セル」者として松浦鎮次郎を紹介している。松浦は当時、文部省専門学務局長。後述の枢密院審査委員会における全三三回（大学令及び高等学校令分）の審議うち一四回出席している（国立公文書館所蔵枢密院関係文書「枢密院委員録・大正七年」）。

（6） 文部省が閣議へ提出した請議文には以下のように記されている。

高等普通教育改善ニ関スル件並大学教育及専門教育改善ニ関スル件ニ対スル臨時教育会議答申決議ハ大体ニ於テ適当ト存セラレ候ニ付其ノ趣旨ニ基キ新ニ大学令及高等学校令ヲ制定シ又中学校令中改正ヲ施スノ必要ヲ認メ別紙勅令案ヲ具シ閣議ヲ請フ」

（「大学令高等学校令ヲ定メ中学校令中改正ハ枢密院ヨリ撤回ス」公文類纂　第四十二編・大正七年・巻二十二）。

(7) 海後宗臣編著『臨時教育会議の研究』東京大学出版会、一九六〇年、五一九〜五三〇頁。以下同会議の答申は本書から引用した。

(8) 同年十月二十七日には審査委員会に対して帝国大学令改正の件が追加され、案件は最終的には、私立学校令中改正の件を入れて、六件となる。メンバーは同じである。

(9) 前掲「枢密院委員録・大正七年」には第四回（十月三日）の審査委員会のはじめに、清浦奎吾副議長からつぎの報告がなされたと記してある。

今回内閣交迭《ママ》ニ付目下審議中ノ大学令外三件ノ処置方ニ関シ昨日内閣側ノ意向ヲ確メタルニ内閣総理大臣及文部大臣ヨリ本案ハ此ノ儘当院ノ審議ヲ進行セラレタシトノ旨言明アリタリ

(10) 国立公文書館所蔵枢密院関係文書「枢密院会議筆記　一、大学令・一、高等学校令・大正七年十一月二十七日」。

(11) 国立公文書館所蔵枢密院関係文書「枢密院会議（委員会参考書）・一、大学令・一、高等学校令・大正七年十一月二十七日修正決議・一、中学校令中改正ノ件・一、小学校令中改正ノ件（修正）・一、私立学校令中改正ノ件・大正七年十二月二十五日」。

(12) この他に大学令案の修正に関する参考案として次のようなものが配布されていた。

参考案	提出者
大学令第四条及至第八条及備考	末松顧問官
大学令第二条改案	同上　〃
大学院設置並私立大学基本財産ノ件	同上　〃
大学令第十条	富井　〃
大学令第六条	安広　〃
分科大学ノ名称ヲ廃スヘキ理由	末松　〃

(13) 国立公文書館所蔵枢密院関係文書「枢密院審査報告・大正六年〜大正七年」。

(14) 註(10)に同じ。

(15) 註(5)に同じ。なお省議案の起草者と紹介された松浦鎮次郎によれば、文部省側は徳育の規定は「大学教育の実際の運用に待つべきもの」(『明治以降教育制度発達史』第五巻、四八三頁)として規定中に加えなかった、と記している。

(16) 希望事項は以下の七件である。

第一　徳育ニ尚数層ノ努力ヲ尽スコト

第二　徳育ノ方法ニ改善ヲ加フルコト

第三　教課《(ママ)》ノ負担ヲシテ過重ニ失スルコトナカラシメ且其ノ内容ヲシテ一層実際ニ適切ナカラシムルコト

第四　七年制高等学校ノ模範的設置ヲ為スコト

第五　高等学校専攻科ヲ設置スルコト

第六　教育ニ関スル高等諮問機関ヲ常置スルコト

第七　既設諸学校ノ改善ヲ怠ラサルコト

(17) 前掲「枢密院委員録・大正七年」。

(18) この基本財産の額の根拠についてはは、あまりよくわかっていない。ただ、高等学校令第五条による高等学校一校が五〇万円と規定されているのをみると、単科大学一校がそれに相当すると考えられていたと思える。

松浦は雑誌『教育時論』の「時事彙報」欄において次のようなことを語っている。

私立大学の基本金を高等学校の夫れと同様に五十万円と規定せるは高等学校に比し少額に過ぐるにあらずやとの議論もあるべし、併しながら予科を併置する単科大学にありては単に予科を有するのみにて特別に高等学校以上に経常費を要するものにあらず、却て高等学校にありては文、理二科を置くを以て比較的多くの経費を必要とすべし此意味に於て大学基本金を五十万円とせるは適当なりと考ふ(一二二五号、一九一九年四月二十五日)

(19) 拙稿「旧制大学の設置認可の内規について——公文類聚からの紹介——」大学史研究会編『大学史研究通信』第一一号、一九七八年。

解説

第一部

大東文化大学　荒井明夫

本書第一部は、主として明治期における帝国大学成立史研究、すなわち第一次東京大学から帝国大学成立までの時期を対象とした中野実の研究論文を採録した。

最初に、中野論文の意義を明らかにする上で必要な範囲、すなわち一八七二年（明治五）「学制」頒布以後一八八六年（明治十九）帝国大学成立に至るまでの、初期明治政府の高等教育政策と制度の展開に関する史実を確認しておきたい。「学制」は、制度的には初等教育・中等教育に対応する「小学校」「中学校」の上に「大学」と「専門学校」とを置いた。周知のように、「学制」以後一八七〇年代末までの間に「学制」の制度的修正が繰り返された。英語学校や外国語学校のような、既設の専門教育機関（そこで学ぶ青年たちに外国語の学力を付けて洋学を学ぶ基礎的学力を提供する機関）の設置改廃がすすむ。これらは、高等中学校など後の大学予備教育機関の一源流となる。この時期、高等教育が政府直轄であるが故に司法省・工部省などの政府諸機関ごとにエリート育成機関が分立、それぞれの業務に対応する形で専門職エリートが育成された。すなわち、「学制」頒布以後、政府は「総合大学」型のエリート育成・高等教育を一度は志向しながら、しかし実際には、外国人教師による専門職エリートの育成を重点的施策として遂行していったのである。

一八七七年（明治十）、東京開成学校と東京医学校という二つの専門学校を母胎として、東京大学が成立、同時に大学予備教育機関として東京大学予備門も成立する。この時期は、同時に、先に述べた司法省・工部省などの政府諸機関が設置した専門教育機関が、拡充期を迎える時期でもあった。その後、これら専門教育機関は、文部省へ移管され、さらに東京大学へと合併されていく。司法省の設置した法学校は一八八四年（明治十七）文部省に移管され、翌年東京大学法学部と合併される。工部大学校も、一八八五年東京大学工芸学部と合併する。東京大学は、かくしてしだいに「総合的大学」へと変化していくのである。

一八八五年（明治十八）の内閣制度創設により初代文相に着任した森有礼文政下、翌八六年三月に発令された「帝国大学令」に基づく帝国大学の創設は、わが国初めての「国家ノ須要ニ応スル学術技芸ヲ教授シ及其蘊奥ヲ攷究スルヲ以テ目的」（「帝国大学令」第一条）とする総合大学の誕生であった。

一八七二年「学制」頒布以降東京大学の成立を経て帝国大学創設に至る過程は、明治新政府が、維新変革期の諸混乱を克服しその最大の政治勢力であった自由民権運動を封じ込め、天皇制国家を確立させていく過程でもあった。「帝国大学体制」と概念規定される(※)ように、わが国近代資本主義国家が、天皇制国家として確立していく過程において、帝国大学は教育制度の中にあって国家と社会の結節点に位置付く、もっとも重要な役割を担っていくことになる。

※「帝国大学体制」とは「大学予備教育としての中等教育制度、大学卒業生の任用、優遇制度、学位制度、教職員の人事（任免・待遇等）制度、会計制度などなど、多くの大学内外の関連諸制度の整備、あるいはそれらとの調整が計られて初めて可能だったのであり、

さらにこれらの制度は、同じ時期に整備、構造化が進められたわが国の全体的な政治・経済制度等と密接な関連を持っていた」と規定されている（酒井豊研究代表『日本近代大学成立期における国家、学術体制ならびに大学の関連構造に関する研究』平成元年度科学研究費補助金研究成果報告書、一九九一年三月、一二頁）。中野は、発表した論文の中で、くり返しこの概念規定を援用している。

日本教育史学界において、東京大学の成立・帝国大学の成立を対象とした研究は、一定の蓄積を有している。古くは海後宗臣による『日本近代学校史』『学制七十年史』、大久保利謙『日本の大学』などがあり、これらの業績は大学史・高等教育史の古典的名著である。また教育社会学の麻生誠『大学と人材養成』（中公新書、一九七〇年）や科学史の中山茂『帝国大学の誕生』（中公新書、一九八七年）など、教育史研究者以外による研究業績もある。

こうした研究業績の中、寺﨑昌男『日本における大学自治制度の成立』（評論社、一九七九年。なお、同書は二〇〇〇年に増補版が出されている）および東京大学による『東京大学百年史』全一〇巻（一九八四年～一九八七年）は、実証性と研究水準の高さにおいて、もっとも重要な成果であった。

次に、中野実の研究活動を振り返っておきたい。中野は、立教大学大学院在学中から恩師寺﨑昌男の指導の下大学史研究に着手する。大学院時代に発表した論文は、主として本書第二部に集録された論文である。大学院修了前後から『東京大学百年史』編纂事業に参画、やがてその中心的役割を果たすことになる。百年史編纂をほぼ終えた一九八八年に東京大学助手をいったん退職し、立教大学・立教学院に活動の場を移すが、九三年度東京大学の助手として復職。東京大学史料室に勤務する。

この時期以降の中野の研究活動は、一方で、大学アーカイブズのアーキビストとして、『東京大学百年史』編纂事業後の東京大学史史料室を大学アーカイブズとして発展させていくこと、この流れをたんに東大のみの流れにせず全国の大学アーカイブズの設置への流れに育てることにあった。この時期、中野は、大学アーキビストの第一人者として全国の大学アーカイブズ設立のために文字どおり東奔西走する。

他方、大学史研究者として『東京大学百年史』編纂過程において自ら発見した課題の解明に向け、研究を発展させていった。事実『百年史』の刊行を終えた直後から、中野は『長与又郎日記』『新渡戸稲造他『大学制度改正私見』などの史料の翻刻を『東京大学史紀要』に次々に発表している。

一九九〇年、中野は「助手制度の成立史――帝国大学初期を中心として――」(第一部第二章三に採録)を発表する。これは彼の帝国大学形成史に言及した最初の研究論文である。これを嚆矢とし、一九九三年に「帝国大学体制の成立とその改編の動向」(第一部第四章)をまとめ、『東京大学史』紀要に相次いで帝国大学形成史に関する論文と重要な史料の翻刻を試みる。それらが本書第一部の論文である。

二〇〇二年三月の中野の死後、遺品の中から学位論文構想が数点発見された。最初の案は「国家ハ大学ノ本尊―帝国大学体制成立史研究序説」である。未だ元気な頃(一九九九年十二月)の案で、論文の章立てに既発表論文題目が明記されている。その後、論文構想が発展する中で対応する既発表論文名が消えている。われわれは第一部の論文を採録するにあたり、これらの案を吟味検証した。中野が構想した案にできる限り近づけたいと判断したからである。採録された諸論文を、おそらく本人は大幅に書き直し、一つの作品として完成させたかったに違いない。われわれは、残された学位論文構想を手がかりに、しかし不十分さを覚悟しつつ本人が発表した論文を系統的に採録するしかないと判断した。

ここで採録した論文の初出を確認しておく。

○「帝国大学体制成立前史―第一期東京大学末期の状況」『東京大学史紀要』一六、一九九八年三月(第一章一)

○「帝国大学体制成立前史(二)――大学分校を中心にして――」『東京大学史紀要』一八、二〇〇〇年三月

（同章二）

○「帝国大学体制成立前史（三）――専門教育機関の再編、統合を中心にして――」未発表論文（同章三）

○「〈研究ノート〉帝国大学創設期に関する史料と文相森有礼――『帝国大学体制』の形成に関する試論的考察――」『教育学研究』第六六巻第二号、一九九九年六月（第二章一）

○「帝国大学体制形成期における学位制度の成立に関する考察」『東京大学史紀要』第一七号、一九九九年三月（同章二）

○「助手制度の成立史――帝国大学初期を中心として――」伊藤彰浩・岩田弘三・中野実『高等教育研究叢書3近代日本高等教育における助手制度の研究』広島大学大学教育研究センター、一九九〇年三月（同章三）

○「帝国大学体制成立に関する史的研究――初代総長渡辺洪基時代を中心にして――」『東京大学史紀要』一五、一九九七年三月（第三章一）

○「帝国大学成立に関する一考察――帝国大学理科大学教授矢田部良吉関係文書の分析を通して――」『東京大学史紀要』一三、一九九五年三月（同章二）

○「帝国大学体制の成立とその改編の動向」寺崎昌男・編集委員会共編『近代日本における知の配分と国民統合』第一法規、一九九三年六月（第四章）

次に個別論文に関して簡単に解説を加えておきたい。

第一章は「帝国大学成立前史」である。中野は、帝国大学成立を三つの視点からアプローチしている。第一は、当時の東京大学の改革課題を明らかにしその中に時代の課題を読み取る方法である（一）。第二に、一八八六年（明治十九）「中学校令」による高等中学校成立までの予備門・大阪中学校改組の経緯をたどり、その構想と高等教育とがいかなる関係にあるかを考察する（二）。最後に、一八七〇年代後半に登場する高等専門教育機関が帝国大学に収斂していく過程を考察し（三）、全体を通じて帝国大学の形成を描こうと試みている。

一　第一期東京大学末期の状況

帝国大学創設以前における東京大学改革課題を解明する。中野は、先行諸研究はこの時期を帝国大学体制に向けての変化として捉え、東京大学の内的動向・再編として捉えられてこなかったという。つまり一八八五年（明治十八）の東京大学組織改革を詳細に明らかにすること、それを通じて、来るべき新たな国家体制に東京大学としてどのように対応しようとしたのか、内閣制度発足に伴う東京大学の改組、再編の課題を解明しようと試みた。この論文では『東京大学五十年史』において不明であった『理学部移転一件書類』所収「拡充整理案」の全文が初めて翻刻された。『東京大学百年史』では、全学唯一の管理者としては「総理」のみの言及にとどまっているが、中野は、一八八一年（明治十四）以来の諮詢会・総理部長会といった大学内部の組織の重層性を確認する。第二に、学内の再編・組織化は財政縮減で経済緊縮を見越しての措置であったこと、を指摘する。第三に、「決済伺」の供覧者に注目、総理・副総理・総理心得・総理補助・幹事の計五人が揃っていること、を指摘する。その他四学部統一後の管理運営において、医学部首脳たちが大学の管理・運営の中枢に関与していることや学外者も学内行政への参加していることを示す。

二　大学分校と大学構想

この論文では、帝国大学体制成立前史として高等中学校成立までの予備門・大阪中学校の改組を検討する。とりわけ大阪分校を中心に、三つの改革構想分析を通じて政策の転換点を明らかにする。ここでも中野によって発見された新史料が翻刻されている。折田彦市「中学規則ノ儀ニ付文部卿へ建白」と執筆者不明「関西大学校創立次第概見」である。中野は、杉浦重剛の予備門分離・独立案と折田彦市「中学規則ノ儀ニ付文部卿へ建白」を検討し、折田が八五年段階で企図していたもの、大学分校の位置付けの転換、財政的理由による森の大学構想（五大学構想）の頓挫、など結論付けている。

三　専門教育機関の再編、統合

未発表の論文を採録した。論文としての完成度には問題があると言わざるを得ないが、しかし提起している論点の重要性から採録した。後述のように中野は、一九九九年秋の教育史学会第四三回大会で研究発表しているが、内容から判断して、この発表直後のものであると推測される。

一八八五年一二月の内閣制度の発足に際して、一つの重要課題として行財政整理があった。この課題が当時の高等教育の再編にいかなる影響を与えたか、この論文で明らかにしようとする。対象として、司法省の法学校、農商務省の商業学校および東京商業学校、工部省の工部大学校、東京職工学校の組織改革と帝国大学への統合がどのように実現されていくのかが示されている。

第二章の各論文は、帝国大学内諸制度の形成に関する新たな史料を紹介し、そこから帝国大学成立過程を描こうとする論文である。周知のように、帝国大学成立に関して多くの謎があり未解明のままである。政策文書や森有礼、井上毅、加藤弘之らの史料でも有力なものが存在していない。こうした史料的に困難な状況を克服するためには、限られた史料から全体を読み取り、新たなる仮説を提起する以外にはなく、中野の第二章諸論文においてもそうした方法論が採られている。

一　学内諸規定の制定過程

この論文における中野の先行研究批判の要点は、帝国大学史研究の従来の傾向として、第一に、帝国大学令の大学観に終始し実際の大学内規則改編などがとりあげられていないこと。第二に、帝国大学の成立が文相森有礼の大学観の実現という把握にとどまるため、アプローチが森思想の解釈に限定されている、とする。この論文で中野は、『『帝国大学体制』形成の最初期における帝国大学の学内規則の制定、改正過程を、大学と文部大臣森有礼との応答関係を中心にして分析」しようと試みている。このため彼は、これまであまり着目されてこなかった『文部省准允』の、とくに森文相の意見が付されている伺書を活用し、大学入学資格・学士号設定問題・分科大学研究科新設問題・学科課程改正問題を分析の俎上にのせる。そして、「帝国大学は一方で文部大臣の影響力の応答を強く意識しながら、他方で成立一年後あたりから実態に沿った改革を行い始めた」、という結論を導くに至る。この結論は、さらに「森文政期における大学観は当初から完成された制度として存在していなかったことを示している」という、通説への重要な問題提起につらなるのである。

二　学位制度の成立

この論文でも上記の各論文同様、中野は『東京大学百年史』で十分解明されなかった学位制度の解明に取り組む。すなわち「学位条例草案」などの新史料の発掘とその位置付けである。ここで四つの学位規程案が紹介・整理される。森有礼「博士ノ称号設置演説」、「学位条例草案」(一八八六年二月ころ)、「学位条例草案」(一八八六年四月二六日付)、そして制定された「学位令」、である。ここでの中野の結論も、森文政の再評価に向けられる。つまり、森は博士号を大学の機能の一つとして新たに付与するという発想ではなく、国家の新たな機能として捉えようとした。授与者を文部大臣とした点で彼の意図は貫徹するが、手続き・授与要件などは帝国大学との密接な関係の中で制度的に実現したものであって、森の意図の実現とは必ずしもいえない、とするのである。

なお、従前の東京大学時代に大学卒業生に対して学士学位が与えられたのに対し、一八八三年(明治十六)二月、新たに得業士制度を制定した。つまり卒業時に得業士学位を与え志願する者に「考試」を実施、合格者のみに学士学位を授与するという制度変更であった。これに対し、学生から批判と反発が出たことが本論文において紹介されている。東京大学の制度改編や帝国大学の実態把握に関する学び手である学生の側の史料提示と分析は、ユニークな視点である。

三　助手制度の成立史

東京大学時代から帝国大学成立を経て一八九三年（明治二十六）「帝国大学官制」制定前後までの助手制度の成立過程を整理し、その性格を明らかにしようとする論文である。助手という呼称の登場とその法制化、さらに実際の助手の任用の態様が各分科大学ごとに明らかになる。

第三章の二論文は、初期帝国大学において指導的立場にあった二人、すなわち初代総長渡辺洪基と東京大学から帝国大学理科大学教授になった矢田部良吉関係文書の分析である。

一　初代総長渡辺洪基をめぐって

この論文は、初代総長渡辺洪基の史料を活用し、森の存在に隠れて、ともすると過少評価されがちな渡辺の役割の再評価を試みたものである。この論文で、帝国大学の創設が行政整理と合理化の側面が大きかったこと、人的削減が本部事務部局の雇員や御用掛、属や東京大学に存在した様々な身分の教職員、判任助教授を対象としていたことが指摘されている。『東京大学百年史』でも不十分な諸点に対し、断片的に新たな史実が明らかとされたが、中野が意図した全体像の解明には至っていないように思われる。

二　理科大学教授矢田部良吉関係文書の分析を通して

矢田部良吉は、東京大学時代の一八八一年に教授、帝国大学成立時に教授、理科大学教頭、評議官となるが一八九一年非職。その史料群は帝国大学初期の実態を解明する上で貴重な史料群である。中野は、矢田部良吉の一八八五年から一八九一年までの日記を分析し、成立前夜の諸動向、帝大創設時の管理運営組織の実態、矢田部の非職問題の展開、を明らかにし、それらを大学史の文脈の中で位置付けている。森の大学管理政策の特徴は「自動」と統制であり、帝大教授の大学運営に参画を期待していた。その一人に矢田部がおり矢田部も積極的に参画していた。しかし、森の死後、森と交流のあった外山正一、菊池大麓、矢田部の間で対立が生じ、その中で矢田部は非職を余儀なくされていく。非職問題は、そうした時代の流れの象徴であった、と結論付けている。

第四章　帝国大学体制の成立とその改編の動向

ここで中野は、東京大学から帝国大学への変化を東京大学内部の諸機構改革のみならず当時存在した高等教育機関の併合・合併、行政整理の側面に視野を広げ整理し、帝国大学成立当初から諸矛盾が内包されていた、と指摘する。そうした帝国大学が、官吏任用制度の変化・講座制の導入・学校間のアーティキュレーションの整備により「帝国大学体制」へとしだいに収斂していく過程が示され、最後に帝国大学成立過程研究には多くの謎が解明されずに残っているとして今後の課題を提示している。

以上第一部に採録した論文に簡単なコメントを付した。ここで帝国大学成立史研究に関する中野の研究の意義を全体として確認し、残された課題を指摘しておきたい。

本「解説」冒頭でも述べたように、一九七〇年代末から八〇年代後半にかけて、近代日本高等教育史研究においては寺﨑昌男の業績や『東京大学百年史』全一〇巻など豊かな成果が相次いだ。中野は、『東京大学百年史』編纂の中心的役割を果たしつつ、しかしそうした成果に満足せず、それらの成果の中で未解明であった部分や残された課題に精力的にチャレンジしていった。

まず第一に、中野自身が発見した新たな史料が少なくないことである。第一部に採録したすべての論文で言えることであるが、これら新史料の提示によって、通説の完全なる修正に至らずとも通説そのものに重大な再検討を迫るものが少なくない。中野の、飽くなき挑戦が切り開いた、研究の新たな地平である。

第二に、第一部第一章に採録された三論文が示した帝国大学体制成立に関する視点と方法、すなわち、東京大学の改革課題、高等中学校・大阪中学校改組の経緯、一八七〇年代後半から一八八〇年代前半に存在した高等教育機関の整理・統廃合、である。史料上の制約など限界も予想されるが、一八七二年「学制」頒布以後の高等教育政策と実態の展開史は、こうした視点により豊かな成果を予想させる。

第三に、中野は、帝国大学成立過程研究から森文政期の再評価の手がかりを得ていた、ということである。

第一部の論文全体を通して、中野は、「森の大学構想（五大学構想）の頓挫」（第一章二）、「森文政期における大学観は当初から完成された制度として存在していなかった」（第二章一）、「（学位制度は）帝国大学との密接な関係の中で制度的に実現したものであって、森の意図の実現とは必ずしもいえない」（第二章二）と指摘する。すなわち、従来の研究が把握していた、森有礼の大学観の反映としての「帝国大学令」およびそれによって実現した帝国大学、という三者（森と「帝国大学令」と帝国大学）をストレートに繋げる図式に疑問を提起しているのである。この疑問は、一八八六年の諸学校令全体にもいえる疑問ではないか。すなわち、これまで一八八六年の諸学校令は森の教育思想・制度構想の反映であり、彼の制度構想は、一八八六年諸学校令によって実現されたのだ、とする通説への疑問である。

中野の仮説をここで援用するならば、まず森の教育観・教育制度構想と一八八六年諸学校令とを厳密に区分し、さらに八六年諸学校令によって実現した制度、との三つの相において分析する。つまり、森の教育構想と八六年諸学校令、さらに実現した教育制度の三者の関係性の再検討が必要である。中野が意識した方法のように、八六年以前の、政府部内・外の様々な教育改革構想と八六年諸学校令の関係をもう一度検証する必要がある。さらにこれらが大日本帝国憲法体制へと収斂していく時、森文政は再評価されうるであろう。いわば、教育史研究における一八八〇年代の再検討という課題である。

最後にもう一度、晩年の中野の研究活動を振り返っておこう。

一九九九年は中野にとって一つの大きな節目の年であったと思われる。七月に『東京大学物語――まだ君が若かったころ――』を刊行（吉川弘文館）し、十月に、教育史学会第四三回大会（於北海道大学）で「森文政期の高等教育政策」という題目で一〇数年ぶりに研究発表する。翌十一月には東京大学助教授に昇任する。

『東京大学物語――まだ君が若かったころ――』では、随所に本書第一部採録の論文・史料の成果を活用しながら、わかり易い文体で帝国大学史を記した。その最終章である「ルサンチマン的大学論の行方」などは、学生の目からみた大学像を描いている。この「学生の目線」こそ中野が大学史に求めてきたものであったのかもしれない。この著書の刊行は、中野にとって研究の集大成への大いなる意欲となったに違いない。事実、彼は、刊行直後の教育史学会第四三回大会で研究発表する。その時中野が用意した発表資料は、第一部採録諸論文の新史料をまとめた史料集であった。「森文政期の高等教育政策」という題目は、これまでの研究の集大成への意欲がうかがわれる。この発表後、第一章第三節の未発表論文を書き、最初の学位論文の章立て構想をまとめていくのである。

二〇〇〇年十二月、全国地方教育史学会・公開研究会で高等中学校研究についてコメンテイターを務めた中野は、二〇〇一年から高等中学校の史料発掘調査として鹿児島・熊本・山口の各県を調査している。その成果を、まさに報告しようとした矢先に病に倒れ、翌年三月早すぎる死を迎えるのであった。

中野の研究は、研究が進むにつれ壮大なスケールのものに深化していった。

彼は、その大きな完成を前に、しかもようやくその全体像が視野に入った矢先に病に倒れたのであるが、中野が残した手がかりをたどって日本の教育史学は新たな地平を切り拓くに違いない。本書第一部の諸論文がその重要な土台となることを確信するものである。

第二部

早稲田大学　湯川次義

第二部では、大正期前半、すなわち一九一〇年代における近代日本の大学制度改革に関わって中野実氏が執筆した研究論文の中から、教育調査会における大学改革論議関係二点、大学令制定関係二点を選んで収録した。はじめに、大学制度史における一九一〇年代の位置を確認しておきたい。周知のように、この時期は教育調査会（一九一三年六月～一九一七年九月）において大学制度改革論議がなされ、また臨時教育会議（一九一七年九月～一九一九年五月）での高等教育改革論議・答申を経て一九一八年（大正七）には大学令および高等学校令が制定された時期であった。大学令は、大学は国家全体の経営管理にまつべきという、一八八〇年代半ば過ぎに形成された帝国大学体制の原則を堅持しながらも、それに修正を加え、公私立大学の設置を認め、さらに単科大学をも容認するという新たな大学観を示した。

寺﨑昌男によれば、このような法的整備に基づいて帝国大学、官立単科大学、公私立大学、高等学校、大学予科、専門学校、実業専門学校および高等師範学校という諸種の高等教育機関が並び立ち、この時期は近代日本の高等教育制度の完成期であったとされている。さらに、この時期には大学令などを法的根拠として、また文相中橋徳五郎の「高等諸学校創設及拡張計画」により、大学教育が戦前期最大の量的拡大を示した。すなわち、一九一八年（大正七）の五校（帝国大学のみ）・学生数一万二二四〇人から、一九三〇年（昭和五）には四六校・六万九、六〇五人へと急増している。

次に大学令制定以降の大学制度改革をめぐる動向を概観すると、文政審議会における審議、一九三〇年代を中心としたいわゆる「学制改革諸案」にみる多様な制度構想、政府の諮問機関としての教育審議会（一九三七年一二月〜一九四二年五月）における論議などがあった。しかし、原則として男性のみをその対象とし女性を排除していた点を含め、実体として大学制度は大きな改編がなされず、わずかに文政審議会の審議を経て一九二八年に市による大学設置が承認された程度であった。学制改革諸案の多くは初等教育――中等教育――高等教育という三段階の制度を構想し、大学と専門学校の区別を撤廃し、高等学校を廃止して高等教育機関を大学に一本化するというものであった。一方、教育審議会は高等教育の一元化を提言せず、女性の大学教育機会を女子大学の制度で認める方針を示した以外は、現状を肯定する趣旨の答申を示した（『現代教育史事典』）。これらはいずれも具体的な制度改革として結実することはなく、基本的には一九一〇年代に確立した大学制度のまま、戦後の教育改革期を迎えたのであった。

以上述べたように、一九一〇年代において本書第一部の帝国大学体制の確立に続く大規模な制度改革がなされたのであり、その後は基本的に大学令を基盤として推移したことからみて、また戦前期の大学「大衆化」の法制的条件が整備されたという点でも、この時期は近代日本における高等教育制度が完成された時期であったと言える。換言すれば、教育調査会から臨時教育会議を経て確立された大学制度は、帝国大学体制の確立と並ぶ歴史的意義をもつとみることができ、日本の大学制度の史的研究として避けることのできない重要な対象と言わなければならない。

中野氏の修士課程在学時から三十歳代半ば頃までの研究関心の中心は、このような意義をもつ一九一〇年代の高等教育改革問題にあった。第二部に収めた四点の論文を含めこの領域に関する研究論文は、一九七八年(昭和五十三)から一九八三年(同五十八)にかけて執筆されたものであり、大学院在籍中から若き研究者として学界にデビューした時期に、その歴史的意義に着目し、これらを執筆したと考えられる。このことは、一九七七年三月に修士論文「大正期における大学令制定の研究」をまとめ、また一九八〇年十二月に博士予備論文「近代日本の高等教育・大学制度改革に関する史的研究――教育調査会における審議分析を中心にして――」を立教大学大学院に提出していることによっても明らかになる。後述するように、中野氏はこの時期の高等教育改革構想に着眼し、新史料の発掘を精力的に行い、先行研究で明らかにされていない領域を独自の視点から開拓したのであった。

この時期の大学制度改革に関する中野氏の研究の全体像について、掲載論文の初出確認も兼ねて概観しておきたい。第二部第一章の教育調査会関係論文の初出は次のようである。

○「教育調査会の成立と大学制度改革に関する基礎的研究」『立教大学教育学科研究年報』第二十五号(一九八二年三月)

○「教育調査会における大学制度改革に関する考察――大正期における大学改革研究試論(2)――」『大学史研究』第三号(一九八三年七月)

この他の教育調査会関係論文として、「水野直教育関係文書：教育調査会関係史料(一)」『東京大学史紀要』第三号(一九八〇年三月、三八頁)

次に、第二部第二章の大学令制定関係の初出論文は、次の通りである。

○「大正期における大学改革研究試論」『大学史研究』第一号(一九七九年十二月)

○「大正期における大学令制定過程の研究――枢密院関係文書の分析から――」『立教大学教育学科研究年報』第二十二号（一九七八年三月）

この他にも第二章関連の論文が三点執筆されており、第一論文関係として「史料解説：新渡戸稲造他『大学制度改正私見』」（『東京大学史紀要』第二号、一九七九年三月、八頁）、「資料　新渡戸稲造他『大学制度改正私見』（二）」（『東京大学史紀要』第七号、一九八九年三月、一〇頁）があり、また大学令関係として「旧制大学の設置認可の内規について――公文類聚からの紹介――」（『大学史研究通信』第十一号、一九七八年八月、五頁）がある。

本書に掲載した個別論文について、簡単な解説を加える。

第一章一　教育調査会における大学制度改革論議

この論文は、先に記した「水野直教育関係文書：教育調査会関係史料（一）」の後を受けて執筆されたものであることから、まず水野文書を紹介した論文の概要を示すことにする。同論文では、教育調査会委員水野直（貴族院議員）の残した文書を「教育調査会関係文書目録」（二〇簿冊）と「教育調査会事項」に分けて、その全貌を紹介している。前者の史料群のほとんどは雑誌『教育時論』や新聞の調査会関係記事の筆写であるが、「No.2　教育調査会通牒綴」とのタイトルの簿冊には総会・委員会の開催通知文、諮詢案、建議等が綴じられており、これらはこれまで発掘されてこなかった調査会の原史料であると、中野氏は指摘している。

もう一つの史料群、「教育調査会事項」は水野の筆記による「調査会会議日付及会議要項」であり、私的「日誌」と言える、としている。この日誌（水野メモ）は、一九一三年（大正二）六月三十日から一九一五年七月十九日まで記されており、総会・特別委員会での議論の内容や水野の属した貴族院研究会の動向などが明らかになり、調査会の審議内容の概要を把握できる貴重な史料である。中野氏も指摘しているように、それまで調査会関係の公的な文書として確認されていた資料は、『学制問題ニ関スル議事経過』（教育調査会、一九一七年五月）と『教育調査会経過概要』（同、一九一七年六月）の二点だけであったことを考えると、調査会研究を深める貴重な史料の発掘であったと言える。なお、この史料は現在国立国会図書館憲政史料室に「水野直関係文書」として所蔵されている。

以上のような水野直文書の分析に基づいて、本書に所収した論文が執筆されたのであったが、中野氏は本論文の課題として、従来教育調査会は後続の臨時教育会議の「大きな成果」に隠されていたが、「調査会の審議の『紛糾』とその総括」を経て、はじめて日本の大学・高等教育制度改革の「基本的対立（問題）の所在」が明らかにされ、多様な「解決の選択肢」が限定されたと言えるのではないか、との仮説を提示している。以上の課題意識に基づき、はじめに教育調査会設置以前の大学改革をめぐる課題を概説し、続いて水野文書を用いながら、教育調査会の成立に至る過程を明らかにし、そこで大学の構成原理や帝国大学体制のあり方をめぐる改革課題が惹起していたことを指摘する。また、教育調査会の諮問（答申）の全体を明確にしているが、この点は本論文の価値を高めているものの一つと言えよう。

続いて、中野氏は調査会に諮問された二つの大学制度改革案を分析し、文相一木喜徳郎の「大学校令及学位ニ関スル規定」の特質が、①官公私立大学の昇格要件の明示、②大学予備教育の完備、③大幅な文部大臣の権限の容認にあったことを指摘し、それをめぐる審議過程を分析している。また文相高田早苗の「大学令要項」については、大学制度の画一主義の打破、卒業年限の短縮を主眼に立案されたとするとともに、その特徴が菊池の学芸大学案を土台としていた点、女性の大学入学資格を明記した点にあると指摘し、帝国大学の処分問題にかかわり、同要項が頓挫するまでの経過を論述している。

最後に調査会の史的意義をまとめ、政策決定諮問機関としては機能できなかったが、①大学＝帝国大学という制度形態に修正を迫った、②しかし文部当局・会員の間にも共通認識は形成されていなかった、③高等専門教育機関を大学とする認識が存在し、学芸大学案が支持を得るなど、帝国大学（観）との対立点を顕在化させた、④近代日本の大学のあり方への認識が深まり、臨時教育会議の歴史的前提としての機能を果した点をあげている。

二　菊池大麓の大学改革案

この論文では教育調査会の様々な大学改革諸案の中から菊池大麓案＝学芸大学案を取り上げ、それを中心にした審議の展開過程、問題点、対立点を究明している。本論文の中心点は、菊池が調査会審議の実質的中心人物の一人であったととらえ、菊池が提出した学芸大学案と「大学制度改正ニ関スル建議案」の二つに見られる大学観の本質を明らかにし、それをめぐる調査会審議の対立点を明確に浮かび上がらせたことにある。学芸大学案は、アメリカの大学制度を参考にし、また専門学校令の失敗に鑑みて、多様な大学の制度形態を認めることにより、年限短縮・一般教養の増進・国民の進学要求に応えようとしたものであった、としている。また、菊池が渋沢栄一、高田早苗らと相談して提出した大学制度に関する建議案について、入学条件を先決事項として位置づけるとともに、大学制度の画一性の打破、大学卒業年限の短縮、常識の涵養という教育理念、大学収容定員の増加、の実現を目指すものであったと指摘する。これら菊池の大学観を、大学を国家との関係よりも経済社会の広がりの中に位置づける意図があったととらえた部分は、中野氏の卓見と言えよう。「水野メモ」に依拠しつつ、二つの改革案の審議を分析した点は本論文でもっとも注目すべき点であり、前者については文相一木との質疑応答を分析し、後者については文部当局・東京帝大総長山川の反論を分析している。中野氏によって、調査会内部の細部にわたる大学観の相克が浮き彫りにされたと言える。

以上の考察の結果として、菊池案が近代日本の大学制度史にどのような問題を顕在化させたかという観点から全体を要約し、菊池は一般教養を中心に編成される学芸大学と専門の学術・技芸を教授する大学というように、大学に対する多種・多様な要求に応えようとし、大学＝帝国大学＝総合大学という図式に真正面から対立する大学論を展開した、と意義づけている。そして、大学論の対立には日本の近代大学モデル論が介在しており、大学令の示した大学観は菊池の大学論とは異なるものであったが、大学＝帝国大学という大学観に修正を迫った点は、次に論じる『大学制度改正意見』とも共通性が見出されるとしている。

第二章一　『大学制度改正私見』と臨時教育会議

この論文は「研究ノート」として執筆されているが、中野氏の課題意識は第二部の第四論文を執筆以降、臨時教育会議の審議・答申から大学令制定に至る制度改革の決着は、政策主体によって「選択された一つの解決」策に過ぎなかったのではないかという仮説を検証する点にあった。そして、新渡戸らによる『私見』の分析を通して、大正期の多様な改革課題の一斑を示し、現代的課題でもある学術研究体制と大学改革との問題が既にこの時期に課題となっていたことを指摘している。

『私見』についての文書的分析は「史料解説：新渡戸稲造他『大学制度改正私見』」（『東京大学史紀要』第二号）でなされている。そこでは、「文書の性格と当時の報道」、「署名者と内容」、「今後の研究課題」を述べ、最後に『大学制度改正私見』を全文復刻している。

さて、この『私見』は新渡戸稲造他一五人に及ぶ新進気鋭の東京帝国大学教授が連署した大学制度改革案であり、その作成時期は一九一八年（大正七）二月で、同大学内部の帝国大学制度調査委員会での改革論議や臨時教育会議の審議を強く意識したものである、とする。続いて『私見』の内容を分析し、前半の「大学制度改正私見」では大学の教育機能と研究機能との分離独立や専門学術研究所の設置を提案していることを指摘する。後半の「大学制度改革案」は、総合制・単科制の両組織を可とし、設置主体は官公私立、年限は三年または四年などとする内容であることを指摘し、また学術研究所の概要を紹介している。さらに『私見』の構想をめぐる『太陽』『日本及日本人』の記事を分析し、続いて臨時教育会議の第十六回総会審議における大学の研究体制や大学院に関する論議を考察し、結局『私見』とは反対の方向の教育と研究の一体化に決着したとの結論を導き出している。最後に、『私見』の提起した学問研究体制の整備・拡充は臨時教育会議では重要視されなかったが、明治期の学制改革論議よりも広汎な学問・社会・政治的背景をもつ、学術研究体制と大学改革の問題が生じていたことを示す画期的な改革意見であると意義づけている。

中野氏は、『私見』に関する分析をさらに進め、既述したように「新渡戸稲造他『大学制度改正私見』(二)」を一九八九年三月に執筆している。この論文では、東京帝国大学教授長与又郎の文書から新たに発見した『私見』の草案と成案との比較などを試みている。考察の結果として、中心人物は中田薫と考えられること、全国の大学教授及び政府・文教関係者に配布されたこと、大学改革に関して帝国大学教授が自覚的に初めて集団で公表したものであることを指摘し、内容的な先駆性に驚くとの感想を記している。

二　大学令の制定過程

この論文は中野氏が執筆した学術論文として最初のものであるが、その特長は、枢密院文書が公開された直後の資料収集に基づいて、枢密院における大学令の制定過程を明らかにした点にある。中野氏は、大学令における学部制度採用の背景や私立大学設置認可方法などの課題を究明すべきとの研究課題を示しつつ、本論文では大学の目的・組織・設立規定に限って枢密院の立法過程を究明するとしている。

はじめに臨時教育会議答申以降の大学令制定過程に着目し、『公文類聚』を用いて文部省議決定案と臨時教育会議答申との相違点を分析し、続いて閣議決定案の特質を指摘する。さらに、実質的な審議を行った枢密院審査委員会の審議経過について、枢密院文書を用いて丹念に分析している。本論文ではとくに枢密院での立法過程の分析に重点が置かれ、その経過が時系列の中でとらえられ、あわせて審議方法にも解説を加えている。そして、枢密院修正決議案と公式正文を対比させつつ、枢密院では人格の陶冶・国家思想の涵養を加えるなど目的規定に関して大幅な修正がなされた点、組織規定に関して分科大から学部へと修正が施され、単科大学を例外的規定とした点を指摘している。また、私立大学の設立認可関係の規定を分析し、大学は国家設置を原則とすることが貫かれた点、私立大学即財団法人とされた点を明らかにするとともに、さらには基本財産の額などを検討している。最後に分析の結果を要点化し、枢密院では学術的教育から徳育的教育へ比重を変化させたこと、帝国大・官立大・公立大・私立大と重層的規定で大学を序列化したこと、学部制度は総合制理念への固執が色濃いものであること、などを指摘している。なお、文部省議決定案・閣議決定案・枢密院修正決議案を対照させた修正過程表を付している点も注目される。

これらの論文の他に、既述したように中野氏は「旧制大学の設置認可の内規について――公文類聚からの紹介――」(『大学史研究通信』第十一号、六頁)を執筆している。この論文において、従来不明確であった戦前期の公私立高等教育機関の設立認可基準を探るとの関心の下に、公文類聚中から発見した設置内規を分析している。

以上、中野氏の一九一〇年代の大学制度改革に関する研究を概観したが、最後に全体をまとめることにする。この時期を研究対象とした中野氏の興味は、教育調査会の審議の全体的把握、大学令の制定過程の明確化など、単に未開拓の領域を埋めようという単純なものではなかった。その中心的課題は、大学令・高等学校令により確立した戦前の高等教育制度は、教育調査会および臨時教育会議における論議の直線的な積み重ねの結果もたらされたのではなく、おおよそ、日露戦争から第一次世界大戦終結に至る時期における、日本の大学のあり方をめぐる多様な論議・制度構想の中から政策主体によって選択された結果ではなかったのか、という独自の仮説の検証にあったと言えよう。そして、この興味の下に精力的な研究を行ったのであったが、その研究の特質として、第一に帝国大学体制の確立期も含めた、近代日本の大学制度史全体の中で一九一〇年代の高等教育改革の意義をとらえるという明確な研究視点をもっていた点、第二にできるだけ新たな第一次史料の発掘を行い、実証的な手法を重視した点、第三に大学史を常に現代の大学の改革課題との関連で考察しようとした点、をあげることができる。

大学令・高等学校令として結実した一九一〇年代における大学制度改革に関する先行研究をみると、中野氏が教育調査会に着目する以前は、調査会は単に臨時教育会議の「先行機関」として位置づけられ、後者での審議・答申に重点を置くものがほとんどであった。しかし、中野氏は水野直文書などの新たな史料を発掘し、一九一〇年代初頭における教育調査会の多様な制度改革論議を経て大学の改革課題が明確となり、それを受けて臨時教育会議で論議がなされ、結局大学令も政策的な選択結果として制定されたことを明確にした。すなわち、教育調査会の全体像の把握、そこに提案された多様な改革構想、それをめぐる対立的議論を明らかにすることによって、臨時教育会議の議論や大学令のもつ意味を相対化し、大学制度史における教育調査会の機能と意義をとらえ直したと言える。このような調査会研究と並んで、『大学制度改正私見』に見られる制度案の分析、『公文類聚』と枢密院文書を利用した大学令の立法過程の考察によって、中野氏は一九一〇年代という連続した時間の中で近代日本の大学制度改革の実像に迫ろうとしたのであった。すなわち、一九一八年の大学令などを基盤とする高等教育制度も、教育調査会におけるアメリカの大学制度をモデルとした学芸大学案（低度大学制度案）と帝国大学体制の堅持との相克をめぐる議論の成果を受け、さらに臨時教育会議の示した答申を基本としつつ、それにも修正が加えられるという政策的な選択の結果成立したという点を、中野氏の研究は明確に浮かび上がらせたものと評価できる。この点は、近代日本の大学制度史研究における中野氏の研究業績として高く評価されており、これを超える教育調査会の大学改革論研究、大学制度改革史研究は未だなされていないと言っても過言ではない。中野氏は、大学院時代の指導教授である寺﨑昌男氏の研究関心から影響を受けつつも、独自の研究視点を加えることによって、きわめて高い水準の大学制度史研究をなし得たのであった。

次に、中野氏が精力的に第一次史料の収集を行い、その分析に基づいて実証的な考察を行った点について触れてみたい。上述したように、教育調査会については水野直文書を分析し、それを随所に用いながら教育調査会の成立経過・改革課題・審議の全体像の把握・大学制度案の特徴を究明したが、水野文書がなければなし得ない成果であった。さらに中野氏は、論文としてまとめることはなかったが、教育調査会関係の史料として、手島精一文書なども発掘していた。手島文書などには『教育調査会速記録』・『教育調査会（特別委員会）速記録』が計六冊含まれており、また成瀬仁蔵らによる「女子高等教育に関する建議」（一九一三年十月）が確認できるなど、きわめて貴重な史料群と言える。中野氏には、さらに教育調査会関係史料を発掘し、その総合的研究を行う計画があったに違いない。また、『公文類聚』や枢密院文書を駆使したことは既述したが、教育調査会関係史料も含め、これらの従来知られていなかった第一次史料を発掘できたのは、東京大学百年史編纂事務の中心的立場にいたためだけではなく、史料の重要性を強く認識し、史料発掘への執念が強かった中野氏だからこそなし得たのだと言えよう。また中野氏は、史料を綿密に分析し、そこから記述し得る事とし得ない事を峻別し、慎重かつ的確な表現で研究をまとめようと常に心がけていたが、このことは収録した論文を読むことによって十分うかがい知ることができる。

第三の特質として、歴史研究ではあっても強い今日的課題意識に根ざしていた点をあげたが、たとえば「現代的な課題である学術研究体制と大学改革との問題が当時すでに存在していた」などといった表現が随所にみられることによって、この点が明らかになる。

中野氏は『東京大学百年史』編集の実務者となったこともあり、その興味は森有礼の教育改革や帝国大学体制の確立などに移っていった。このため、一九一〇年代の制度改革に関する発掘史料の活用も十分にはなされず、また中野氏が提示した分析課題で未解明のままに終わったものも少なくなかった。私個人としては、文相高田早苗による「大学令要項」が女性の大学教育を構想していた点などを含めて、近代日本における女性と大学教育をめぐる問題を中野氏ならばどのようにとらえるのか、さらには、大学令後の大学の実態をどのような視点や史料で描くのか、といった点に大いに期待していた。そしてその成果に接し、そこから多くのことを学び取りたかった。

しかし、第二部に収めた一連の研究が、その後の帝国大学史研究、私立大学史研究、学校沿革史編纂の基盤を形成したとみることができる。

近代日本の大学史研究において中野氏が積重ねた業績の価値、そのアイデアの豊富さ、さらには大学史研究会や大学史編集で果たしたリーダー的役割から中野氏の今後の研究に寄せられた期待は極めて大きいものであった。中野氏の研究に学びながら、それを越える豊かな研究成果をまとめることが今後の教育史研究者、とりわけ大学史研究者に課せられている課題と言えるのではないだろうか。

人名索引

あ　行

か　行

さ　行

た　行

な　行

は　行

ま　行

や　行

ら　行

わ　行

著者略歴

一九五一年　東京都に生まれる
一九七四年　立教大学文学部心理学科卒業
一九八一年　立教大学大学院文学研究科教育学専攻博士課程満期退学
一九九九年　東京大学助教授
二〇〇二年三月三十日　没

〔主要著書〕

『東京大学百年史』全一〇巻（編集、東京大学・第一法規出版、一九八四〜八七年）
『東京大学物語―君がまだ若かったころ―』（吉川弘文館、一九九九年）
『大学史編纂と大学アーカイヴズ』（財団法人野間教育研究所、二〇〇三年）

近代日本大学制度の成立

二〇〇三年（平成十五）十月一日　第一刷発行

著者　中《なか》野《の》実《みのる》

発行者　林　英　男

発行所　株式会社　吉川弘文館
郵便番号一一三―〇〇三三
東京都文京区本郷七丁目二番八号
電話〇三―三八一三―九一五一〈代〉
振替口座〇〇一〇〇―五―二四四番

印刷＝藤原印刷・製本＝石毛製本

（装幀＝山崎　登）

近代日本大学制度の成立（オンデマンド版）

Digital Publishing

2017年10月1日　発行

著　者　中野《なかの》　実《みのる》

発行者　吉川道郎

発行所　株式会社 吉川弘文館

〒113-0033 東京都文京区本郷7丁目2番8号

TEL　03(3813)9151(代表)

URL　http://www.yoshikawa-k.co.jp/

印刷・製本　株式会社 デジタルパブリッシングサービス

URL　http://www.d-pub.co.jp/

中野　実（1951～2002）

ISBN978-4-642-73755-5

Printed in Japan